游艇管理丛书

游艇商业模式

唐 震 许娟娟 编著

科学出版社
北 京

内 容 简 介

本书是一本关于游艇产业链及相关企业运营的入门读物，包括游艇产业链、游艇休闲旅游、游艇地产、游艇体育、游艇商务、游艇金融、游艇设计与制造、游艇展会与教育、游艇产业园与游艇小镇建设、游艇商业模式创新 10 个章节。游艇是一种集中全产业链要素的品类，其传统的商业模式主要由买卖游艇产品和出售游艇会会员服务构成，但随着信息技术的发展，围绕着游艇又发展出“合伙购艇”“分时使用”等创新的商业模式。

本书适合对游艇产业有兴趣的读者、对游艇商业模式进行探索的研究者、对体验游艇活动向往的玩家，以及从事游艇相关运营行业的从业者阅读。

图书在版编目（CIP）数据

游艇商业模式/唐震，许娟娟编著. —北京：科学出版社，2021.12

（游艇管理丛书）

ISBN 978-7-03-070741-3

Ⅰ. ①游… Ⅱ. ①唐… ②许… Ⅲ. ①游艇－旅游业－商业模式－研究 Ⅳ. ①F590.75

中国版本图书馆 CIP 数据核字（2021）第 246487 号

责任编辑：陶 璇/责任校对：贾娜娜

责任印制：张 伟/封面设计：有道设计

科学出版社 出版

北京东黄城根北街 16 号

邮政编码：100717

http://www.sciencep.com

北京虎彩文化传播有限公司 印刷

科学出版社发行 各地新华书店经销

*

2021 年 12 月第 一 版 开本：720×1000 B5

2021 年 12 月第一次印刷 印张：15 3/4

字数：310 000

定价：162.00 元

（如有印装质量问题，我社负责调换）

丛书编委会

总　　序

随着我国社会经济的迅猛发展，人民生活水平的提高，游艇生活正在向我们走来。

和住房、轿车不同，游艇生活本身没有多少功能性。游艇既不是交通运输工具，也不提供其他诸如省时、省力等功能性便利。游艇带给人们的只是精神上的愉悦，而且这种精神愉悦还很纯粹，并不必然以某种功能性为基础。正所谓，湖光潋滟，阳光沙滩，黛瓦白墙，小桥流水，或轻风拂面，或疾风迅驰，我心荡漾，仅此而已。

可见，游艇生活需求不能产生于自然驱动，也不能产生于日常工作生活的经验驱动，而只能产生于交往驱动或营销驱动，消费者教育成为游艇生活普及的必修课。对于游艇生活服务从业者来说，如何使游艇生活充满乐趣，提供什么样的服务，如何提供服务都是新的课题。

一种新的生活方式必然造就一系列的新需求。各种不同类型的游艇可以以新的方式满足或激发人们对运动、休闲、社交和探险等欲望。可见，游艇生活是一种积极、健康的生活方式，它必定能够极大地丰富人们的精神生活，提高人们的生活质量，增强人们的幸福感。

一种新的需求必定会促进一系列新产业的成长和相关产业的结构调整和升级。游艇生活不仅带来游艇制造业、维修业和游艇生活服务业等新产业，还将带动机械制造业、电器制造业、电子产业、信息产业、化工产业的结构调整和升级，推动国家自然保护区、水域环境、码头等基础设施和公共设施的建设和改善，为酒店、交通运输业、娱乐业提供新的发展机会。即为我国社会经济的进一步发展提供新的增长极，为产业结构调整提供新的方式和途径。

游艇生活不是一种以大量物质消耗和能源消耗为基础的生活方式，也不像轿车普及那样需要建设大量的道路、停车场等占用土地资源、影响环境和生态的基础设施。相反，游艇生活以自然水域为基础，要求良好的水域环境，还一个青山绿水的生态系统。所以，游艇生活是一种低碳的、可持续的生活方式。

由此，河海大学游艇管理研究中心组织力量设计编撰了这套丛书，以期达到以下目标：一是使我国消费者对游艇生活有一个直观的认识，揭开游艇生活昂贵、奢侈的面纱，还游艇生活运动、健康、放松的本来面目；二是帮助投资者了解围绕游艇生活发展所带来的各种市场机遇，避免盲目投资；三是为游艇生活服务业从业者提供俱乐部管理借鉴和进行游艇主题活动策划的方法，以使游艇生活更加丰富多彩，符合消费者需求；四是根据产业经济学原理，提出游艇产业发展理论，为政府宏观经济管理部门规划游艇产业发展提供理论指导。

河海大学是一所以水利为特色的研究型大学，河海大学商学院以“求天下学问，做工商精英”为办学宗旨，以“河海特色、世界知名”为战略定位，以“国际化、高层次、入主流、有特色”为发展路径，以“教育、科研、咨询、培训”四轮驱动为发展模式。师生携手、励精图治、开拓创新，现已成为一所拥有管理学、经济学两大学科门类，融工商管理、管理科学与工程、应用经济学 3 个主干一级学科为一体，设有博士后流动站，拥有博士、硕士（含 MBA、工程硕士）、学士等多层次、多类型人才培养能力和科学研究、社会服务、文化传承创新能力的高水平商学院。

学院拥有较为完整的学科专业体系和层次，设有工商管理、管理科学与工程 2 个博士后流动站；拥有管理科学与工程、工商管理 2 个一级学科博士学位授予点；设有管理科学与工程、工商管理、应用经济学、理论经济学 4 个一级学科硕士点，情报学 1 个二级学科硕士点，以及工商管理硕士（MBA）、项目管理、物流工程、工业工程、MPAcc、资产评估、工程管理、国际商务、金融学 9 个专业学位硕士点；设有工商管理、管理科学与工程、应用经济学 3 个大类本科专业共 16 个专业方向。其中，工商管理所属的技术经济及管理是国家重点（培育）学科、水利部重点学科及江苏省重点学科，工商管理是江苏省重点一级学科，工程管理与项目管理是江苏省重点学科。学院还拥有省部级研究平台 8 个。

河海大学游艇管理研究中心是一个面向全球的开放性研究平台，主要从事游艇产业规划、游艇产业投资、游艇俱乐部管理和游艇主题活动策划等方面的研究和咨询。拥有一个活动仿真和观察实验室、行为实验室，与世界和国内一些知名游艇俱乐部建立了良好的合作关系，取得了一批研究成果。我们热忱希望和同业者精诚合作，共同推动我国游艇生活的普及和相关产业的蓬勃发展。

丛书编委会
2014 年 1 月 5 日

目　录

第 1 章　游艇产业链

1.1　游艇产业链分析

1.1.1　什么是游艇

1. 游艇的定义

一提到游艇，人们脑海中浮现的场景就是豪华、奢侈、大海、度假，但游艇使用的场景远远超出这些，其涵盖的船型和用途都相当广泛。所以，对于游艇，国内外法规都有不同的定义。

2008 年中华人民共和国交通运输部公布的第 7 号部令《游艇安全管理规定》中的第二条规定了“游艇，是指仅限于游艇所有人自身用于游览观光、休闲娱乐等活动的具备机械推进动力装置的船舶”。游艇俱乐部所有提供给会员使用的船艇，游艇使用人用于游览观光、休闲娱乐等非营利活动，也属于“游艇”。但是，“乘员定额 12 人以上的游艇，按照客船进行安全监督管理”。

在由中国船级社发布并于 2012 年 6 月生效的《游艇入级与建造规范》中，规定了游艇“系指从事非营业性游览观光、休闲娱乐等活动的船舶，包括以整船租赁形式从事前述活动的船舶”。

根据由中华人民共和国海事局颁布并于 2013 年 9 月起正式实施的《游艇法定检验暂行规定（2013）》，游艇以艇长 24 米为界划分，每种都有不同的检验要求。该规定中游艇的范围是“适用于中国籍的艇长为 5 米至 24 米以下的游艇（包含帆艇），但不包括充气式游艇及体育运动艇。对艇长为 5 米以下的游艇可参照其要求执行。适用于中国籍的艇长为 24 米及以上但小于 90 米的机动游艇，不包括帆艇及体育运动艇”。

香港商船（游艇）规例规定中对游艇的类型做了较为细致的规定，凡符合已装备或者载有引擎，或设计为可装设或载有引擎，借以使该船只能靠机械设备推进；纯为游乐而拥有或使用的；并非为收取租金或报酬而出租（根据租船协议和租购协议的条款租出者除外）等条件的小轮、私人游艇、充气式船只、中式帆船、西式中国帆船或其他船只，都可称为游艇（龚海燕等，2017）。

游艇产业较为发达的国家和地区对游艇也有着自己的定义。加拿大的航运条例规定，游艇指仅用于个人娱乐而非商业目的的船艇。新西兰对游艇也有类似的监管条例，即游艇指仅用于船主娱乐或作为船东住所的，且不被用于出租或取得报酬的船舶。

《游艇安全管理规定》和《游艇入级与建造规范》对游艇的定义主要是基于船舶的使用功能。《游艇法定检验暂行规定（2013）》的定义在使用功能的基础上，对艇长进行了区分。

以上定义都出自各国和地区游艇的监管机构，主要是从船舶管理的角度出发，把游艇定义为非营利性的船舶，主要功能是休闲娱乐，而并非运输服务。

2. 游艇种类

游艇是一种类型丰富，且不断会出现创新产品的品类。从制造的角度出发，可以按材质、长度、动力类型、艇上结构分类；而从市场的角度出发，可以按照产品的品牌发源地、功能、价格和造型进行分类。

1）根据材质划分

根据游艇的制造材质，可以分为木质艇、铝质艇、钢质艇、玻璃钢（fiber reinforced polymer，FRP）艇和凯夫拉纤维增强复合材料艇。

赛艇和帆艇多使用凯夫拉纤维增强复合材料；舷外挂机艇和大型豪华艇会使用铝质材料；远洋大型豪华艇多采用钢质材料；快艇、海钓艇等可使用玻璃钢材料。

2）根据长度划分

国际标准游艇的长度是以英尺[①]为计量单位。小型游艇的长度在 36 英尺以下，中型游艇在 36～60（含）英尺，60 英尺以上为大型豪华游艇。大型豪华游艇在尺度上分 35～40 米、41～44 米、45～49 米、50～54 米和 55～60 米五个等级。

3）根据动力类型划分

根据游艇的动力类型，一般可划分为无动力艇、帆艇、机动艇。帆艇又分为无辅助动力帆艇和辅助动力帆艇。机动艇又分为舷外挂机艇、艇内装机艇。艇内装机艇还可分为小汽艇和豪华艇两个档次。

4）根据艇上结构划分

根据艇上结构，游艇可分为小型敞开艇、小汽艇、滑水艇、半舱棚游艇、住舱游艇、帆艇和个人用小艇（又称水上摩托）。

① 1 英尺=0.3048 米。

小型敞开艇具有狭窄甲板，可乘坐 1～6 人，备有桨和桨叉，或用舷外挂机推进，长度在 1.8～5 米。小汽艇也为敞开式，有一个小的前甲板、挡风玻璃、操舵轮、可坐 4～6 人的座椅，以舷外挂机或喷水推进装置为动力，长度在 3.7～7.3 米。滑水艇与小汽艇相似，专为滑水运动设计的装备，外形光顺、首部尖瘦、艇身狭小、干舷低，长度为 4.3～8.5 米。半舱棚游艇有一个后部敞开的固定小舱棚，可在船上住宿，以舷外挂机或船内机驱动，长度在 4.3～8.5 米。住舱游艇具有全封闭住舱，艇型较大，按船主需要可配置各种档次的设备设施，如厨房、卧具、酒吧、盥洗室，采用船内机为动力，长度在 5.5 米以上。帆艇以足够面积的帆装备作为推进用，艇长为 5.8～38 米。水上摩托这种个人用小艇又分为坐式和站式两种，速度较快。

5）根据品牌发源地划分

意大利游艇品牌的设计体现浪漫风格，豪华、典雅代表着现代游艇的潮流，较为有代表性的意大利游艇品牌有 MCY、Sessa、Ferretti（法拉帝）、Rio、Sanlorenzo 等。美国游艇品牌体现个人品位，注意自我个性化设计，代表性品牌有 Leopard、Regal、Grady-white、Larson 等。英国的游艇品牌具有浓郁的古典贵族气息，代表性的英国品牌有 Sunseeker、RS、Sealine、Princess 等。

6）根据功能划分

根据功能可把游艇划分为商务型、休闲型和运动型。

商务型游艇一般都是大尺寸的游艇，装修豪华，一般为企业购买，大多被用于商务会议和小型聚会。

休闲型游艇多为私人购买，一般以 30～45 英尺的游艇为主，设计时也是考虑到个人和家庭使用的方便性。

运动型游艇都为小型游艇，也可说是快艇，此类游艇一般设计时以速度作为卖点，而且价格较低。

7）根据价格划分

游艇可根据价格被划分为高档豪华游艇、家庭型豪华游艇、中档普通游艇及廉价游艇。高档豪华游艇艇长在 35 米以上，艇上装备有最现代化的通信和导航等系统，舱室内配有高级材料，如柚木、皮革、镀金小五金件、不锈钢扶手、高级地毯、高档家具、现代化的电气设备、古董、字画、特殊的灯光设计等设施，从里到外衬托着豪华的气氛。这种游艇是从事商务工作、处理日常事务及进行社交活动的场所。这种豪华游艇的价格在数百万美元不等，有的高达上千万美元。家庭型豪华游艇艇长一般为 13.5 米以上，它设计新颖，选材上等，结构与制造工艺精度高，选用名牌设备设施，布置舒适，单价在 30 万美元以上。中档普通游艇艇长一般为 9～13.5 米，单艇售价在 5 万～20 万美元。廉价游艇艇长在 9 米以下，单艇售价在 5 万美元以下。

8）根据造型划分

游艇产品众多，可以按照工业设计造型把游艇分为巡航艇、无后舱式游艇、太阳甲板型、敞露甲板型、小快艇、海钓船、多用途游艇、高速滑航艇、拖网型、双胴游艇。具体如表 1-1 所示。

表 1-1 根据造型对游艇进行分类

游艇类型	造型特点
巡航艇（megayacht）	大型、快速的豪华游艇，内部布置豪华，设备完善，适合长距离航行。外形的色彩线条简单
无后舱式游艇（sedan）	无钓鱼设备，具备上、下驾驶台及大型的沙龙间，船艉无住舱，为一开放空间，线条更圆弧化
太阳甲板型（sundeck）	太阳甲板船型最主要的特点在于船艉多了一个住舱及后甲板的开放空间加盖遮阳板
敞露甲板型（open type）	无船楼的游艇，主甲板以上为露天的驾驶区及开放空间
小快艇（runabout）	小型快艇甲板以下无住舱，船速高
海钓船（sport fisherman）	有完整的钓鱼设备。此船型的特征在于驾驶室位于上甲板，以及后甲板的高度非常接近水面，这样的造型主要是配合海钓者使用上的需要
多用途游艇（convertible）	与海钓船类似，但驾驶台上方的遮阳棚及钓鱼架可拆除，成为一般用的游艇
高速滑航艇（hydroplane）	在造型上最主要的特征是甲板上的受风面积较小。这种设计的目的在于减少该类型的船艇在高速行驶时受到的风阻
拖网型（trawler）	主要特征在于船艏线型较圆滑，船速较慢
双胴游艇（catamaran）	此类游艇有较大的起居室和宽阔的甲板空间，适合招待亲朋好友同游，但也由于双船体的先天限制，在下层船体部位要配置较大空间的住舱不大可能，仅能布置数间狭窄舱房，这个是它最大的缺点。还有由于它船宽比一般的单体船要大，所需停泊的码头要占较多空间，停船位较难得到，停泊费也必定较贵

资料来源：精艇网

1.1.2 游艇产业的特点

游艇产业被称为“漂浮在黄金水道上的大商机”，可以将生产和消费进行串联。游艇产业有要建立在一定的经济水平之上、带动推进上下游产业和关联产业发展、市场潜力巨大等特点。

1. *游艇产业发展的经济基础*

当一个国家和地区的经济发展到一定水平时，才有实力发展游艇产业。对发达国家经济发展数据和游艇消费市场的研究显示，在人均国内生产总值（gross domestic product，GDP）达到 3000 美元时，游艇经济开始萌芽；当人均 GDP 达到 6000 美元时，游艇经济进入快速发展阶段（陈云飞等，2011）。中国在 2017 年的人均 GDP 已达 8826.09 美元[①]，已经具有发展游艇产业的经济基础。

2. 对上下游产业有带动作用

游艇产业虽然是以游艇制造为中心，但是和汽车产业相似，其制造仍然只是整个产业网络的一部分，围绕着游艇制造，一系列上下游产业都能得以发展。有学者根据发达国家的数据研究得出，1 美元的游艇产业投资可以产生 6.5～10 美元的经济效益（龚海燕等，2017）。

游艇制造可带动材料、涂料、仪表、动力、推进系统等配套产业的发展。游艇使用可以带动码头、维修、燃料加注、特色水上休闲等新兴服务业的发展。游艇维护保养可以带动船用发动机保养、船体清洁、船舱装修等配套服务业的发展。游艇每年的维护保养费用相当于游艇自身价格的 10%（龚海燕等，2017）。

3. 促进中小型船舶制造业转型升级

游艇制造工业不仅是材料和工序，更是设计、技术和配套服务。游艇产业的高附加值区，正逐渐由游艇制造向设计和服务这些关联产业移动。

游艇制造对产品设计有很高的要求，不但技术要有创新，而且要满足市场需求。游艇制造商需要有研发能力、设计能力、生产能力和销售能力。同时，游艇制造本身又有维修精细度高的特点，其生产具有品种多、产量小、定制化等特点，是典型的单件小批量生产。

特别对于中小型船舶制造企业，制造游艇可帮助企业从粗放型、低层次、高污染、重复制造向差异化和创新化转型。

4. 推动我国亲水旅游产业的发展

游艇生产属于船舶工业，即海洋第二产业的一部分，而游艇旅游及其配套属于第三产业。

游艇旅游的发展有利于改变人们游览湖泊、河流和海洋的形式，扩展旅游消费的形式，提供更丰富的亲水旅游体验。

基于游艇的休闲娱乐活动是一种亲水文化，其形式也相当多样，可以开展潜水、巡游、滑水、垂钓、冲浪等娱乐休闲方式。

5. 游艇产业的市场潜力发展巨大

在传统的观念中，游艇是一种奢侈品，但在成熟市场，超级豪华的游艇只占较少的市场份额，中小型游艇才是私人游艇市场的主流产品。我国东部和南部大陆海岸线绵长，内海和边海的水域面积广阔，水上的消费市场有自然资源基础，

① 中华人民共和国统计局数据. 人均国内生产总值（汇率为 1 美元兑 6.7518 元人民币），https://data.stats.gov.cn/easyquery.htm?cn=C01&zb=A0201&sj=2017[2021-07-08]。

中国的中产阶层群体也在不断扩大，水上消费市场也有消费基础。但我国的家用游艇市场还在刚刚起步阶段，有很大的发展潜力。

1.1.3 游艇产业链的结构

游艇产业链包含了设计、制造与装配、销售、消费服务这些直接增值环节和关联产业。这些环节包含了很多具体的项目，如从游艇制造到游艇俱乐部的服务，再到与游艇相关的度假休闲及各种商务活动，包括游艇驾照培训和考核，专有码头建设、游艇维修、俱乐部建设和管理、零配件制造、内部环境装修、专业保险等许多内容（张亚男，2008）。

游艇产业链结构如图 1-1 所示。

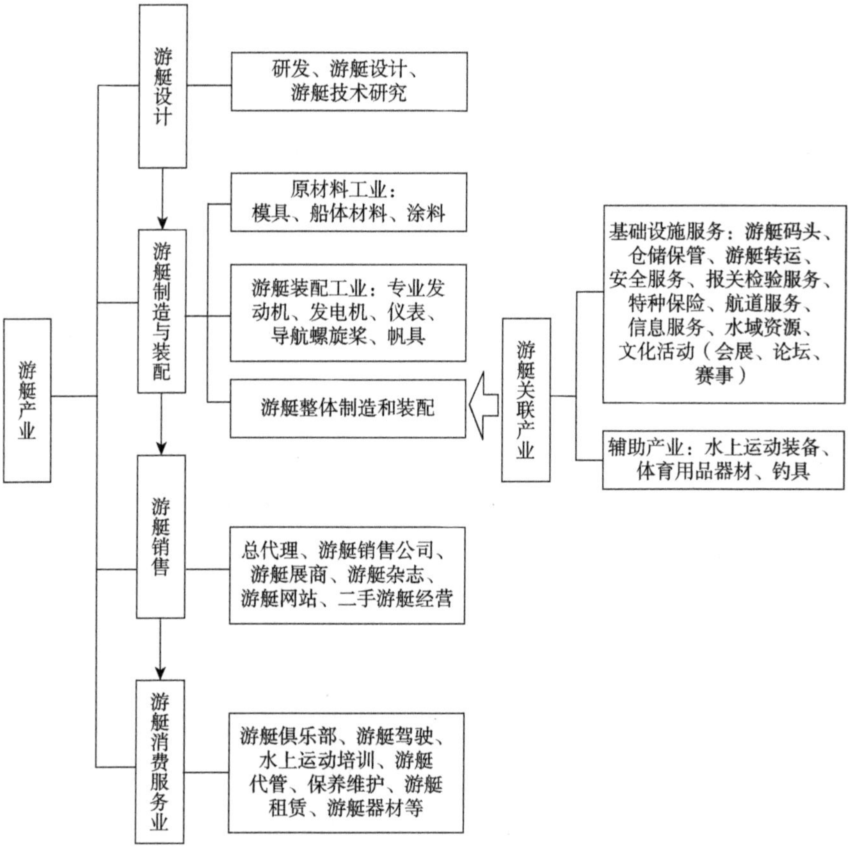

图 1-1 游艇产业链结构图

1. 游艇设计

游艇在结构、环境等方面的设计是需要仔细探究的，设计人员要根据船主的需求，充分考虑使用者的舒适感、游艇的美观、环境的优雅，还要考虑游艇自身的硬件功能及安全因素，如快速性、经济性、安全性、环保性等；同时，控制震动、噪声、摇摆，布置客舱、走廊、舞厅、餐厅、日光浴甲板等也是设计时不可忽略的问题。

目前，游艇设计正在朝着多功能化、舒适化、时尚化的方向迈进。大多数游艇设计师努力创造气派的外形和华贵的内饰；有些设计师还别出心裁，试图在工作空间、娱乐和健身中心、安全和健康设施等方面做一些优化，比如，在游艇上建办公室、会议室和与外界联络的通信系统等。他们认为在卫星通信、视频会议及互联网技术发达的今天，人们在游艇上可通过卫星电话就可以召开会议和商务交流。另外，在设计大中型游艇的时候，可以增加更多的工作或休闲设施。比如，对注重身体健康的客人来说，设计、建造健身房可以方便他们锻炼身体；对酷爱音乐和影视的客人而言，音响设备和高清影院则备受青睐。

2. 游艇制造与装配

游艇制造业包括原材料工业、游艇艇体制造、游艇装配三个方面。

游艇艇体制造主要指艇体模具、玻璃纤维、树脂胶、涂料等制造。如玻璃钢游艇在建造的时候，如何建造艇体模具就十分重要，过硬的模具质量才能保证高质量、高安全系数的游艇艇体。所以，艇体制造是游艇质量过关的首要条件。

游艇配套工业即游艇零部件制造业。主要配套设备包括专用发动机、发电机、专业的仪器仪表、导航设备与通信设备、螺旋桨、艇用空调、各种信号灯等，这部分装配件在很大程度上决定了游艇的性能。由于这部分产业技术密集且利润高，市场上对于这些产业的竞争也非常激烈。从全球来看，游艇制造中涉及的这部分配套设备产业技术基本上被欧洲、美国、日本等跨国公司掌握着。

游艇配套设施一般都是参考游艇的多元化功能来设计的，不同的功能需求带来了更多人性化的设计。比如，运动型游艇一般都配有大功率发动机，艇内环境设施相对要简单些；休闲型游艇在设计时会侧重于温馨的家庭风格，如配备客房、厨房、卡拉 OK 设备、电玩室等可以让度假的客人有更好的体验感。

游艇内装饰具有高档豪华和充分反映艇主个性的特点。高档游艇的艇内装饰一般都是根据艇主自己的需求来定制的，整体来说，游艇就相当于一座海上流动的公寓，它在海上有着多方面的功能，可以当作家庭生活用，可以用来宴请朋友，也可以用来商务洽谈等。

3. 游艇销售

游艇销售的传统渠道是游艇销售公司，大部分游艇销售公司具备专业的维护保养人员，具备高品质和专业化的游艇销售、维修、售前售后服务的实力。

游艇会展也是游艇销售的重要渠道。上海国际游艇展就是一个较为成熟的游艇会展。截至 2019 年，上海国际游艇展已有 23 届，是亚洲规模较大、历史最久、参展品类较全、品牌较多的综合性游艇展，包含了游艇制造商、游艇设备商、游艇俱乐部等游艇全产业链及水上休闲、滨水度假和相关领域。2019 年，该展览有 300 多家实船展示，609 家参展企业，规模和影响力都很大（上海国际游艇展，2019）。

游艇销售不只包含新游艇，还包括二手游艇。游艇会展是二手游艇的重要销售渠道，例如，在 2015 年，三亚游艇帆船协会就举办了首届三亚精选二手游艇展。此外，网站也是二手游艇的销售渠道，如二手游艇网（http://www.ershouyouting.cn）。

4. 游艇消费服务业

游艇消费服务业主要包括游艇驾驶及水上运动培训、游艇停泊管理、游艇维护、游艇租赁、游艇装配件及水上运动器材供应等。游艇的花费比较高，购买一艘游艇之后需要进行驾驶培训，再加上对游艇的管理和养护，如泊位租赁、养护费、游艇维护、清洁费和水电费等，这些项目粗略估计下来一年大约需 5 万元。一般而言，游艇俱乐部会承担游艇消费服务的各项职能。

另外，游艇租赁也越来越受到人们的欢迎。游艇租赁是针对那些没有足够的经济实力和闲暇时间拥有游艇或需要使用游艇进行商务活动的公司与个人，游艇租赁可以拉低游艇消费的门槛，提高游艇使用效率，还可以吸引更多的人体验游艇休闲，普及游艇生活，有助于推动游艇的大众化。

5. 关联产业

除了游艇设计、游艇制造和游艇消费服务业以外，游艇业的发展还会带来其他一些关联产业的发展。比如，新型材料、涂料等游艇材料业的发展；游艇消费将带动游艇驾驶培训、游艇翻新、游艇维修、游艇家具装修、燃料加注、水上运动等相关行业的迅速发展；还会促进游艇保险业务、区域房地产业、人身财产保险、体育业、游艇设计等相关业务的兴起。

1.1.4 游艇产业链的整合

游艇产业链是一条“微笑曲线”，即虽然这条产业链的中心是游艇制造，但是价值链的高附加值却在研发、市场和服务。游艇上游产业链可以通过制造整合，而下游产业链整合就必须通过市场和服务。游艇旅游业就是游艇下游产业链整合的典型，涵盖了游艇销售、租赁、出海游玩、俱乐部活动、相关装配器材等。

香港游艇产业链就是围绕着游艇旅游进行整合的，其整合的中心就是游艇俱乐部和围绕其进行一系列配套服务。其产业链整合的具体框架如图 1-2 所示。

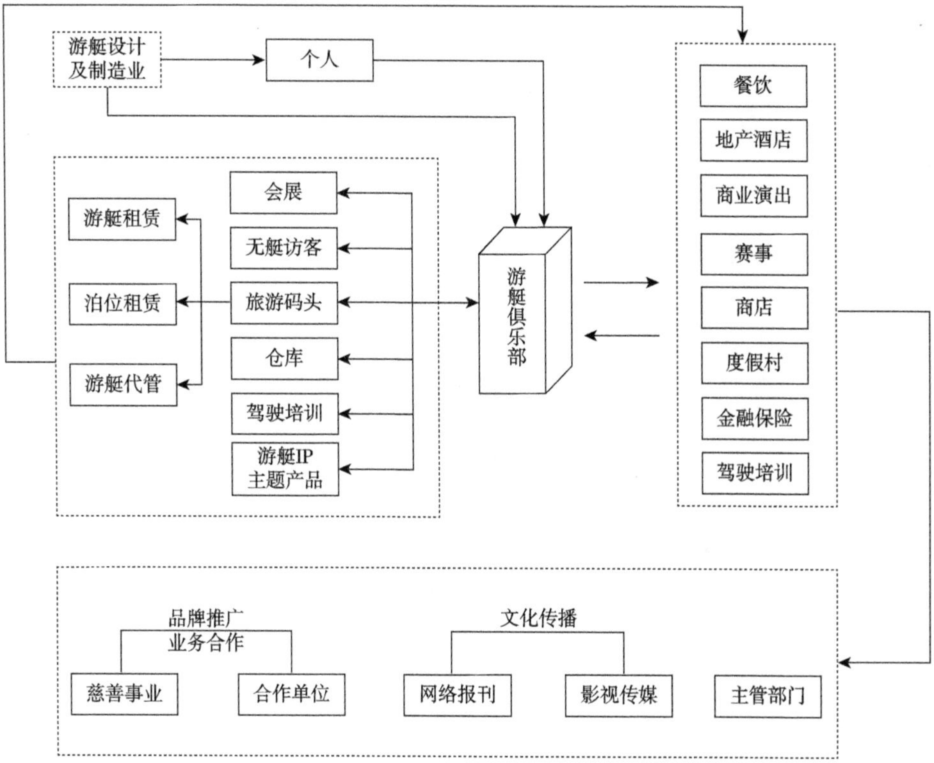

图 1-2　以游艇俱乐部为业态中心的香港游艇产业链整合模型

在产业链系统中，核心企业的发展情况往往决定了整个产业链的运转情况。游艇俱乐部就是香港游艇旅游产业的核心企业。游艇俱乐部的功能是为会员提供私人休闲和商务活动的场所，为游艇消费提供基础设施保障和便利服务。

卫星企业指围绕核心企业发展起来并与其有密切联系的非核心企业。游艇旅游产业链中的核心企业和卫星企业不是通过生产供给关系链接的，而是通过共同的市场而形成关联所形成的一种产业生态系统。在这个产业链中，有很多围绕游艇旅游发展的服务业，如培训、保险、地产、会展、赛事、酒店、演出、航空及广告传媒。

1.2 游艇设计与制造

1.2.1 游艇设计

1. 游艇功能融合化

游艇的使用场景非常多元化，所以在设计时需要配套多元化的功能。游艇设计在工作空间、娱乐和健身、安全和健康设施等服务方面都在不断改进及创新。有些设计师注重游艇上私人空间的设计，例如，在游艇上设计足够的休息空间和完美的灯光效果。比较有代表性的设计师是法国造船工程师 Jean-Jacques Coste，他认为具有生活气息的空间能为艇上体验增加浪漫的氛围，并能让宾客流连忘返。“在我自己的游艇上我希望有一间画廊和一个海滨俱乐部，它们分别负责提供多乐趣和亲水体验。如果您在自己的游艇上感觉舒适且有在家中的感觉，您就不想离开了。”（Teddy，2017）威驰（Winch）工作室创始人 Andrew Winch 说：“驾驶游艇出海曾经是单一的娱乐项目，现在越来越多的新奇玩具成为船东的新宠。现在，有不少船东将游艇作为深海探险艇或者远离喧嚣的交通工具，且不去考虑他们如何使用游艇，对于私人空间的需求显然在增加，能有一方空间与家人朋友相处也不容忽视。时间和空间无疑是真正的奢侈品。”（Teddy，2017）

另外，现在游艇的商务功能也越来越丰富，游艇设计会安排办公室、会议室及高科技通信系统，大型的商务游艇还会附带运动巡航艇。让一艘游艇满足多种需要，比较有代表性的设计师是 Reymond Langton 工作室的 Pascale Reymondm，这位设计师认为特别的空间通常都设计在艇长超过 80 米的游艇上，如在 98 米的 Abeking & Rasmussen 游艇 Aviva 上设计室内版网球场（Teddy，2017）。

2. 游艇外形创新化

在保证航行功能的前提下，游艇有自己独特创意设计风格。设计师对游艇外形和整个艇上架构的设计不断创新，特别有创新性的产品会引起整个行业的效仿潮流。

2014 年，蒙地卡罗游艇设计大师 Dan Lenard 和 Carlo Nuvolari 为帕尔默·约翰逊（Palmer Johnson）联手打造了一系列运动型游艇，如 52.2 米的 DB9、45.7 米的 Blue Ice、41.45 米的 Griffin 等。这些游艇就是两位设计师的 GT 风格之作，这一系列游艇拥有着极其引人注目的外观和与众不同的布局。它们的舱室和甲板面积都比传统设计的更大，因为设计师去除了这些产品的上层建筑和高空休息室。这样独特的风格令这些产品在众多千篇一律的超级游艇中脱颖而出。市场也对 GT 风格的游艇表示了强烈的喜爱，因而其他工作室也纷纷开始模仿和借鉴。ISA 最新系列作品 Gran Turismo 包括 24～66 米的多艘精品游艇，以其中一艘 43 米游艇为例，它拥有着性感流畅的外观线条和宽阔的甲板空间，并且还有一艘附属的运动巡航艇。GT 风格引领了一道设计风潮。

祖孔国际（Zuccon International）设计工作室也是游艇外观设计的领先者，其发布了 CRN 的 128 号游艇 J'ade（58.2 米），这艘游艇完全突破了 CRN 给人的固有印象，其中的一大亮点就是其外观设计，过去的传统游艇往往以圆滑的线条为主，但 J'ade 却有着锋芒毕露的棱角和大胆的直线型外观设计。果不其然，许多船厂开始纷纷效仿，他们从 J'ade 中找到灵感，开发了各种新式的船身外形，增强了新经济时代下超级游艇的先锋气质，让形态各异的船身设计在全球刮起了时尚新风。

3. 游艇动力环保化

随着人们对环保意识的提升，游艇设计者也在动力的环保性方面进行了一系列革新，如使用柴油电力推进系统。

截至 2013 年，柴油电力推进系统在游艇上的运用都尚未普及，但是作为一种性能优异、稳定性强的推进系统，它已经在军用设施和商业船舶领域发展得相当成熟了，而 2013 年后上市的新游艇似乎也在逐渐看重它的这些优点。意大利游艇品牌 WIDER 的 150 英尺游艇就采用了柴油电力推进系统，这需要在船首部署四个发动机，并在船中部设置一个小型电力管理舱，但是船尾的空间则可以得到充分的释放，得益于此，WIDER 的这款游艇在船尾设计了一个大型的小船储藏区和一个泳池。由于柴油电力推进系统的环保优点，其他船厂也开始利用并且研发一些复合推进系统，这样一来，除了能够降低游艇运行的能耗，产生的噪声也将大大减弱（精艇网，2013a）。

1.2.2　游艇的制造

从市场份额来看，世界上前八个主要游艇制造国家占有全球游艇市场 80%的市场份额。从销售排名上来说，美国的市场占有率第一，其次分别是意大利、法国、英国和德国等国家。从艘数上看，美国游艇工业也是世界第一，其次分别是澳大利亚、法国、意大利、英国和德国。

除港澳台外，我国其他地方的游艇制造业也有很强的基础。截止到2014年，内地从事游艇制造、维修的相关企业已经达到了约500家。其中，生产规模较大、技术含量较高的游艇生产企业有深圳江辉船舶工程有限公司、广东省东莞市玻璃钢船厂、厦门玻璃钢游艇厂、常州玻璃钢造船厂、广州新中国船厂有限公司、苏州玻璃钢船厂、无锡船舶修造厂、无锡东方高速艇发展公司、广船国际特种船事业部、东莞南华游艇制造有限公司、江西江新造船厂、青岛北海船厂游艇分厂、兴南船舶工业有限公司、温州东方船艇制造公司（原温州玻璃钢建材厂）、长沙太阳鸟游艇制造公司、广州高华游艇制造有限公司、富阳水上运动器材厂、富阳市飞鹰船艇有限公司、苏州江辉船舶工程有限公司、上海长城玻璃钢制品有限公司、广州新船玻璃钢有限公司、大连松辽玻璃钢船厂及如皋华翔玻璃钢高速艇制造有限公司等（吴学谦，2010）。

国内的游艇制造企业已有一定的规模，但目前国内市场尚未成熟，所以很多企业以出口市场为主。

创建于1976年的广东省东莞市玻璃钢船厂是较早生产玻璃钢游艇的国有企业，建厂以来已生产了各种规格的摩托艇、高速客船和高级游艇，特别是1994～1995年为法国CATANAL游艇公司建造了四艘38英尺的双体风帆机动游艇，当时在广东地区产生很大影响。1980年建立的深圳江辉船舶工程有限公司至今已生产了500多艘款式各异的豪华玻璃钢游艇，尺度在32～80英尺，全部销往欧洲、美国及其他亚太地区。创建于1981年的厦门玻璃钢游艇厂为原国家体育委员会水上运动器材定点生产厂，除了大量生产帆板和帆船外，2011年以来与国外建立了多方面的合作关系，还专业生产32～50英尺等一系列豪华游艇。1970年由国家投资建造的常州玻璃钢造船厂是我国玻璃钢造船行业中建厂最早的国有企业，迄今为止已生产了近万艘各种玻璃钢船（吴学谦，2010）。

无锡东方高速艇发展公司自1985年创办以来，已开发了东方系列快艇、游艇等四十余种型号，已有2000多艘船艇被广泛使用于我国的江河湖海中，而且是国内较早推出绿色环保型旅游观光船的船厂。

2019年，上海红双喜游艇有限公司拥有豪华游艇制造场地2万平方米，上海黄浦江岸线193米，投入使用的厂房7000平方米，综合楼1700平方米，为适应各种型号的玻璃钢游艇制造需要建设大型游艇下水设施。2001年6月，该公司成功建造第一艘出口瑞士的42英尺豪华型游艇。目前公司已形成三条生产线，即42～45英尺游艇生产线；80～86英尺豪华型游艇生产线；双桅帆船、风帆赛艇生产线（上海红双喜游艇有限公司，2019）。

1.3　游艇销售目标市场与消费服务

1.3.1　游艇销售的目标市场

1. 个人市场

随着世界科技与经济的发展，在发达国家和一些较大的发展中国家，新的富豪大量涌现，他们纷纷订购大型艇、高档艇和豪华游艇，有的天价达到上亿甚至几亿美元，奢华似乎成了国际游艇市场上一股新时尚、新风潮。据国际豪华游艇专业杂志《国际游艇》的统计，2008 年全世界的造船厂和旅游专业建造厂正在建造与已经正式签署的工厂订单长度在 24 米以上的高档游艇共有 1916 艘，相当于 10 年前的 6 倍多。

改革开放至今，国内经济水平不断上升，先富起来的一部分成功人士的消费目光已经逐渐与国际上的消费潮流看齐。国家的安定、社会的平稳，使成功人士的消费逐渐走向健康、休闲的消费方式，而提高自身消费品位意味着奢侈品在国内市场开始逐渐迎来春天，而且将一直持续下去。2019 年，中国（深圳）国际游艇展已是第十三届，这意味着游艇规模性进入中国人的视野已有十余年，长江三角洲（简称长三角）、珠江三角洲（简称珠三角）等地的人均收入都已经超过了 7000 美元，这些数值成为中国启动游艇经济、海外投资者积极进入中国的重要依托。在中国国际游艇展上，顶级游艇制造商 Ferretti 的亚太区总裁 Alessandro Diomedi 信心满满地表示：中国有实力购买豪华游艇的富豪有 10 万～15 万人。由此可见，富豪将会是游艇产业的最庞大客户群，也将是公司未来最重要的销售对象之一，而公司初定的 50 英尺豪华游艇正迎合了他们的消费品位。

可以说，每一位成功人士都是公司的潜在客户，但客户不会主动来寻找公司，更何况还有其他的同行业竞争对手。所以，公司首先需要了解客户的生活规律与经常出入的场所或消费心理，通过分析后拿出有针对性的营销策略，这样才能有较大的机会。接触客户可以通过以下几种途径。

第一，通过国内各城市的高档住宅、别墅，这些住宅场所的业主一般都是富有、有品位客户的首选之地。从事游艇销售的公司可以通过与各豪宅管理处等单位联系，通过在内部举办游艇图片、模型展览等营销手段，让他们认识游艇、接受游艇、了解公司，提高公司的知名度。

第二，通过国内各大城市顶级私人会所、俱乐部。这些地方是富豪经常光顾的场所。公司可以与各会所经理联系，与会所合作开展一些针对富豪的产品说明会，甚至还可以以会所名义邀请会员举办类似游艇出海、试驾等活动，让他们亲身接触游艇、感受游艇，以此来培养他们对游艇的认知。

2. 商业组织市场

水运公司、旅游公司和游艇俱乐部是游艇生产企业的主要组织市场。

（1）水运公司：中国的水上运输具有深厚的历史渊源，国内水陆纵横交错，水运发达，可通航里程是美国的五倍，而12～22 米系列高速客船是非常适用于内河运输的水上交通工具。

（2）旅游公司：如淳安千岛湖旅游集团有限公司、杭州西湖文化旅游投资集团有限公司、昆明滇池旅游客运有限公司等以营利为目的的水上经营娱乐公司。适用于帆艇、钓鱼艇、游览艇和画舫船等游艇产品。

（3）游艇俱乐部：这类组织游艇行业发展带来的衍生物，是游艇行业发展的重要基础设施，主要从事管理和维护保养及租赁游艇的服务，还可以为客人代订购游艇。“会员制俱乐部对那些暂时无力自己买船的发烧友来说，无疑是一个好消息。”一位业内人士透露说，“在长江三角洲，现在虽然只有五六百人拥有自己的游艇，但参加各种游艇俱乐部的人数肯定在十倍以上，这是一个很可观的潜在消费群”。绝大多数的客户第一次接触到游艇知识一般都是从游艇俱乐部开始的。所以，游艇俱乐部对于游艇制造企业来说，绝对是不可忽略的，它们既是公司的客户，又是寻找潜在客户的重要助力。可以说，游艇俱乐部是公司的一个重要的商业合作伙伴，处理好与各游艇俱乐部的关系，增加沟通和交流，能稳定游艇公司对外三成的客户资源。

3. 政府采购

政府采购制度就是约束政府机关和公共机构运用市场竞争机制采购货物、工程与服务以实现公共职能的制度。8～12 米公务艇系列产品正迎合了政府的采购需求，也是政府采购不可缺少的办公设备，如渔政、公安、海关、海洋、水利、环保等部门。这些部门都适于使用类似 8～12 米公务艇系列的产品。竞争采购方式的引入和当代政府采购制度的确立，极大地改变了传统政府财政支出和消费的功能、制度及观念。近年来，政府采购订单正逐步向国内企业靠拢，并且同等质量下优先采购国内企业产品，这无疑为国内企业增加了生产动力，也减少了国外优秀同行业的竞争。针对政府采购行为，有很大的可操作性，可以通过网络、政府公告等方式获知政府的采购招标活动，通过与政府主管部门的接触和交流沟通争取到订单。游艇企业在政府采购这块蛋糕中应优先重视山东、江苏等地区的相关政府部门需求，并积极与本土各政府机构做好日常沟通工作，促使政府采购优先本土企业。

1.3.2　游艇消费服务

游艇是一个综合性的产业，围绕着游艇使用本身，就有很多“后服务”，基于游艇码头和游艇本身可以联结很多产业业态。

1. 围绕着游艇的直接消费业务

围绕着游艇的直接消费业务主要为游艇码头。游艇码头不是仅仅提供泊位，而是围绕着游艇使用提供一系列消费服务。

以三亚亚龙湾游艇会的码头为例，其码头服务包含码头设施、船艇服务和安全保障。

（1）码头设施：三亚亚龙湾游艇会港池内水深达到 7 米，有 150 个泊位，可以为 50～200 英尺的游艇提供停泊及相关服务。

（2）船艇服务：船艇服务是一种专业服务，需要先进的技术支持、优质的配件材料为船艇提供服务。

游艇码头主要包含以下服务项目，如表 1-2 所示。

表 1-2　三亚亚龙湾游艇会提供的船艇服务

服务类型	具体项目
出海服务	船长、水手代驾
船艇保障	供水、供电、供油、消防和油污回收等
专业保养	保养指导、发动机维护保养、船艇吊装装具租赁
证照服务	游艇注册、转签登记、游艇证书年审、船员注册登记、游艇出入境申报代理
其他	游艇远航跨区签证、游艇代租

（3）安全保障：游艇港口需要有防波堤，可阻断海浪的冲击力、围护港池、维持水面波浪平稳以保护港口，使停靠的船舶免受恶劣天气的影响，码头管理要规范，有游艇安全停泊系统，保护船艇安全。提供海浪预报、救援服务，有专业化的供水供电和 24 小时加油服务。

2. 衍生游艇服务

因为使用游艇需要的配套设施较多，需要很多基础设施，这些基础设施除了为船主服务外，还可以用来提供很多衍生服务。这些服务整合在一起，完善了游艇产业，也丰富了其商业模式。

以香港黄金海岸乡村俱乐部游艇会为例，其提供的游艇衍生服务较为完善，其业务类型如表 1-3 所示。

表 1-3　香港黄金海岸乡村俱乐部游艇会的衍生业务

业务类型	具体业态	商业作用
餐饮	酒吧、中西餐厅、茶座、大型宴会厅和特色海上舞台	餐饮游艇服务衍生的基本保障业态；婚宴、会议等也扩展了游艇消费的业务板块
零售	基本日用品商店、水上装备、体育器材等	游艇活动必要的配套
游艇地产、酒店、度假村	黄金海岸酒店一、二期住客会所	为访客提供居所，也是置业投资的领域
游艇会展、赛事及演艺活动	黄金海岸游艇展、各类帆艇赛事、新年庆祝活动、情人节庆祝活动	与游艇相关的演出、赛事和展会均有较高的观赏性，提升游艇消费整体的文化内涵
康体课程	网球私人班、成人网球训练班、女士网球训练班、青少年网球班、爵士舞班、戏剧班（公开演讲）、戏剧班（音乐剧）、空手道班、跆拳道班、瑜伽班、拉丁舞班、太极班、功夫舞班、咏春班、普拉提班、健身教练指导班、乒乓球班	为游艇增加常规性的社交平台，完善社交体验
体育及娱乐休闲活动	复活节派对、泼水节、游泳比赛、中秋晚会、圣诞派对、港青夏日营、HKTA 夏季及冬季网球联赛	优化游艇会员和旅游者的消费体验及满意度
游艇培训	提供游艇驾驶培训	为希望驾驶游艇的人提供专业训练
交通运输	每天 12 班巴士对外联系，往返尖沙咀、中环及香港国际机场只需要三十分钟，并备有充足的会员专用车位	为游艇旅游提供出行保障
金融保险	游艇的保险费率主要根据游艇价格、产地、停泊地点及航行水域等拟定	防患游艇出海及其他消费环节存在的潜在风险
文化传媒	专业杂志、游艇网站、电视、网站等	媒体报道也是游艇消费服务常见的方式
游艇主题和衍生产品	游艇模特大赛、游艇模型和水晶制品等纪念品	结合游艇文化进行旅行文化产品开发
合作机构	乡村俱乐部、高尔夫俱乐部、马术俱乐部	通过互惠合作进行品牌推广
赞助收入及慈善事业	慈善酒会、公益赛事	为游艇消费企业带来积极的社会效益，增加游艇文化底蕴

资料来源：文涵（2014）

1.4　游艇基础设施

1.4.1　游艇基础设施的类型

1. 游艇码头

游艇码头的位置选择有两个要点：第一，自然条件适宜。应选择避风条件好、水深适宜的岸线，有一定腹地，避免大量的填海工程。第二，与陆地功能布局相协调，主要包括与陆上主干线交通衔接是否便利；与周边的用地功能性质是否兼容，最好业态能形成相互支撑，发挥外部效应；与城市景观系统是否相符，游艇码头应成为城市滨水景观的组成部分。

公共码头是发展游艇经济最基础的设置。与游艇会不同，公共码头提供没有门槛的停泊服务。公共码头不需要会费，就可以提供码头泊位租赁服务，包括岸电、供水、污水处理、生物降解游艇冲洗等，并可以开展有偿岸上保养和维护业务。普及公共码头，有利于降低游艇的停泊和使用成本，有利于推广游艇这种水上休闲形式。

根据发达国家游艇产业的发展经验，规划和建设大量游艇公共码头，满足公众对中低档游艇消费的需求，对于推广游艇水上休闲活动、大规模发展游艇经济十分关键。

2. *游艇航道*

游艇的活动区域除了受自然条件和政治法律条件因素影响外，还受游艇本身因素的影响，游艇的尺码越长，活动区域越大。

小快艇的活动区域是离岸半径约 10 海里的范围；豪华游艇的活动区域一般是离岸 8 小时以内的范围；超豪华游艇的活动区域则是离岸三昼夜以内的范围；帆船的活动区域则是以百海里为单位的洋际海域范围。

无论是商务用途还是个人用途，游艇的主要功能都是休闲娱乐，满足人们的体验，而不是运输。所以，无论是什么水域，游艇航道都必须有一定的观赏性。

休闲游艇的活动区域只要水域够宽阔，无论是河流、湖泊、水库、海洋沿岸和近海，都是适合游艇活动的区域。除了军事用途的海域，受保护的水库和水源、电站等，其他水域经申请，都有可能允许游艇进行航行。同时，游艇航线也必须符合各国海事部门的要求。

1.4.2　中国游艇基础设施发展的状况与趋势

1. *游艇码头的状况和发展*

中国的游艇基础设施建设正在不断加快。海南、珠三角、长三角、环渤海和长江沿线一直是中国游艇产业发展的主要地区。

2014 年中国沿海及内地已有 149 家游艇俱乐部，泊位大于 50 个并具有一定市场影响力的游艇码头也已有 50 多家。

2014 年中国游艇码头分布最多的是广东，占比为 23%，其次是海南和上海（图 1-3）。全国已投入泊位使用情况：水上泊位 10 000 个，干舱 2700 个。

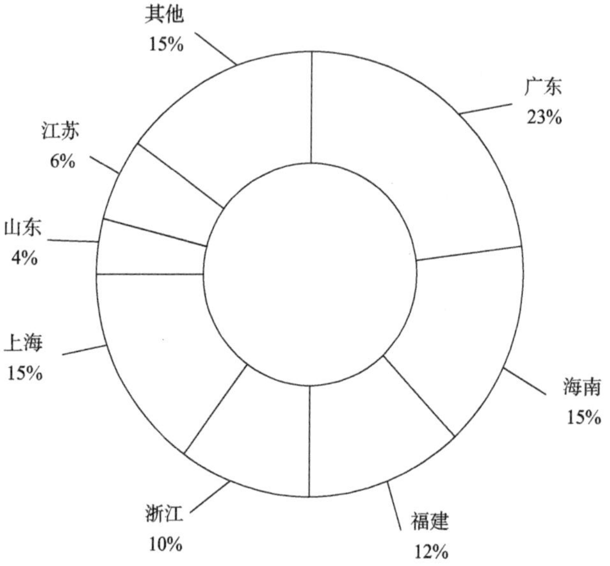

图 1-3 全国游艇码头泊位比例分布

资料来源：《三亚市游艇产业及游艇码头布局规划（2016—2030）》

从2013年开始，中国不少地区的公共游艇码头项目逐渐进入选址和在建阶段。例如，广州黄埔区长洲岛游艇公共停泊场由政府投资建设，属于公共性质的大众码头，不收取会费，停泊费比游艇会便宜20%，该码头规划建设182个泊位，首期已有26个具备使用条件。

海南游艇业发展最好的地区是海口和三亚，名气较大的有海口美丽沙游艇码头、三亚凤凰岛游艇码头、三亚半岛帆船游艇码头、陵水清水湾游艇码头。

2013年，三亚已建成的游艇码头泊位达768个，其中，鸿洲国际游艇会拥有泊位216个，三亚瑞吉酒店游艇码头拥有泊位数113个，三亚半山半岛帆船港酒店拥有泊位数324个，三亚凤凰广场游艇码头拥有泊位数98个（冯琼等，2013）。截至2017年11月，海南已建成游艇码头14个，泊位1800多个，在建泊位1900多个。游艇产业是三亚大力发展的新兴产业。在《三亚市游艇产业及游艇码头布局规划（2016—2030）》中，规划三亚游艇码头分为俱乐部游艇码头和公共游艇码头两类，规划到2020年，推荐新建游艇码头约4处，为宁远河口公共游艇码头、崖州超级游艇中心、凤凰岛码头、红塘港公共码头，共建成游艇泊位1200个。

2. *游艇航道情况*

游艇航行需要风景优美和配有设施的航道。在上海、深圳和三亚等城市周边，都有较为成熟的游艇航道。

1）上海的游艇航道

A. 上海亚廷码头—嵊泗列岛两天一夜航行

航行路线：南浦大桥亚廷码头→游艇巡航浏览洋山港口风景→抵达嵊泗海钓群岛→南长涂沙滩水上活动→南浦大桥亚廷码头①。

航行特点：嵊泗列岛位于杭州湾以东，长江口东南，自古为沪杭乃至长江沿岸的海上之门户。东临浩瀚的太平洋，西接上海，距离上海最近处仅 12 海里，南与佛教圣地普陀山相望，北濒黄海。陆海总面积 8824 平方公里，较上海总面积还大 42%，是一个典型的海洋大县。泗礁景区位于嵊泗列岛中部，由泗礁、黄龙、白节、徐公等 170 多个岛屿和数百个岩礁组成。景区内金沙连绵环绕，碧海浩瀚无际，峭壁巍巍耸立，奇礁比比皆是。列岛拥有泗礁群岛、南长涂沙滩及基湖海滨浴场。它是以海洋文化展示、海洋科普、海滨休闲、观光度假和海上运动为主题的综合性休闲度假景区。

B. 上海北外滩—夜游黄浦江

航行路线：北外滩→万国建筑群→南浦大桥→世博园区→梅赛德斯奔驰文化中心→卢浦大桥→北外滩。航行距离约 9.5 公里②。

航行特点：该航线是上海最繁忙的航线，也是上海最美丽的夜景航线。因为这条航线商船、客船和轮渡很多，繁忙时期不是很容易申请到。

2）深圳沿海的游艇航道

深圳是沿海城市，航线资源很丰富。而且，深圳毗邻香港，受到香港游艇文化影响，游艇航线也相对成熟。2013 年起，受到粤港澳大湾区开发的影响，开始开发粤港澳大湾区航线，航线的选择也越来越多。

深圳游艇出海航线有南澳游艇出海航线、大梅沙游艇出海航线、深圳湾游艇出海航线、大鹏湾游艇出海航线、海贝湾游艇出海航线。

A. 南澳游艇航行路线

在南澳选择游艇出游，游艇航行线路可根据游览时间进行选择。具体如表 1-4 所示。

表 1-4　南澳游艇航行路线组合

航行时间	航行路线	路线特点
2～3 小时	南澳游艇会集合→码头→大辣甲岛→钓鱼、游泳、摩托艇等海上运动→大亚湾核电站→海上皇宫→返回游艇码头	可以欣赏大亚湾的景色，进行钓鱼、游泳等海上运动

① 租艇玩. 上海亚廷码头—嵊泗列岛两天一夜，https://www.zutingwan.com/shanghai/hangxian/w5160153.shtml[2019-02-19]。

② 租艇玩. 上海北外滩一夜游黄浦江，https://www.zutingwan.com/shanghai/hangxian/w5160152.shtml[2019-02-19]。

续表

航行时间	航行路线	路线特点
4～5 小时	南澳游艇会集合→码头→大亚湾核电站→海上皇宫→东山鱼排餐厅用餐→大辣甲岛→杨梅坑鹿咀山庄→游艇抛锚→钓鱼、游泳、摩托艇等海上运动→返回游艇码头	五小时行程、一小时用餐、一小时进行水上运动项目。可以欣赏深圳东部海景。进行钓鱼、游泳等海上运动
6 小时	南澳游艇会集合→码头→大辣甲岛→杨梅坑鹿咀山庄→三门岛→无岛海域→惠州月亮湾→返回游艇码头	欣赏深圳沿海岛屿
8 小时	南澳游艇会集合→码头→大亚湾核电站→海上皇宫→东山鱼排餐厅用餐→大辣甲岛→大水坑岛→大深湾→三门岛度假村→游艇抛锚→岛上探幽，游览全岛，在海边钓鱼、游泳、潜水、摩托艇、香蕉船等海上运动→返回游艇会码头	欣赏海景。在开发较成熟的三门岛游玩。可以进行海上休闲运动

资料来源：深圳游艇租赁，https://www.zutingwan.com/shenzhen/ [2019-02-19]

B. 大梅沙游艇航行路线

深圳大梅沙的游艇旅游也较为成熟，其已有航线也可以根据游览时间来选择。具体如表 1-5 所示。

表 1-5　大梅沙游艇航行路线组合

航行时间	航行路线	路线特点
2～3 小时	大梅沙湾游艇会集合→码头→盐田港码头→明斯克号航空母舰→小梅沙湾→万科十七英里→葵涌海港码头→返回到大梅沙湾游艇会码头	可以欣赏大梅沙湾、盐田港码头、明斯克号航空母舰等
4～5 小时	大梅沙湾游艇会集合→大梅沙湾→小梅沙度假村→万科十七英里→葵涌海港码头→金沙湾→南澳渔排→返回到大梅沙湾游艇会码头	欣赏沿途海上风光，可以观光、游玩和用餐
6 小时	大梅沙湾游艇会集合→大梅沙湾→小梅沙度假村→万科十七英里→葵涌海港码头→金沙湾→香港平洲岛→南澳渔排→钓鱼、游泳、水上运动摩托艇→返回到大梅沙湾游艇会码头	欣赏深圳海岸风光，可以用餐，进行海钓等水上运动
8 小时	大梅沙湾游艇会集合→大梅沙湾→小梅沙度假村→万科十七英里→葵涌海港码头→金沙湾→南澳渔排→西冲十里沙滩→三门岛观原生态海岛风光→登岛观光或钓鱼、游泳、水上运动摩托艇→返回大梅沙游艇会码头	可以欣赏三门岛和深圳大鹏湾的风光，在海岛游玩，用餐。进行游泳，水上娱乐等活动

资料来源：深圳游艇租赁，https://www.zutingwan.com/shenzhen/hangxian/[2019-02-19]

3）三亚的游艇航线

三亚是世界著名的旅游目的地，游艇产业也是三亚市政府大力发展的产业。根据航行距离不同，三亚在游艇航线方面比较多样。具体如表 1-6 所示。

表 1-6　三亚游艇航行路线组合

航行距离	航行路线	路线特点
5.5 公里	三亚港→百年渔港→凤凰岛→小青州→三亚角→三亚港	沿途你将感受到三亚百年渔港的浓郁渔民文化，并在海上参观“东方迪拜”——凤凰岛。途经天然形成的小岛——小青州。最后抵达三亚角，抛锚并自由活动
6 公里	三亚港→百年渔港→凤凰岛→小青州→三亚港	从码头出发，你会经过百年渔港，这里有百年历史，可能迎面扑来的是浓郁的鱼腥味，但却是三亚渔民文化体现最得体的地方！你有机会在海上参观“东方迪拜”——凤凰岛。最终在天然形成的小岛——小青州停留 小青州是一个简单而朴实的天然小岛，与身后的凤凰岛形成鲜明对比。与小青州相隔的就是三亚角
6.7 公里	陵水清水湾游艇会→南湾猴岛→陵水清水湾游艇会	清水湾被誉为“会唱歌的海湾”，这里的景色绝美无比，从清水湾出发航行至南湾猴岛，一路上海风徐徐，景色宜人，绝对是值得推荐的游艇航线之一 南湾猴岛坐落于海南省陵水县南约 14 公里处的南湾半岛上。岛上气候温和，林木繁茂，峰峦起伏，四季如春，蝶舞鸟逐。半岛三面环海，周边水域风情万种，整座山头怪石嶙峋；是我国也是世界上唯一的岛屿型猕猴自然保护区 南湾猴岛四季绿树葱葱，风光秀丽迷人，拥有最具海南特色的洁净迷人的沙滩，妩媚多姿的椰树，白浪翻扬的天然海滨浴场，色彩斑斓的珊瑚礁群，素有“海上街市”之称的渔排风情，是陵水“八景之一”
9 公里	三亚亚龙湾游艇会→太阳湾→百福湾→东排→西排→海棠湾→亚龙湾酒店群→三亚亚龙湾游艇会	三亚亚龙湾游艇会被誉为“中国最美游艇会”，从这里出发一路航行至太阳湾、百福湾，选择一个你喜欢的目的地抛锚、潜水。这里的环境得天独厚，拥有最迷人的风景和中国最好的海水。线路将会路过东排、西排及亚龙湾酒店群，适宜欣赏风景 太阳湾位于海南岛最南端的三亚市亚龙湾国家旅游度假区西南部，距三亚市区约 19 公里，西接百福湾，东倚亚龙湾，是在亚龙湾 18.6 平方公里天堂海湾与 8 公里澄清海岸之上一处珍藏多年的隐秘海岸。太阳湾三面环山，一面向海，风景优美如画。你可以欣赏到湾内白石岭上的奇石“太阳石”。太阳湾海域海水清澈透明！最佳横向能见度可达到 18～30 米，水下珊瑚种类丰富，颜色艳丽！海底的海洋鱼类也十分繁多 亚龙湾潜水一般以百福湾为潜水中心，东洲岛是第二潜点。湾内水面平静，海水清澈见底，站在沙滩上已经能隐隐约约地看到海底的珊瑚礁了。湾内海沙细软，洁白如银，海岸奇峰林立，怪石嶙峋。百福湾三面环山，一面向海，湾里的珊瑚礁是目前亚龙湾内保护最完美的珊瑚礁之一。曾被国际环保专家称作“现存为数极少、中国唯一、世界最大的软珊瑚保护基地”之一
10 公里	三亚港→百年渔港→凤凰岛→小青州→东岛→三亚港	沿途你将感受到三亚百年渔港的浓郁渔民文化，并在海上参观“东方迪拜”——凤凰岛。途经天然形成的小岛——小青州。最后抵达东岛，抛锚自由活动 东岛周围的海水能见度极高。绝佳的海钓地，有石斑、青衣、海鲤、海鳗等，看你的运气与技术，能够帮你赚到多少鱼儿上钩！水下生长着珊瑚群，浮潜作为最直观的一项活动，可以让你清楚地欣赏到水下的珊瑚景观

续表

航行距离	航行路线	路线特点
12 公里	三亚亚龙湾游艇会→太阳湾→百福湾→白虎角→三亚亚龙湾游艇会	三亚亚龙湾游艇会被誉为“中国最美游艇会”，从这里出发一路航行至太阳湾、百福湾，选择一个你喜欢的目的地抛锚、潜水。这里的环境得天独厚，拥有最迷人的风景和中国最好的海水。线路将会路过东排、西排及亚龙湾酒店群，欣赏风景 太阳湾位于海南岛最南端的三亚市亚龙湾国家旅游度假区西南部，距三亚市区约 19 公里，西接百福湾，东倚亚龙湾，是在亚龙湾 18.6 平方公里天堂海湾与 8 公里澄清海岸之上一处珍藏多年的隐秘海岸。太阳湾三面环山，一面向海，风景优美如画。你可以欣赏到湾内白石岭上的奇石“太阳石”。太阳湾海域海水清澈透明！最佳横向能见度可达到 18～30 米，水下珊瑚种类丰富，颜色艳丽！海底的海洋鱼类也十分繁多
15 公里	三亚港→百年渔港→凤凰岛→小青州→三亚角→三亚港	沿途你将感受到三亚百年渔港的浓郁渔民文化，并在海上参观“东方迪拜”——凤凰岛。途径天然形成的小岛——小青州。最后抵达西岛，抛锚并自由活动 西岛是三亚著名的旅游地，这里海水清澈，沙滩洁白。西岛上有常住人口达 3000 余人，他们也是以打渔为生，你可以在西岛附近看到很多天然养殖场。这就是西岛渔民的生活！这里同样也是近海海钓胜地！准备好大干一场吧！与西岛紧密相连的另外一个小岛屿，名为“牛王岭”！靠近它，你可以清楚地看到一只金牛屹立山顶！也是不可多得的景色之一
	三亚港→百年渔港→凤凰岛→小青州→三亚角→小东海→大东海→三亚港	沿途你将感受到三亚百年渔港的浓郁渔民文化，并在海上参观“东方迪拜”——凤凰岛。途经天然形成的小岛——小青州。最后抵达大东海或小东海，抛锚并自由活动 小东海海域的水质为一类，各种海洋生物有 600 多种。那片黑黑的布满珊瑚礁的滩涂，巨石嶙峋的海岬，姿态翩然的白鹭，都在小东海享受着自然的宁静。优质的海水和沙滩，宽广的珊瑚礁平台，使小东海成为三亚潜水观光的最佳地点。如果说三亚海域是世界上公认的潜海胜地，那么小东海就是胜地之中的胜地 大东海对于大家来说并不陌生，这里是 4A 级旅游景区，是三亚旅游的一处标志。但是你是否从海上欣赏过岸上的风景？2.9 公里的海岸线，三面环山，一面朝海，而你则可以将这一切尽收眼底
19.1 公里	陵水清水湾游艇会→蜈支洲岛→陵水清水湾游艇会	清水湾被誉为“会唱歌的海湾”，这里的景色绝美无比，从清水湾出发航行至蜈支洲岛，航行时间为三小时。一路上海风徐徐，在因海浪激起而奏响的曼妙乐章中尽情感受海南岛的魅力 蜈支洲岛位于三亚海棠湾，是冯小刚导演的热衷地，电影《私人定制》在这里取景。蜈支洲岛被称为中国的潜水胜地，能见度可达 27 米。 这条航线可谓最值得体验的航海线路，远离城市真正地被海洋环抱，这片唯美的海域会让你体验到海洋生活所带给你绝无仅有的乐趣

资料来源：三亚游艇租赁，https://www.zutingwan.com/sanya/hangxian/[2019-02-19]

第 2 章　游艇休闲旅游

2.1　游 艇 旅 游

游艇旅游常被解释为以游艇为载体进行的海上旅游度假活动。但这一定义并不严谨，其问题是没有明确游艇旅游的特殊性，而是简单地将传统旅游活动概念挪用，同时也忽略了游艇旅游主体、客体的复杂性。游艇活动始于西方，而英文语境中更习惯使用“yachting”一词来代指一切游艇活动，并无关于“yacht tourism”词源和定义的明确说法。美国传统词典将前者解释为“驾驶游艇航海、漫游或比赛”（李柏青，2008），韦氏词典则将其描述为“利用游艇进行竞赛或巡游的行为、事实或娱乐消遣”，同时说明“yachting”一词的最早使用出现于 1836 年。游艇运动既是休闲活动，又是旅游活动的一部分和重要的旅游吸引物。

首先，旅游是指为了休闲、商务或其他目的离开他们惯常环境，到某些地方并停留在那里，但连续不超过一年的活动。国内学者在综合前人研究的基础上提出，“旅游是非本地居民暂时离开自己的住地，前往旅游目的地及逗留期间的各种活动，是现代社会的一种特殊生活方式，具有暂时性、异地性和享受性的特点”。鉴于此，游艇旅游的第一个特殊性体现在“异地”的内涵更为丰富，除了外地游客受到游艇的吸引前往旅游和本地居民驾驶游艇到外地旅行，游艇旅游的异地性还特指陆域和海上的差异。其次，游艇旅游的主体复杂，具体来看，按用艇方式可以区分为驾驶自己的游艇、租赁码头游艇及参赛时第三方提供游艇等，从身份上可区分为游艇会会员和非会员、外地游客和本地游客。最后是游艇旅游资源的多样性和综合性，不仅包括设计独特的游艇码头会所、出海时优美的沿途风景和舒适气候，也包括游艇赛事活动及游艇本身作为吸引物或高档消费品所隐含的社会、经济、文化内涵。

综上所述，狭义的游艇旅游是指旅游主体暂时离开陆域，以游艇为载体到离出发地一定距离的海上逗留期间，进行的各种休闲娱乐活动及其引起的现象和关系的总和。作为现代社会的一种特殊休闲生活方式，游艇旅游有并不以旅游者的经济收益为目的，主要具有暂时性、海陆异地性和休闲性的特点。广义的游艇旅游所涵盖的范围更广，以游艇赛事、展会及酒店地产等为依托发展起来的观光、度假等旅游模式也均应纳入其中。

2.2 游艇滨水休闲

阳光、沙滩、大海和海鲜（在旅游业被称为4S，即sun、sand、sea和seafood）是当今世界上重要的旅游资源，对广大游客极具吸引力。海域风情及海岛风貌等海洋资源为游艇服务产品提供了绝好的资源，从而促进了滨水休闲活动的发展。

滨水休闲是指在一定社会、经济条件下，以优质水域为依托，以亲水、阳光、沙滩为主要内容，以满足人们精神和物质需求为目的而进行的游览、娱乐、体育活动和疗养活动所产生的现象及关系的总和。从地域上划分，滨水休闲是与陆地旅游相对应的，主要包括水岸地区、近岸地区、海岛、大洋、水底等进行的活动。滨水休闲景点根据毗邻水体的不同，可以分为滨海、滨江、滨湖三种。基于滨水旅游，可以扩展的产品类型众多。从游艇的角度来说，可以发展亲水平台、休闲海钓和水上餐厅等。

2.2.1 亲水平台

1. 亲水平台的概念

从陆地延伸到水面，使游人更方便接触所想到达水域的平台即为亲水平台。在公园、湖泊、河流、湿地、海滨等以水资源为依托的景点都非常注意对亲水平台的打造。例如，景区会建设景观浮桥、水上步道、观景走廊等，用于观赏池中怒放的鲜花、行走在波光粼粼的水面、逗玩水中活蹦乱跳的鱼类、欣赏沿岸秀丽的山水风光等。

现代社会的人们向往返璞归真的自然生活，不管是在生活社区还是旅游景区，对水环境的要求越来越高，不单要欣赏到水，还要能亲近水。因为水的功能已经不局限于旅游观赏，其对周边环境的呼应及生态保护等功能得到更多人的注意和重视。人们渴望见到天蓝水清、绿树成荫、鱼虾畅游、飞鸟盘旋河道的生态景观。亲水平台就为人们接触水生动植物、了解水环境提供了一个良好的通道。

对亲水平台的设计要符合水域本身水位的变化，用浮筒来搭建浮动平台，浮动平台和固定平台一起组合成为亲水平台，即能满足这一要求。浮动平台型的亲水平台可以根据水位的变化自由上升下降，在任何季节都能满足人们亲水戏水需求。它的特点是适合多水位的河流湖泊，加上可以在表面铺设木板，即可打造简单使用美观的亲水平台。

现代景观设计中的亲水平台是由古典园林中的建筑之一“榭”发展而来的。榭的基本特点是临水，着重于借取水面的景色。在古典园林中，榭的常见形式一般是在水边筑一个平台，周边以低栏杆围绕，在湖岸通向水面处作敞口，在平台上建起一单体建筑。建筑平面通常是长方形，建筑四面开敞通透，或四面做落地长窗。而且，现代景观设计中的亲水平台更是将水榭的各项优点发扬光大。

现代景观设计中的亲水平台摆脱了古典园林中榭在单位规模上体积较为笨重的概念，其表现形式也是各有特色。为了实践“亲近水”的设计理念，有的亲水平台是在陆地与水接触的地方搭建阶梯状的平台，层层接近或没入水中。如上海徐家汇公园的亲水平台，平台周边没有围栏阻隔，人们便可在较为接近水的平台边与鱼儿嬉戏。有的平台是将陆地以斜坡状伸入水中，让人们与水能够更加亲近。有的平台甚至只是若干块不规则几何形体的组合，或是干脆免去平台这一表现形式，直接以砂石作为水与陆地的分割。大小不一、形状各异的石块形成水陆两个空间的天然分割线，这种设计既朴实又自然，使得人们有一种回归大自然的感受。造型上的轻盈设计并没有减少亲水平台在整个景观中的比重，反而成为景观建筑中一道亮丽的风景线，是水景景观中最重要的建筑小品。

从空间分割的层面上来说，亲水平台是水空间和地空间的过渡与衔接，是亲水平台将水空间和地空间相互融合在一起，使两者有机地结合形成一个完整的视觉空间。现代景观中亲水平台时尚简约化的设计理念，带动了周边景观附件的协调发展，使得城市景观设施和景观小品有了革新，充满了时尚的意味。譬如，对垃圾桶、路灯、指示牌等公共设施的隐蔽性设计；对座椅、路灯、树穴、花钵、铺地等景观附件的艺术性设计，都顺从着流畅的线条，带给人们前卫的设计理念，又不乏其以人为本的使用性。这样的配套设计增添了整个景观环境的美感和舒适性。

随着城市化进程的加快，调整治水思路，充分体现人与水、人与自然和谐相处和可持续发展的现代理念，让大家真切地感受到未来美好的水环境，这是城市水利建设发展的推动力，更是为创建城市生态化环境带了个好头。

现代景观设计中的亲水平台都以生态设计作为设计理念。这种设计理念倡导尊重物种多样性，减少对资源的剥夺，保持营养和水循环，维持植物生态环境和动物栖息地的质量，以改善社区环境及促进生态系统的健康。它所追求的目标是让人们的生活环境更具自然气息，更遵从自然的规律，追求景观的可持续发展。所以现代景观中的亲水平台十分注重加强建筑和绿地交接处的植物配置、社区外围的植物配置、硬质地面和绿地之间道路边缘的植物配置，以及水池岸边的植物配置等，如在社区的边缘、建筑的墙脚、小溪的岸边种植多种多样的花草，都会创造出丰富的景观景点以吸引人的视线。

规模较小的亲水平台给人以温馨、亲切的感觉，是小孩子嬉戏玩耍的乐园，也是老人茶余饭后散步休息的好去处。某些规模较大的亲水平台还可以用作露天茶座，给游客的出行带来方便。所以大型亲水平台的作用绝不可小视，它在现代景观休闲空间的营造方面具有无可替代的地位。

总而言之，在大力提倡城市现代化建设、创建自然生态城区的今天，追求景观的可持续发展已成为现代化城市景观建设的要求。而现代景观中的亲水平台无疑带动了整个景观环境的协调发展，对现代化景观建设起着举足轻重的作用。

2. 游艇与亲水平台

一般来说，较大型游艇在功能设计方面都会包含亲水平台的设计。超级游艇的亲水平台还兼有酒吧、室外沙龙和水疗区的功能。游艇上的亲水平台不仅是一种功能区的设置，还可以让使用者体验海水环绕的乐趣。

有很多超级游艇都以其亲水平台的设计闻名于世。如 Excellence V、Chopi Chopi 等。

Excellence V 这艘著名的游艇是由船东与英国的游艇设计公司 Reymond Langton Design 共同设计，Abeking & Rasmussen 船厂负责建造，这艘超级游艇在设计之初就考虑了用作租赁，所以让它的设计包含了一个娱乐性极佳的亲水平台。Excellence V 有一个 60 米的亲水平台位于船艇一侧，这样的设计是为了让乘客在休憩时不受到船尾接驳艇停放的打扰。这个亲水平台上设有酒吧区，放置躺椅的侧平台更接近水面。

Chopi chopi 是意大利 Ferretti 集团旗下著名游艇制造商 CRN 在成立 50 周年时出品的代表作品。这艘 CRN 制造的 80 米旗舰艇的室外甲板空间可达到 770 平方米，拥有一个超大亲水平台，这个区域是从室内的沙龙区一直延伸到室外的游泳平台区，可满足白天日光浴和夜晚派对的需求，并且这个亲水平台还是船上 SPA 区的入口。

CRN 设计另一艘艇长为 55 米的超级游艇 Atlante，也拥有一个同样让人难以忘记的亲水平台。只要放下船尾舷壁，就会出现布局简洁干净的沙龙区和游泳平台，在这个平台内还隐藏了健身房和按摩室，而且中间用大理石铺设的华丽楼梯，可直接通往主甲板。

相对以上奢侈型的超级游艇，由荷兰欧绅歌公司（Oceanco）建造的 45 米游艇 Helios 的亲水平台就是专为海上玩家而设计的，船尾舷壁放下之后形成一个足够宽敞的空间停放海上娱乐设备。平台内简单的储藏设计和休息座椅布局也迎合了青年人的需求。

还有一些大型游艇在设计亲水平台时也考虑了以家庭使用的目标市场。这种旗舰游艇的代表有贝尼蒂集团出品的 Seanna。这艘游艇的亲水平台内设有舒适的沙发，且玩水区域宽敞。这艘以舒适为定制标准的游艇是为家庭的休闲活动而建造的，亲水平台的设计考虑要为孩子玩耍提供足够的空间，同时也要能在家人的安全监护下玩耍。

2.2.2　休闲海钓

1. 海钓简介

海钓是近年来兴起的一种生态旅游。据不完全统计，中国有一亿人的钓鱼大军。如果说大部分人每年钓鱼一到四次，平均消费约为 280 元，那么中国仅围绕钓鱼活动所产生的消费数额就十分惊人（海族艇业，2018）。

马来西亚旅游促进局（Malaysia Tourism Promotion Board）从 2008 年开始向中国推广其钓鱼旅游资源，于是就有了 2008 年的兰卡威海钓邀请赛。其实，这是以海钓为核心来带动的集渔业、休闲游钓、旅游观光为一体的产业。

2. 游艇海钓

专门用于海钓的船只被称为海钓船（sport fisherman）。这类型的游艇通常配备有完整的钓鱼设备。此船型的特征在于驾驶室位于上甲板，以及后甲板的高度非常接近水面，这样的船型设计主要是配合海钓者使用上的需要。

相对于在水岸钓鱼活动的体验，通过游艇进行海钓会让人有惬意、刺激和惊喜等体验，所以，海钓近几年来的发展势头很好。海钓的钓具因地域不同而有所差异，北方沿海多采用船竿或传统的手提线。其钓位的选择因其施钓范围大、定位难，且受海洋洋流的干扰，如果想有完美的海钓体验，对海钓的钓位及钓点选择应做以下考虑。

第一，定位海钓船钓的钓点选择。由于船钓时钓船受海流及风向影响，常难稳定某一方位，时常在找准鱼道时，即被海流及风力拖离原点，故常采用抛锚泊定的办法，以免发生跑位。这种海钓的钓位应选择在海面下有大的岩礁、海沟处，若想要知道所处海面下是不是礁石区，可以用船上的铅坠探测，但这种方法需要有一段时间的海钓实践经验积累。另一种方法是根据海中的岛屿走向及地貌形态来确定。例如，岛屿呈东西走向，岛西为悬崖，自西向东延伸入海，即可确定岛屿的南北夹角基本上为沟堑、暗礁群区，以此边缘地域为钓点抛锚定位，下钩处当必有所获。

第二，漂流海钓的钓点选择。漂流海钓即不抛锚泊定而随海流漂浮钓。这种钓法的钓位大多选择在陆地与海中岛屿相邻的海域进行。因此处多是海流的频聚流动的必经之地，水下也多为海沟及礁区，海鱼便于避开湍急的海流藏身于此觅食。钓船随流漂动施钓，钓点选择不受定位限制，如钓点恰好选择在海流边缘及海沟之中，往往会有意外的收获。

小案例：海钓注意事项

第一，需要了解海上求生的联系方式、手机是否防水、最基本的船家的电话、同伴的电话，还有就是“110”大家不会忘记吧！发基本的求救信号也应该了解，最好装备求救闪电。

第二，出发前一定要确认天气预报，要有随时中止出发的决心；海钓进行途中天气转变，要懂得及时撤退，这才是最有勇气的海钓人。

第三，对于船钓、矶钓，从出海开始就一定要穿好救生衣，以防不测。去海上钓鱼的时候，存在着落水的危险，有的人认为自己水性好，就大意了。其实不然，海浪、旋涡、礁石，包括突变的坏天气，随时存在着很大的不可预知。就像突发的大浪（比较形象地称呼为疯狗浪），甚至是稍微脚下打滑，都可能给海钓者带来伤害。首先要保护自己，保持清醒的头脑，沉着冷静，避开岩石的撞击和割伤，万一掉进水里，先尽量向大海深处游去，以免被浪打入礁石，招呼同伴，然后就是求救和自救的问题了。海浪礁石的情况，一定要观察清楚，根据情况同伴是否要为落水者提供进一步的助浮物，如我们海钓时带的冰箱，联系船家和请求救援。

第四，在矶钓的时候，一定要穿上矶钓专用钉子鞋（防滑）。救生衣和钉子鞋是矶钓必需的装备。

第五，出海钓鱼要结伴同行，不可单独行动，如果有意外事件，不管是不是同行，必要时一定互相帮助，要有海上求生、救援和一定的户外知识，但不是舍己救人。

第六，海边陆矶也要注意海水情况，经常发生左右上涨的海水从陆矶后边包抄过来，并且遇上较大的风浪，对垂钓者造成很大威胁，一定要沉着冷静，撤退到安全地带。

资料来源：海钓须谨记的十个安全注意事项，http://www.diaoyur.com/a/2016/ 19228.html[2019-02-19]

3. 我国游艇休闲海钓相关规定

虽然我国目前休闲海钓行业尚处于初始阶段，相关规定尚待完善，但海钓属于新兴的休闲产业，一些适合开展海钓的地方已经开展了试点。其中，山东省作为我国休闲海钓试点，相关部门依据农业部渔业船舶检验局《关于同意在山东省开展休闲渔船及海洋渔业装备检验管理试点工作的批复》（农渔检（法）〔2017〕32 号），制定了《休闲海钓渔船试点管理暂行办法》，为游艇休闲海钓行业的健康有序发展提供了制度保障，具体内容如下。

1）海钓船经营单位

（1）海钓船经营单位应当依法注册设立，拥有省级渔业主管部门认定的休闲海钓钓场。

（2）海钓船应由省级以上渔业主管部门批准试点的海钓船经营单位负责管理。

（3）海钓船经营单位可以依法成立海钓俱乐部或海钓协会，组织会员建造海钓船，并由海钓俱乐部或海钓协会统一运营和管理；会员应当与海钓俱乐部或海钓协会签订协议，明确双方在海钓船航行、作业、停泊安全以及日常维护、防污染管理方面的责任和义务。

2）海钓船检验和登记

（1）海钓船应当经渔业船舶检验机构检验合格，并向渔业船舶登记机关办理船舶登记手续，取得有效的渔业船舶证书后方可投入运营；有关法律、法规、规章对休闲海钓实行捕捞许可和捕捞限额制度的，海钓船还应当办理相应的许可手续；海钓船检验、登记管理权限按照现行渔业船舶管理分工确定。

（2）海钓船制造单位应当通过省级渔业船舶检验机构组织的技术条件评价，并按照渔业船舶检验机构审查批准的海钓船设计图纸和技术文件制造海钓船；海钓船应当采用玻璃钢或者铝合金材质制造，船体颜色白色；禁止改造旧船从事休闲海钓经营活动。

（3）省外建造、购置或者国外进口的海钓船，其设计图纸及技术文件应当经渔业船舶检验机构审查确认，并在投入运营前申报初次检验。

（4）海钓船船名由渔业船舶登记机关按照渔业船舶船名规定核定，命名规则为“鲁 X（地区简称）渔钓 8XXXX（数字序号）”。

3）海钓船船员和海钓人员

（1）海钓船载员总人数不得超过 9 人。

（2）海钓船船员配置应符合国家和省有关职务船员最低配员标准的规定；海钓船船员应当持有有效的渔业船员证书。

（3）每艘海钓船应当配备 1 名海钓安全员（可由海钓船船员兼任），指导海钓人员安全登离和海钓，及时制止和纠正不安全行为。

（4）海钓人员应当遵守海钓船安全管理制度和安全操作规程，服从海钓安全员管理，临水作业穿着救生衣、防滑鞋，不得随意向海抛投固体垃圾和倾倒污水；禁止醉酒者和未成年人等不适宜人员登乘海钓船。

4）海钓船航行、作业和停泊

（1）海钓船航区由渔业船舶检验机构核定，作业区域限定在休闲海钓钓场范围内。

（2）海钓船应在白天且能见度良好的情况下营运，航次作业时间不超过 8 小时。风力超过蒲氏 7 级所有海钓船不得运营，各运营单位海钓渔船具体风力限制标准由各县（市、区）海洋与渔业行政主管部门确定。

（3）海钓船开航前，船长、海钓安全员应当分别对船舶性能和载员人数进行安全检查，确保船舶适航、不超载；禁止酒后驾驶、疲劳驾驶。

（4）海钓船不得违反有关防止船舶污染海洋环境的法律、法规和规章的规定向海洋排放船舶垃圾、生活污水、含油污水和其他有毒有害物质。

（5）海钓船应当遵守鱼类可捕标准规定，经营单位应建立渔获日志制度，实行单次渔获总量控制。

（6）海钓船停靠码头应具备海钓船安全靠泊、避风、污染防治以及便利人员安全登离的条件；码头位置、泊位以及靠泊船只等情况应当报县级渔业主管部门备案。

5）海钓船安全保障

（1）海钓船应当按照国家和省有关规定制装渔业船舶标识，驾驶室（无驾驶室的在船舷）两侧喷涂休闲海钓专用 LOGO，并配备相应的救生、消防、通讯、定位等安全设备。

（2）海钓船经营单位应当掌握海钓船出航、返航及海钓人员情况，记录备查，乘员应当实名登记，并为海钓人员办理人身意外伤害保险，每人保额不得低于上一年度山东省城镇居民人均可支配收入的 20 倍；海钓安全须知应当张贴于海钓船明显位置，并由海钓安全员在开航前向海钓人员详细讲解。

（3）海钓船经营单位应当配备适合的海陆通讯设备，保持海钓船与陆地间通讯畅通，并具备相应的应急救助能力，定期组织应急演习，做好演习记录；海钓船遇险或者发生水上交通事故，海钓船经营单位应当立即向水上搜救机构、渔业主管部门报告。

（4）海钓船应当向县级渔业船舶登记机关申请办理有效期不超过 6 个月的定期签证手续。

（5）县（市、区）海洋与渔业行政主管部门应当加强海钓船的日常安全监管，定期对海钓经营单位实施现场检查，建立监管台账。

2.3 游艇主题活动

游艇是公民、法人或者其他组织所有并在水上使用的一种高级耐用消费品，用于娱乐休闲、游览观光、水上运动、航海或商务接待的营业性或非营业性、机动或非机动的船艇，包括各类旅游客船，不包括运输用船、军用船舶和渔业船舶。从本质特征来看，游艇是一种娱乐工具，这一本质特征使它区别于作为运输工具的高速船和旅游客船。从功能属性上看，游艇集航海、运动、娱乐、休闲等功能于一体，满足个人及家庭的休闲生活及企事业单位娱乐宣传活动的需要。

游艇是一个综合性的平台，围绕着游艇也可以开展丰富多彩的主题活动。游艇主题活动具体是指利用游艇的航海、运动、娱乐、商务及休闲的功能，个体及家庭、企业或政府及其他相关组织围绕某一目的，并以此目的为线索展开的一系列活动与交流。

根据使用或涉及游艇的组织类型划分，游艇主题活动可以分为个体及家庭涉艇休闲活动、企业涉艇商务活动及政府或其他社会组织的涉艇活动。根据活动主题的差异，游艇主题活动又可分为水底探险、潜水、冲浪、划水、漂流、公司聚会活动、企业品牌推广活动、企业展览展会活动、游艇赛事活动、节假日庆典活动及培训活动等。

2.3.1　游艇主题活动的特点

主题活动的特点是有其特定的目标和计划，能够为参与者创造所期望的收益，调节身心、增进交流和友谊。游艇主题活动是以游艇和水域为载体，因而又有亲水性、私密性和运动性的特点。

1. 亲水性

和其他主题活动不同，游艇主题活动的基本特征是以游艇为载体的亲水活动。设计以游艇为载体的主题活动时，可充分发挥其亲水特点，设计水上休闲、水上运动和水上娱乐等。游艇主题活动的亲水性是游艇主体活动区别于其他主题活动，优于其他主题活动的最大特点。

2. 私密性

游艇游离于其他建筑物、群体的个体性，使得游艇主题活动具有良好的私密性，使游艇主题活动的参与者免受各种干扰，可以更加无忧无虑地表达自己的观点，参与各种活动。

3. 运动性

运动是游艇活动的传统主题。大多数游艇主题活动，如帆板、赛艇就是直接由运动演化而来，其他活动也多以运动为主要或辅助形式。这种运动在水面、运动的艇体上展开，与陆地上的运动体验完全不同。

2.3.2　游艇主题活动的要素

策划或举办任何一场游艇主题活动都离不开以下四个基本要素：明确的主

题、适宜的场地和环境、独特的创意活动及完善的活动组织。

1. 明确的主题

游艇主题活动的策划与实施，首先需要明确活动的主题是什么。一场活动的主题是一场活动的命脉，是后续活动内容的构思、具体活动环节的设置及活动流程设定的基础。一场成功的活动策划必须体现出从头至尾的流畅性和一致性。活动内容、活动环节及流程都应该紧紧围绕活动的主题进行构思和设置，处处渗透活动的主题，以形成相互糅合的统一体。

2. 适宜的场地和环境

任何活动的策划和实施过程都需要慎重选择活动场地。活动场地的选择及当地气候环境的条件都会直接影响活动是否能顺利实施。

游艇主题活动的场地可以选择含有湖泊的公园、四面环水的荒岛或是海边。只有选择含有或临近水域的地点才可便于发挥游艇的休闲娱乐功能、商务社交功能或运动竞技的功能。

选择场地除了要有适宜的水域之外，还要对活动场地所处地点的气候环境条件有所要求。尤其在主题活动实施的当天，对自然天气状况与环境条件有一定的要求。

3. 独特的创意活动

不同目标的游艇主题活动，必然会伴随着个体或组织的不同活动。例如，涉艇的休闲娱乐活动就会伴随个体旅游、休闲及度假的活动。而企业涉艇的商务主题活动就会伴随企业组织的品牌推广、新产品发布及客户或供应商答谢等组织活动。活动的成功与否取决于活动是否有独特的创意。

4. 完善的活动组织

如上所述，游艇主题活动重要的特征是参与者的参与性与交互性，在参与中获得体验，在交流中增进了解。同时，游艇主题活动涉及众多的设施设备条件，活动的创意性等都要求活动前要有严密的组织，详细设计活动过程的每一个环节、每一种道具。

2.3.3 常见的游艇主题活动

1. 商务社交主题活动

1）涉及游艇的商务社交活动

游艇除了可供个体娱乐休闲之外，还具有商务社交功能。众多富豪船主用他们的豪华游艇作为商业接待的平台。当今，使用豪华游艇进行商务接待，是全世界公认的高级别的待客方式。

在美国商务会谈是游艇的一大功能。在豪华游艇上谈生意主要是让客户享受好时光和切身体验船主的实力，有很强的心理暗示作用。

在深圳，游艇成为商务招待的新方式，较为体面，很多商业人士认为海上的私密空间，没有外人打扰，又不会像会议室、办公室那么严谨，面对大海，轻松的氛围比较容易达成共识。深圳游艇玩家认为在游艇上进行商务会谈的成功率都会提高。根据不同的商务主题，如答谢、交流、激励和秀场，会相应地形成不同的游艇商务社交活动。游艇可以作为活动的场所或活动环节中的交通工具，如在游艇上举办公司答谢客户或供应商的年会、激励公司员工的聚会、公司新产品发布会、产品品牌推广会。

2）游艇商务主题活动

商务是指一切与交换活动相关的事务，狭义的商务概念仅指贸易活动。商务活动是指企业为实现生产经营目的而从事的各类有关资源、知识、信息、生产、研发、销售等活动的总称，既包括企业内部的管理组织活动，也包括与企业外部的客户、社会团体和政府、公众之间的往来。

商务活动一般都是在利益共享的原则下达成协议，规定双方或多方的权利和义务。商务利益既包含经济属性也包含社会属性。为了实现商务利益，必须依靠有效的商务活动。也就是说，既有理性的，也有情感的，没有理性的经济利益的共享，合作是不可能的，没有情感的交融，合作是脆弱的。所以，成功的商务活动都是理性和情感的双赢。在商务活动中，参与者会接触大量的信息，同时还得搜索、贮存、加工、提取、发送各种信息。

游艇商务活动特点之一即提供了不同于传统商务活动的环境——户外水域。游艇商务活动突破了密闭、有限、传统的商务活动空间，为参与者提供了开放、浩瀚、自由的异质空间。它更丰富地表达感情，减少了文化冲突，提供了更好的社交基础。因此，游艇主题活动可以起到创新商务活动氛围、改善参与者感受、增强商务信息的传送效果、增进买卖双方互信和情感联系，从而提高商务活动的效果。

游艇作为商务活动载体的一种，游艇商务活动具有时尚、自由、异质、高贵、典雅等特点，不仅为商务活动引入了海洋文明的气息，更以游艇本身所具有的风格和特色，为商务活动增添了许多传统商务活动所不具备的要素。

由此可见，从商务角度看，游艇商务主题活动在产品和品牌推广、客户维护、激励内部员工等方面都发挥着其他方式不可替代的作用。

游艇商务活动常见的主题形式具体包括以下几个方面。

A. 推广主题

推广是指企业将自己的品牌或产品介绍给目标受众，使他们了解产品的功能、品牌形象，形成品牌偏好，以最终达到产品销售的目的。

产品推广重在产品的使用功能介绍和展示，产品的展示背景和款式则是吸引目标受众的最好刺激物。使用功能的介绍和展示追求的是短期效应——产品销售，其重点一是结果，即功能——需求获得满足；二是使用方式的简便、享受；三是工作原理，即质量和效率；四是动手，动手试一试，品尝一下自己的作品。展示背景和款式的设计是营造及提升实际的使用氛围，温馨、浪漫或厚重的家，和谐、有序或开放的办公场所。理解产品，形成对其所代表的生活方式或工作方式的偏爱是产品推广的目标。

品牌塑造或推广活动的重点分别是品牌文化氛围的营造，情景及相应的产品群展示都是服务于此的；体现这种文化相应的活动；阐释这种文化的交流。

所以，并非所有的品牌塑造或产品推广都适合利用游艇主题活动，只有那些有海洋元素，符合游艇主题活动特征的品牌文化或产品才是适合的。

B. 答谢主题

答谢会是常见的用于维护客户关系的商务活动。随着举办答谢会习惯的形成，这一活动已经发展成为一种非常成熟和普遍的活动类型。在大多数人看来，游艇答谢会在内容、流程方面似乎和其他答谢会差不多，但从专业公关活动和会议策划的角度分析，游艇答谢会有着自己的特色和优势。

游艇答谢会改变了传统答谢会的基础氛围，从主视觉、环节、流程的设计规划，以及场地选择等每个环节都体现着海洋文明和游艇文化。相对于其他答谢会议，游艇答谢会的对外公关性质更加明显，同时，又具有时间性、地域性和特色化的特征。

游艇答谢会的优势在于，可以达到特定的目的：突破传统会议模式，以游艇为举办地点，以海洋为纽带，增进企业与客户之间的交流和沟通；创造时尚环境，增强会议目的和效果；以游艇答谢会提高企业的知名度和认知度，让来宾感受丰富多彩的企业文化。

C. 交流主题

沟通是企业日常运作所必需的，无论多么伟大的思想，如果不传递给其他人并被其他人理解，都是无意义的。在全球化竞争的背景下，企业经常会进行跨地区、跨国家、跨文化的经营活动。不同国家的企业员工在文化背景、语言习惯、思维方式、道德准则等方面有很大差异，导致企业间的沟通会面临一些障碍。

乘坐游艇出海时进行商务交流，既打破了传统沟通环境的封闭性，同时，也能保证商务交流所需要的私密性。商务游艇沟通对于我国任何组织都是新颖的、时尚的，你可以选择游艇的典雅、奢华和高贵，也可以选择游艇的时尚、激情和活力，还可以选择游艇的自由、休闲和开放。不同的环境为不同的思想、目标传递创造了更为适宜的平台，使思想或目标更易传递到接受者，接受者所感知到的心理图像与发送者发出的更为一致，减少解码的误差。这就可以更好地、更有效地实现组织之间的协调，增进彼此的了解，提高沟通的有效性。

D. 激励主题

激励就是激发人的动机的心理过程，即通常所说的调动人的积极性。有效的激励手段必须符合人的心理和行为的客观规律。认知心理学认为激励是一个复杂过程，要充分考虑人的内在因素，如思想意识、需要、兴趣、价值等。

企业可以借助游艇商务激励，通过海洋文明与陆地文明的鲜明对比，可以开拓员工的视野，放松员工的身心，进而有效地点燃员工的激情，促使他们的工作动机更加强烈，让他们产生超越自我和他人的欲望，并将潜在的、巨大的内驱力释放出来，为企业的远景目标奉献自己的热情。

游艇商务激励以精神激励为主，与企业物质激励的结合，可以对员工产生更加有效的激励作用；游艇商务激励可以有效促进外激励措施转化为被激励者的自觉意愿，取得激励效果；作为公司激励手段的游艇商务激励，可以帮助公司逐步建立良性的激励文化，帮助公司吸引优秀的人才、开发员工的潜在能力、促进在职员工充分的发挥其才能和智慧，留住优秀人才，造就良性的竞争环境。

3）休闲娱乐主题活动

休闲是指在非劳动及非工作时间内以各种“玩”的方式求得身心调节与放松，达到生命保健、体能恢复、身心愉悦的目的的一种业余生活。可以说，休闲是与生活满意度联系在一起，能促进人们身心健康、增强幸福感和提高生活质量。一个人的生活方式在很大程度上影响生活满意度。理想的生活方式就是人在身体、心理、情感、智力、社交和精神层面达到完美的平衡。休闲能增加人们达到这种平衡的可能性，科学文明的休闲方式，可以有效地促进能量的储蓄和释放，它包括对智能、体能的调节和生理、心理机能的锻炼。

一般意义上的休闲是指两个方面：一是解除体力上的疲劳，恢复生理的平衡；二是获得精神上的慰藉，成为心灵的驿站。它是完成社会必要劳动之后的时间，是人的生命状态的一种形式。对于生命的意义来说，它是一种精神的态度，并在人类社会进步的历史进程中始终扮演着重要的角色。

游艇休闲是指人们在可自由支配时间里，或商务活动中，自主选择的以游艇为主要载体或媒介物的一系列活动，从这些活动中人们希望获得惯常生活事务所不能给予的身心愉悦、精神满足和自我实现与发展。它具有亲水、私密、专业性强、对消费者的身心具有极大帮助与提升作用、对消费环境具有较高的要求等特征。游艇休闲的主题内容往往从游艇休闲娱乐的本质属性出发，紧密联系游艇特色和游艇休闲娱乐活动，精心策划、宣传和组织，满足参加者对游艇休闲体验、游艇娱乐的要求，实现组织者商业性或者公益性的目标。

常用的游艇休闲主题包括探索和审美。

A. 探索主题

对未知世界的好奇是人类进步的原动力，达尔文发现了优胜劣汰的生物进化论，牛顿从一个落下的苹果发现了万有引力定律，人类文明发展的每一步都是艰难探索的结果。UFO、喀纳斯湖怪、百慕大三角之谜总是吸引着无数目光，我们每个人其实都有好奇心。探索能让我们在求索、收获中得到极大的身心释放和满足感。

人类源于海洋，发展于大陆。世界很大，到处都有新鲜事物，这辈子不能只满足生活在当地，把握年轻的时间、充沛的体力和充足的财力，去探访未知的海洋。

用心观察，记住独特的生物、颜色、气味和温度，大到蓝鲸，小到海马，星罗棋布的岛屿，美丽的珊瑚。探索让我们从自己的内在中找到真正需要的东西，是帮助我们发现内在不同自我的途径。

B. 审美主题

审美是感知、欣赏、评判美和创造美的活动，是构成人对现实的审美关系，满足人的精神需要的实践、心理活动。它直接诉诸感性的形象，具有直觉性，没有直接的实用功能，同时既是理性的、逻辑的，又伴随着感性的想象、联想、判断、情感和意志活动。它是人从精神上把握世界的方式之一，服从认识的一般规律，但主要是形象思维过程，并同其他意识活动相互制约。审美具有创造性和鲜明的个性色彩，又受审美对象的制约和社会历史条件的影响，具有社会性。

游艇审美活动的主题内容往往从游艇及相关事物的美感的本质属性出发，紧密联系沿海风景和游艇特色，以展现海洋风景的多重美感，让参与者通过游艇体验典雅、自由，引导人们发现、欣赏、体验海洋，最终得到心灵的升华。

游艇审美体验是一种生命活动的过程，体现为人的主动、自觉的能动意识。在人类的多种体验当中，游艇审美体验以海洋文明为依托，能够充分展示人自身自由、自觉的意识，以及对于理想境界的追寻。相对于早已习惯的陆地文明，人在海洋审美体验中将感受到生命的全新一面，获得的不仅是生命的高扬、生活的充实，而且有对于自身价值的肯定，以及对于客体世界的重新认知和把握。游艇审美体验不仅应视作人的一种基本的生命活动，而且应该将其视作一种意识活动。

游艇审美体验除了具有愉悦自己的作用之外，在很大程度上也是为了完善自己。在当今社会中，对海洋文明的欣赏，不断为生活在钢筋水泥的城市森林中的人们提供心灵的慰藉。

4）公益主题活动

公益活动是指一定的组织或个人向社会捐赠财物、劳务和知识等活动。公益活动的内容包括社区服务、环境保护、知识传播、公共保障、帮助他人、社会援助、社会治安、紧急援助、慈善、社团活动、专业服务、文化艺术活动等。

在游艇的传统市场，游艇的主要活动范围还是集中在商务，造成游艇是奢侈品和刻板印象。其实，游艇是一个多元化的载体，可以承载很多丰富的公益活动。

A. 教育主题

教育也是在我国比较受欢迎的公益项目。但是纵观这几年的发展，其中做得好的并不多。许多企业的公益营销活动或者没有连续性，或者仅仅是捐款、捐书或建立希望学校就了事。

该主题可以组织的活动包括游艇主题活动义卖会、竞技类募捐、海上学术研讨会等。

B. 慈善主题

慈善事业的历史源远流长，慈善是人类共有传统，其共性不因时空、地域、民族和国界而产生异质，慈善事业是一个社会文明程度的标志。随着我国市场经济体制的成熟，企业也越来越主动地承担社会责任，所以，我国社会慈善事业蓬勃发展，有很多人参与其中。

该主题可以组织的活动包括为残障人士组织的游艇出海活动、游艇运动体验，以及游艇慈善募捐活动等。

C. 环保主题

当今，全球生态环境急剧恶化，人类面临着严峻的生态困境。生态的失衡严重影响社会的发展，甚至威胁着人类子孙后代的生存。我们应该树立现代文明的生态意识，努力发展经济的同时注重保护生态环境，加强人们环境保护意识和行为的教育与引导，与自然保持协调、和谐的关系，给子孙后代留下美好的绿色世界。

该主题可以组织的活动包括环保理念环球航行、环保理念竞技比赛等。

2.4　游艇航行活动

航行与探险是游艇最基础的功能，可以满足人们对征服大海和自信内心的追求。

2.4.1 环球航行

环球航行不仅是一种旅游休闲活动，也是一种海上生活方式，需要巡航游艇。巡航游艇是一种专为远航而设计的游艇，而不仅仅是短途旅行。帆船传统上与游艇有关，巡航游艇的起源在于探险和探索海洋。大多数环球旅行爱好者都会选择巡航游艇。这种游艇更适合他们的预定行程，可以在很大一段时间内在海上航行。

巡航游艇是迄今为止私人使用的最普遍的游艇，占据了 7～14 米范围内的大部分游艇。这些游艇在设计上可能相当复杂，因为它们需要优越的操控品质、丰富的内部空间、良好的轻风性能和车载舒适性之间的平衡。

2.4.2 探险活动

随着旅游业的发展，人们的旅游需求呈现多样化趋势，不仅希望从旅游中获得对异域文化和风情的感知，更渴望在旅游中实现自我、超越自我。各种探险活动日益普及，成为人们特别是年轻人喜爱的一项休闲娱乐活动。越来越多的人不再满足于传统的、在完备的交通和住宿设施下的观光度假，更崇尚个性化、自主式的旅游方式，通过自由安排旅游活动及旅行线路，甚至乐于承受巨大风险，寻求一种精神上的刺激，同时希望在旅游过程中得到另外一些知识及能力训练。

在这样的背景下，集刺激性、科学性、参与性和独立性于一体的探险旅游随之诞生。探险旅游是指为满足自我实现的需求等动机进行的有别于常规大众旅游的、风险较高的新兴旅游项目，到人迹罕至或险象环生的环境中进行的充满神秘性、危险性和刺激性的旅行考察活动。

传统的探险在人类开始时就存在，当时是为了生存的需要。现在的探险是与旅游结合的一种休闲方式。19 世纪后半期，探险旅游首先在欧美经济发达国家发展起来，并在 20 世纪中后期普及。美国户外探险旅游的发展时间长、内容丰富、配套制度完善。

相对美国发展户外探险旅游的悠久历史而言，我国户外探险旅游的开展才刚刚起步，但发展迅速。我国目前户外探险旅游活动组织主要包括旅行社、探险协会、户外俱乐部组织及个人四种，其中，户外俱乐部已经有 300 余家，俱乐部多集中在北京、上海、广州等大型城市和旅游资源地，会员有数万人。作为一种挑战生命、回归自然、探索险境的运动，户外探险旅游越来越受到青年群体的欢迎，户外探险不仅是一种单纯的旅游形式，更意味着一种全新的生存态度和生活方式，在冒险刺激中追寻真正的自我和自然。

大多数人都认为游艇是一种小型船只，但随着游艇发展的规模越来越大、越来越豪华。无论是帆船或机动艇都会配有相当专业的船员。许多豪华或超游艇是专为远程巡航的设计，例如，涉及有充足的生活和储存空间，可以很容易实现远距离长时间的航行。

小案例：游艇探险活动注意事项

游艇户外探险是一项非常惊险刺激的运动，但是每年都会有许多探险爱好者在途中迷路、受阻、陷入种种困境。这就一方面要求探险项目提供者加强安全建设，另一方面探险者也要做好探险前的准备。

（1）设施要求。由于户外探险具有高风险性，旅游景点、探险俱乐部及其他探险组织必须严格遵守户外探险安全管理条例，提供基本的安全保障设施，保证参加人员的生命财产安全。当然，在设施提供过程中，需要遵守自然保护的相关法律法规，如《风景名胜区条例》《中华人民共和国自然保护区条例》等。

（2）人员要求。从事户外探险的从业人员及探险者本身除了需要具备户外探险方面的专业知识（包括户外探险活动、户外探险器材及安全急救等）以外，还需要有强健的体魄、良好的团队协作精神及沉稳的心理素质。

（3）装备要求。户外装备包括刀具、打火机、水及净化装置、金属罐/帽、急救箱、垃圾袋、帐篷或吊床、口哨、手电筒、备用食品、户外衣物等。刀是建造庇护所、准备食物、生火和其他无数任务所必需的基本工具；用燧石生火在干燥气候下相对容易，但在潮湿天气里，打火机是必备的；水及净化装置金属罐/帽则是饮水卫生的保障；急救箱中不仅要有快速凝血的药物及一些常备药，还需要有镊子、针线等简单的医疗器械；塑料垃圾袋轻薄，携带方便、用途强大，既可用作盛装雨水的容器，也可充当雨布、雨披及防风布；帐篷或吊床提供了精细和舒适的庇护所；口哨与手电筒则是发出信号的最好工具；高蛋白、高卡路里及防寒、防风的衣物鞋帽则是最基本的装备。

第3章　游艇地产

游艇地产一般是指在游艇码头外围的海湾、江、河、湖沿岸建设的系列会所、高端住宅、滨水别墅、度假村、商业街、高尔夫球场等为游艇旅游服务、配套的服务型旅游地产项目，以住宿业为主，集休闲、旅游、度假、康体、购物、会展等为一体的高档综合旅游社区。游艇地产有陆域地产的特点是设施与水上游艇泊位相结合，购买地产的同时也要进行游艇泊位的购买或消费。例如，景观别墅住宅是依托水岸景观资源建造发展的住宅；休闲度假区配备各种娱乐设施，为游艇旅游者提供短期休闲度假地；商业街属于游艇旅游的配套发展产物。

地中海沿岸的摩纳哥是欧洲乃至世界富豪的度假胜地，是世界上游艇旅游较发达的国家，自 1991 年起，每年 9 月举办国际游艇展，是欧洲最负盛名的三大游艇展之一。摩纳哥游艇俱乐部创办于 1953 年，由摩纳哥亲王雷尼埃三世创办。游艇港湾周边的海景别墅与住宅，主要由游艇旅游者拥有。

游艇地产是游艇旅游发展到一定阶段的产物，良好的社会经济条件是其发展的必要基础，游艇旅游的性质决定了游艇地产消费的高档性。因此，目标市场是社会高收入阶层，休闲度假区的服务对象是有足够消费能力的休闲度假游客，这一目标市场的人群对周边环境、项目设计、配套设施等要素较为重视与讲究。

游艇地产以游艇旅游资源为依托，满足一部分高收入、高消费群体旅游度假的需求。所以，客户来源并不局限于当地旅游市场，往往是有购买能力的异地置业项目或者是作为第二居所人群。

游艇地产不同于其他住宿接待设施，它是以游艇旅游为卖点，以销售房地产为目的，实现旅游资源与地产的优势互补。游艇地产通常具有消费与投资两种功能，购买者可以在投资中获得保值增值，游艇旅游往往在自然及人文景观资源较优的滨水地区开展，基础设施和配套服务完善，所以游艇地产项目的价格一般高于普通地产。购买者也可不以投资为目的，而是作为第二居所专门用来享受其休闲度假功能。

3.1 游艇居住社区地产

游艇居住社区地产的项目以提供高品质居住空间为主要目的，以游艇作为营销噱头，引人注意，以提升销量。此类项目往往位于区域级中心城市近郊，它的选址对周边环境要求较高，需要城市本身具有优质的自然资源和丰富的人文资源，同时还要求这些资源与水域有良好的结合。对旅游资源、水域条件和地域条件的高要求是为了提升住宅产品的品质，增加休闲功能。这类模式在杭州、成都、重庆、长沙等非沿海地区，且具有水域航行条件的城市很受关注。

3.1.1 游艇居住社区地产的特点

游艇地产主要表现在围绕游艇港口建立的一系列旅游地产，是伴随着游艇的使用发展而产生的地产形态，是游艇活动和地产的结合物，并会随着游艇旅游活动的开展而不断升值。

游艇地产主要起源于欧洲地中海沿岸，当时在游艇码头周边建造的海滨度假别墅，吸引了欧洲的富商、贵族等，地中海一时发展成为欧洲度假中心。

游艇居住社区地产需要一定的自然资源基础和与游艇有关的配套设施，这种地产项目的建设在资源选择、区位确定、交通评价、产品和市场定位，以及配套方面都有一些特点。

资源：条件优越的沿江、沿湖地段，具备适合航行的水域条件，自身环境资源丰富的区域。

区位：城市近郊，距离市区30～45分钟车程。

交通：良好的交通可达性，多种交通工具备选。

产品：以独栋、联排别墅、花园洋房等低密度产品为主。

游艇相关配套：综合型公共码头，提供中型、大型泊位，设置中小型游艇会所。

基本配套：服务中心、教育设施（幼儿园、小学）、社区商业、医疗配套。

目标客群：以长期在当地居住的人为主要目标客群。

3.1.2 游艇别墅

游艇别墅指的就是可以停泊、使用游艇的别墅。在河道条件适合，以及游艇项目发展成熟的国家和地区，家用游艇的作用就和汽车一样，是一种代步和休闲工具。在中国，游艇别墅作为地产建设的差异化产品，大多属于奢侈型的别墅项目。在广州、杭州和上海周边，都建有具有游艇特色的奢侈型别墅项目。下面介绍在这几个地区建设的几个典型的游艇别墅项目。

1. 吉宝盛世湾游艇别墅

吉宝·中山盛世游艇会被列为中山市“十一五”规划、中山市旅游发展总体规划重大建设项目。这一项目吸引了来自新加坡的吉宝集团的投资。

吉宝盛世湾是吉宝置业在中国华南投资建设的滨水生活综合体项目，以“引领游艇生活方式”为主题，集宜居、休闲度假、商务于一体。吉宝置业旨在通过该项目打造中国一流乃至具有国际影响力的游艇会所。该项目总用地面积约 89 万平方米，建成 400 余个泊位，包括 250 套带有私人泊位的滨水低密度高端住宅，以及为吉宝·中山盛世游艇会额外提供的 158 个泊位。

吉宝盛世湾是国内首家且唯一一家中山—澳门游艇自由行单位，往来澳门和中山的航线，已于 2016 年 11 月 23 日正式开通。项目地处珠澳国际繁华都市圈地带，就陆路而言，与珠海一桥之隔，毗邻横琴新区，约 40 分钟车程即可到达珠海中心区域。港珠澳大桥已经建成，使珠江口东西两岸的交通更加便捷，尤其是有利于深圳、香港的交通往来；水路方面，吉宝盛世湾则地处天然避风良港，坐拥黄金水道要塞，乘坐游艇约 45 分钟即可直达澳门，1.5 小时内畅游东澳岛、万山岛等岛屿。

吉宝盛世湾距离澳门只有 17 海里，距香港仅 52 海里，是广东首家具备国家一类开放口岸及珠海拱北口岸联检大楼的游艇会项目。这里聚集了海关、边检、检验检疫及口岸等政府部门，业主可享受通关、出境等绿色通道，随时随地扬帆起航，更可以从自家门口的私家泊位开艇出航，约 45 分钟即可直达澳门。

物以稀为贵，吉宝盛世湾之所以能引起中国塔尖圈层的持续关注，是因为其拥有着无可比拟的稀缺性。项目按照“一泊一墅”高规格设计，业主不仅拥有滨水低密度高端住宅，还拥有柏林翰水泥浮桥码头。据了解，项目首批推出 42 套别墅，分别为 380 平方米、580 平方米、980 平方米，买别墅送泊位，并可成为吉宝·中山盛世游艇会会员，享有个性化的专属礼遇。

2. 侨建御溪谷项目

中国广州的侨建御溪谷项目由马来西亚 Simplex Design 的顶尖设计师规划设计，项目位于广州“东进”中轴——广汕公路沿线，与中新广州知识城相邻，规划占地达

2000亩[①]，分四期开发。其中，首期纯别墅区共有双拼别墅272栋，首批货量65套，主力户型为340～600平方米，另有面积高达4000平方米的超豪华别墅。

该项目拥有由山巅166米的山泉水和地下800米的涌泉汇流成的2000米河道源头，活水环绕整个社区85%的别墅，宽4～15米的河道足以行驶小型游艇。小区提供的高力国际管家服务，可实现游艇送餐、接送等服务。

3. 大华·西溪风情

大华·西溪风情称为杭州首座城市游艇别墅区。该项目位于杭州西溪湿地东北角，距离市中心12公里，平均容积率为0.5，以联排别墅和独栋别墅为主要产品。内部有多条水系相互贯通，外部则可与改造后的西溪湿地水系贯通，专门成立了社区游艇俱乐部，有独立的3000平方米的游艇主题会所。

该项目采用乘坐游艇的方式，水上看房的独特体验，让客户感受游艇、码头、游艇入户等滨海元素的营销方法，使项目销售成绩斐然，因此也被视为游艇与别墅相结合的典型案例。

4. 大自然花园游艇别墅

大自然花园是位于昆山淀山湖镇的别墅豪宅，由成立于温州的中国大自然房地产开发集团有限公司开发。大自然花园占地面积约为1000亩，容积率仅为0.21，建筑密度仅为14.8%，规划建造150栋独幢别墅。

小区的亮点就是地块紧靠淀山湖，拥有长达2.9公里的天然岸线，每栋沿湖别墅都拥有一个私家游艇码头。

项目已建成一个五星级的游艇会所和大自然国际游艇会。其游艇会所由著名的加拿大国际建筑大师埃里克森设计。游艇会所坐落于风景秀丽的淀山湖畔，是大自然花园的标志性建筑。游艇会所地上四层，地下一层，总建筑面积达1万平方米。建筑设计新颖，造型豪华有气势，内装富丽典雅，是集餐饮、住宿、会议、休闲娱乐、游艇综合服务于一体的五星级私人会所，拥有27间豪华客房和套房，健身中心、室外游泳池、红酒雪茄吧、棋牌室等休闲设施配备齐全。

大自然国际游艇会按国际标准建设，设有120个标准泊位，并配备完善的充电、加油、加水、修船等设施，是专业化的游艇俱乐部。目前，大自然国际游艇会拥有的游艇产自美国、澳大利亚、意大利、日本等地，发动机全部采用制造商美国宾士域（Brunswick）集团旗下的水星发动机及美国沃尔沃集团出品的游艇发动机，航速可高达40节[②]。另外，该游艇会还拥有各类世界名艇和其他水上游乐工具，可作为休闲旅游度假的场所。

---

① 1亩≈666.66平方米。

② 1节=1海里/小时=1.852公里/小时。

3.2 游艇旅游度假地产

在中国，游艇俱乐部的商业模式还并不普遍，更好的方式是由酒店、地产、娱乐的综合业态带动游艇地产的发展，再由游艇地产为土地增值，形成良好的正循环。我国游艇地产还处于起步发展阶段，对于游艇地产的概念还没有一个统一的概念和标准，对其概念的理解也存在着较大争议。

游艇地产可以说是旅游房地产的一类分支，它们之间存在着一些共同点，同样也存在着一些不同点，但可以从旅游房地产中衍生出一些概念来对游艇地产进行定义。此类地产多位于大城市的远郊或旅游景区，也会出现在旅游城市。其最大特点是依托环境资源放大其休闲娱乐功能，成立游艇俱乐部，通过现代娱乐设施的构建，营造理想度假目的地。此类项目在滨海或滨湖城市较多见，如有良好的自然环境资源，就更有具备打造度假型游艇地产的条件，如苏州、广州、惠州、深圳、威海等本身吸引休闲度假人群的城市。

学术界对旅游房地产的概念：依托周边丰富的旅游资源（包括自然和人文旅游资源），借助以旅游度假为目的的开发营销模式，以求全部或部分实现度假休闲旅游功能而开发建设及经营运作的房地产项目。此概念的核心有两个。

（1）在空间上或者地域上以旅游资源为依托。这些房地产依托部分自然和人文旅游资源，其中以自然旅游资源为主。然而随着旅游资源及旅游活动外延的不断扩大，旅游房地产的概念同样有着泛化的趋势。

（2）在价值实现方面，开发的房地产项目要全部或部分实现度假休闲旅游功能，换言之，旅游房地产与普通住宅物业不同，不是为人们日常生活工作起居而建，而是为满足人们旅游度假需要，是临时之家。这样，就把毗邻旅游资源的以第一居所作为主要功能的地产项目排除在旅游房地产的范畴之外。

3.2.1 游艇旅游度假地产的特点

相对于游艇居住社区地产，住户对游艇旅游度假地产没有作为第一居所的需求，所以其区位可以离城市中心较远，其在区位选择、交通规划、产品定位和配套设施等方面也有其自身的特点。

区位：一般选择离居住地 4 小时内车程或较远的旅游城市，以便形成适当的环境转换。

交通：便捷的公路交通，航空、铁路同时具备。

产品：高端别墅、会所、精品度假酒店、酒店式公寓等。

游艇相关配套：会员专用码头租赁及设施展示厅，拥有不少于 100 个游艇泊位，提供停泊检修，码头上具备水、电、加油站、干船舱游艇保养和维护及抽污设施。

基本配套：社区商业中心、医养健康中心、体育场馆、游乐设施等。

目标客户：寻求第二居所的异地置业者、有休闲需求的游客。他们拥有足够的休闲度假时间，具备全新体验的生活理念和生活方式，经济基础雄厚，消费结构向旅游度假倾斜。

3.2.2　游艇度假区

游艇度假区是集住宿、餐饮、会务、健身、娱乐等多种功能于一体的综合性场所，主要是为消费者提供一个亲近大自然的机会，并享受一系列贴心服务和现代化的休闲与运动设施，彻底放松身心。游艇度假区的具体形式有海上度假屋、游艇主题度假村等。

1. *海上度假屋*

海上度假屋最大的特点在于它建设于海面之上和海岸线以外，可以与大海零距离接触。与酒店不同的是，海上度假屋的消费特征更有针对性，大部分都是针对情侣蜜月度假或者少数量客户来度假娱乐，相对于酒店和游艇俱乐部来说消费对象的单体规模要小许多。例如，但世界各国的情侣都将马尔代夫、加勒比、马来西亚等处的海上度假屋当作蜜月度假胜地。基于海上度假屋，可以开展多种风帆类游艇的活动，进行短途航行。海上度假屋有以下特点：第一，海上度假屋是为旅游者较长时间的驻留而设计的住宅群。在它的定价中，除了住宿费外，还有公共设备、体育及娱乐设施的使用费。第二，海上度假屋是人们为接待以度假休闲为目的的游客的旅游开发形式，它是独立的经济实体，向旅游者提供配套的全部旅游产品，并获得经济效益。第三，海上度假屋是三种因素的结合：①能提供把客人吸引来的娱乐设施；②能为外出客人提供住宿、食品、饮料等服务；③能提供充实客人停留时间的活动。

在我国，可能由于保护资源和海产开发等多重原因，国内拥有海上度假屋的海上度假村数量不多，只有三亚、天津、上海等部分地区建设了初具规模的包含海上度假屋的度假村。

在海上度假这个消费群体中，这类消费的高消费群体不单单是普通人所认为的年轻的白领或者中年人，还有相当一部分是 65 岁左右的“银发族”消费群体。

首先他们都事业有成，并且拥有一定的积蓄或者儿女有为。可能大部分的年轻人或者工作中的白领，会受到家庭或者工作上事情的干扰，而这些中老年消费者大多不存在此类问题，而且有一定的消费水平。年长者对周围嘈杂的环境特别敏感，所以远离都市的海上度假屋就成了他们喜爱的居住环境，这里最大可能地接近了海洋，而且可以在海边垂钓，欣赏日出、日落。

另外，购买或者租住海上度假屋的消费者大部分是外来人员，即非本地居住的居民，因为本地的居民早已经习惯了本地的环境和天气，他们甚至会选择向内陆发展，而外来的消费者则看中了海边城市的特殊气候和风景。

小案例：马来西亚黄金棕榈树海上度假屋

位于马六甲海峡的马来西亚黄金棕榈树海上度假屋是亚洲第一座海上度假屋项目，也是亚洲知名的旅游目的地。如果从空中俯瞰整个项目，该项目就像一颗漂浮在海上的棕榈树。

黄金棕榈树海上度假屋共有 392 间套房，分为特优乐、肯诺丽、爱沃丽和诺耀乐四个款式，面积介于 570～2422 平方英尺①。整个度假屋以不破坏大自然生态为前提进行发展，每座度假屋以打桩方式建立在海上，吸引了鱼群聚集在度假屋下；巴厘岛式的度假屋顶是以来自印度尼西亚的茅草织盖，无论白天或夜晚都特别凉爽；套房内、接待处、俱乐部和其他设施，皆采用天然建材，如木、藤、贝壳、竹等装潢，体现度假屋倡导“大自然的奢华”（natural luxury）的口号。

2. 游艇主题度假村

1）游艇主题度假村的特点

和以旅游居住为主的酒店不同，度假村项目需要有特色定位和很多可供游客参与的活动。而且，游客在度假村的平均时间比酒店要长，所以，度假村要包含客人住宿、娱乐设施和客人组织三个方面的管理。

以游艇为主题的度假村往往也是基于游艇会的设施运营，需要有码头、泊位等基础的游艇设施。度假村并不是为游艇专业人士或玩家设计的，因此还必须包含一些与游艇相关的学习项目。

2）游艇主题度假村案例

A. 苏州涵园国际俱乐部

以苏州涵园国际俱乐部为例，它位于苏州太湖之畔，包含度假别墅、酒店、会所、水上高尔夫俱乐部、SPA 会所、芭堤雅泰国餐厅、露天半山泳池、景观房及红酒吧等功能，水上面积 50 亩，具有 96 个国际标准游艇泊位，集游艇销售、

---

① 1 平方英尺=$9.290\,304 \times 10^{-2}$ 平方米。

游艇租赁、游艇驾驶培训为一体，拥有苏州地方海事局指定的完善的游艇和帆船驾驶教学中心，为私人游艇配有加油站、干舱，提供游艇的维修、保养服务，是太湖唯一具备多功能配套设施的游艇码头。俱乐部会员有300～500人，入会费35万元，泊位费4～5元/（英尺·天）[①]。

俱乐部提供从定制、购买到维护的完善的游艇服务，加之地处太湖之滨，主要吸引长三角周边区域客源，更能吸引到来自陕西、山西、河南等内陆省份的客源。

B. 舟山游艇度假村——舟山蓝堡山庄

项目位于浙江舟山普陀区朱家尖漳州湾，与“海天佛国”普陀山一衣带水，三面环山，一面纳海。

项目岸上面积为10万平方米，水域面积为5万平方米，分四大区块。

第一大区块是5万平方米水域面积的游艇码头，拥有108个游艇泊位，800米海岸线。

第二大区块是岸上为游艇码头配套的2500平方米的高档游艇会所，拥有餐饮、会议、各项娱乐等功能。

第三大区块是54栋海景别墅，分两期开发，以入口的中轴线往东为一期，共20栋，已于2012年交付售罄，二期34栋。

第四大区块是单体酒店，酒店占地15 050平方米，建筑面积3万平方米，分为中央主楼和两侧裙楼，整座酒店都是以五星级标准设计建造的。

项目所在的海湾为漳州湾，是舟山1000多个岛屿中最大的内凹形湾口。乌石塘是天然冲刷形成的乌石砾滩，与后面的渔村组成了朱家尖四大国有景区，乌石塘年接待游客量30多万人次。

C. 平湖九龙山游艇度假区

平湖九龙山游艇度假区位于浙江嘉兴西沙湾滩涂地，主要有游艇码头、五星级酒店及配套设施、分时度假及滨海运动区等项目。该度假村项目主要有以下设施。

国际游艇会所：占地40亩，是游艇会员及游客社交、商务和家庭度假等活动的场所与核心。会所内将建造游泳池、网球场、会议室、健身房、桑拿房、休闲餐馆和酒吧等高档健身休闲设施，为会员及来客提供游艇观光、游艇自驾、游艇租赁和销售、游艇维修和保养、游艇靠泊、海上垂钓、游艇婚礼和会议、游艇驾驶培训等配套服务。

游艇码头：建有150个游艇泊位，200个陆地干舱。

五星级酒店：有客房350间，配国际会议中心，用于高档会议旅游、国际会展、度假等。

---

① 苏州涵园国际俱乐部，http://www.jyacht.com/marina/hanyuan/[2020-09-19]。

配套设施：卡拉 OK、舞厅、海鲜餐厅及商业街等。

人工沙滩：原本九龙山海域的外海水质很差，但是建设拦海大坝后，将在五星级酒店靠海处用珊瑚沙建设白色人工沙滩。人工沙滩与围堤内的蓝色海湾相互映衬，是度假区的重要海景。

分时度假：位于里蒲山以西，西沙湾东侧。通过构建独特的运河系统，打造适于漫步的威尼斯水城社区。

滨海运动区：与山北运动休闲区有机融合，为会员、游客及酒店住客提供高档运动休闲服务①。

3.2.3 游艇酒店

1. 游艇酒店的特点

依靠游艇地产形成的酒店业，其在空间区位的选择上似乎可以摆脱城市空间的限制，实现真正的跨区域化。依靠游艇地产形成的酒店业，有着与普通酒店不同的背景，其具有以下特色。

（1）优雅的环境资源：依靠游艇产业形成的酒店多处在江河湖海之边，大多远离人群众多的闹市区，地势独特，拥有得天独厚且丰富的水资源，同时又更贴近当地的历史文化及文脉。

（2）专业的物业管理：与普通酒店相比，配套的设施及服务是游艇酒店的重点，普通的旅游酒店只负责客户的日常起居，提供日常服务，游艇产业所形成的酒店不光要具备以上基本的条件，还要提供购物、运动、休闲娱乐的场所，并将酒店和自己的游艇俱乐部业务紧密相连，形成快速的服务通道，将游艇俱乐部的业务和酒店有机地结合在一起。

（3）符合游艇俱乐部的设计方案：游艇俱乐部的客户不单单是在游艇上感受高端时尚的生活，他们更希望在娱乐之后得到充分的放松。游艇俱乐部的消费者都希望在消费的同时感受到脱离日常工作带来的压力、复杂人际关系所带来的困扰，所以游艇酒店依靠与生俱来的地理优势，为消费者打造具有休闲特色、超越单纯住宿性质的建筑风格和酒店服务。

2. 游艇酒店的经营模式

游艇度假酒店模式指以度假酒店为主要载体，在度假酒店周边水域进行游艇旅游及休闲度假活动。游艇度假酒店不仅要满足度假休闲等基本功能，还应该能够满足游艇的停泊补给等需求。相对于其他度假酒店而言，应配备专门游艇旅游

---

① 九龙平湖山旅游度假区，http://www.jinglvjt.com/[2020-09-19]。

设施、游艇码头及游艇出租等业务，有更强的专业性与针对性。

除了一般概念上的为游客提供游艇休闲度假产品和服务的酒店，游艇度假酒店还有游艇产权酒店、分时度假酒店等多种新兴形式。

产权酒店是 20 世纪 70 年代起源于欧美的一种经营模式，是把酒店的每个客房作为一个独立产权单位，分别出售给不同的投资者，投资者买下客房的产权后，委托酒店进行经营管理，从客房的经营收益中获取收益，投资者每年还可享受酒店一段时间的免费居住权。

游艇产权酒店是在产权酒店的基础上，与游艇进行捆绑销售，一般是客房产权和游艇泊位捆绑销售的方式。游艇产权酒店模式相对于游艇地产而言更加灵活，更适合中产阶级人士，同样依托游艇旅游，为游艇旅游消费者提供住宿、餐饮、娱乐、商务等服务项目；同时为投资者提供产权服务、物业管理、委托经营等服务。消费者在获得投资收益的同时，还可以享受游艇度假旅游的各项休闲娱乐活动。

游艇产权酒店主要有以下几种经营模式。

原始型产权酒店：产权酒店的正常经营模式，将每个客房和泊位销售给不同的业主后，酒店进行管理运营，一般为规模较大、发展成熟的产权酒店，由于经营时间较长，酒店管理运营状况稳定，口碑好，业主能够获得较高的收益分成和入住天数，投资回报也较稳定。

连锁型产权酒店：开发商与酒店管理方属于同一家集团公司，集团业务以酒店管理为主。开发商完成开发后，由集团自有的酒店管理公司进行管理，相对成本较低，并且较为稳定。业主可以入住集团公司旗下所有连锁酒店的产权客房，有些酒店还可以将酒店范围内的商铺收益与业主分成。

独立销售型产权酒店：这类酒店总体客房数量有限，规模较小，无连锁机构，进行独立销售，产权式客房占客房总量的一半，其他客房作为公寓销售，产权式客房的均价低于公寓式客房均价。酒店的产权客房完全销售后，开发商退出，由酒店管理方和业主进行酒店的经营管理，酒店与产权业主按比例进行收益分成。公寓式客房不参与统一的经营分成，只缴纳物业费。产权式客房的业主，除了营业额分成外，还可享受产权酒店一定天数的免费入住权。

整体销售型产权酒店：此类产权酒店项目的开发与住宅开发紧密联系，规模一般小于住宅开发的规模，开发商在产权酒店销售完成后退出，由酒店进行管理运营，与独立销售型产权酒店类似。但是由于开发规模比较大，为了降低风险和管理方便，会邀请大型企业集团一次性购买大量的产权客房。

联合经营型产权酒店：此类酒店同样是连锁型产权酒店，由多家连锁机构共同组织经营管理，酒店管理方只负责日常运营，不参与业主的管理及收益分配。这种类型有利于酒店的整体运营，不用多花费精力在业主管理上，同时多家连锁机构的联合经营具有规模效应，降低风险，扩大了业主入住的选择范围。

分时度假：将酒店或度假村房间的使用权分时段卖给多个客人，使用期限可以是十几年甚至更长，顾客购买至少一个时段的使用权。

3. 游艇酒店案例

1）美国奥兰多迪士尼游艇俱乐部度假村

迪士尼游艇俱乐部度假村位于美国奥兰多迪士尼度假区内，是该度假区的官方酒店之一。这家湖畔酒店以新英格兰风格的游艇俱乐部为主题，在充满航海风格的豪华大堂的迷人优雅中放松身心，探索异想天开的风暴湾，并可以从贝赛德码头租用各种船只。

迪士尼的海滩俱乐部度假村与迪士尼的游艇俱乐部度假村共享许多设施，步行即可抵达迪士尼乐园，乘坐便利的船只可前往迪士尼好莱坞影城。

2）三亚鸿洲国际游艇酒店

三亚鸿洲国际游艇酒店屹立于三亚鹿回头山麓下，面向三亚河，距离三亚凤凰机场仅 25 分钟车程，离三亚湾入海口仅 5 分钟航程。酒店以游艇为主题，提供各种游艇航海服务，同时糅合观光、会务、休闲等功能特性，能最大限度满足游艇爱好者的需求。

鸿洲国际游艇酒店为三亚鸿洲国际游艇会下辖会员酒店，是极具海洋特色的白金五星级游艇酒店，总体规划糅合了游艇度假、海上运动及会务休闲等特性，是由鸿洲集团投入巨资打造的酒店精品，也是由深圳市同济人建筑设计有限公司、香港郑中设计事务所、贝尔高林园林景观设计（深圳）有限公司等团队共同完成建筑、室内装修装饰及园林景观设计。

鸿洲国际游艇酒店采用全智能化管理，向客人提供尊贵的定制化服务。其拥有 88 套极具特色的全景房，包括连天月光房、海盗特色房、加勒比套房、霍克船长套房等不同风格和各具特色的房型，同时为顾客呈现尊贵的东南亚特色餐饮及高端多功能大型会议、SPA 休闲等活动项目设施。

3.3 大型综合游艇地产

大型综合游艇地产除了具备前几种发展模式的功能外，还具备其他复合的城市功能。这类项目多位于滨湖、滨海旅游目的地型城市，兼有第一居所和第二居所的功能，开发项目众多，包括大型游艇码头、大型游乐场所、旅游风情小镇、别墅社区、商业商务中心、主题公园等较完善的配套设施。

此类项目由于体量较大，一般位于资源条件优越、土地获取途径容易的地段，由于配套完善，对城区依附性不大。这类综合型项目在配套方面要求具有专业化管理团队。在厦门、青岛等地已经出现此类综合型游艇地产项目，青岛银海大世界就是青岛银海国际游艇俱乐部的大型商业配套。

3.3.1 大型综合游艇地产的特点

大型综合游艇地产面对的客户群体更加宽泛，选址一般在游艇码头周围。游艇是一个可以带动上下游产业发展的行业，大型综合游艇地产正是体现了这种综合性，其项目建成后，往往会成为一个城市的新兴商业区。其地产项目有以下特点。

区位：此类项目相关设施比较齐全，功能相对完善，所以对选址没有特殊限制，只要在资源条件优越的水域周边即可。甚至可通过人工填海，增加建设用地面积等方式获取充分的土地资源。

规模：该类游艇地产一般规模较大，以综合体形式出现。

产品：高端别墅（水上漂浮别墅）、精品度假酒店、星级酒店、商业购物中心、商务写字楼宇。

游艇相关配套：大型游艇俱乐部、综合型游艇码头、赛事举办场所、游艇展销区域。

基本配套：大型游乐设施、教育设施、康体中心等。

目标客群：客源市场较广，以地缘性客户为主，主要吸引全国范围、世界范围内的高端客户。

3.3.2 大型综合游艇地产案例

1. 青岛银海国际游艇俱乐部

1）青岛银海国际游艇俱乐部概况

青岛银海国际游艇俱乐部位于沿海城市青岛，其陆域面积为 8 万平方米，海域面积为 870 万平方米，俱乐部码头按国际标准建设，陆岸建造安装有可以随时为进出游艇加油的设施，并设有 8 米至 10 米的功能齐全的游艇码头，所用电、淡水可直接接入每个泊位。

2008 年，中国交通运输协会命名青岛银海国际游艇俱乐部为中国游艇产业发展基地，在 2008 年奥帆赛青岛银海国际游艇俱乐部为各国运动员提供在青岛训练的专业基地，为他们提供“训、住、食、游、购、娱”一条龙专业服务，这为后来游艇俱乐部的发展打下了良好的基础；青岛银海国际游艇俱乐部建立了俱乐部会员高档会所，为国内外企业集团和游艇爱好者，特别是青岛周边地区内的消费群体提供游艇停泊泊位和专业的游艇充电、保养、维修等配套服务项目。

青岛银海国际游艇俱乐部还积极发展海岛旅游，开辟海上游艇旅游航线，开辟了银海大世界到大公岛、灵山岛、薛家岛、黄岛海上旅游航线，同时开通银海大世界—浮山湾—栈桥—中苑码头海上交通航线，丰富了青岛海上游艇旅游项目，缓解陆地交通压力。同时，开展夜间游艇休闲娱乐项目，启动青岛夜间海上游艇旅游，丰富青岛夜生活，促进游艇旅游的消费。

除此之外，俱乐部还为游艇消费者提供海上商务礼仪活动及洽谈场所，开展海上游艇婚纱摄影、潜水旅游等服务项目。利用中华人民共和国水准原点资源在银海码头设置了中华人民共和国水准零点景区，与银海建设的世界上最大的海星雕塑、奥运文化展览馆、灯塔、英式彩虹桥、帆船之都观光塔等景点一起成为青岛的一处海滨旅游地标，成为中国第一个以游艇俱乐部为主体的国家级旅游景区，为国内外游客提供一处新的海洋科普、游艇旅游的高端旅游度假区。

通过加强国际交流与合作，承办国际、国内水上运动比赛，借助青岛良好的国际知名度，打造一流的游艇俱乐部，每年都在银海会展中心举办国际航海博览会暨游艇帆船展销会，以及其他类型的会议展览活动，使其成为国际游艇帆船展销基地，培育特色游艇会展品牌。

此外，青岛银海旅游集团公司还成立了青岛银海游艇帆船驾驶培训学校，进行游艇驾驶训练。2006 年 11 月被国家体育总局命名为“全国青少年帆船帆板训练基地”，组建了中国青岛银海国际帆船帆板俱乐部，建立水上运动中心，为国家培养储备水上运动人才，成为展示中国水上运动的窗口。

青岛银海国际游艇俱乐部的建设，为国内外游客及本地市民提供了一处最佳的海上游艇旅游、休闲、观光、娱乐的场所，提升了青岛游艇旅游的品位和档次，增加了青岛海上旅游的亮点，在开拓游艇旅游高端市场，打造海上旅游高端产品方面具有现实的示范意义。

2）青岛银海国际游艇俱乐部发展模式分析

青岛银海国际游艇俱乐部主要采用了游艇俱乐部发展模式。青岛作为沿海旅游度假城市，旅游资源丰富，本身具有较强的吸引力，不需要利用游艇的上游产业吸引客源。由于青岛是已经发展成熟的海上旅游度假地，城市基础设施完善，市内酒店、宾馆、商业街区等接待设施配备齐全，社会经济发达，具有良好的游艇旅游发展条件。青岛银海国际游艇俱乐部充分利用了海滨资源和政策优势，利用多种游艇旅游发展模式拓宽市场，发展与游艇相关的服务业，打造了一系列集娱乐、运动、休闲、商务、培训、租赁于一体的游艇旅游产品，刺激游艇消费，提高游艇产业的附加值。

青岛银海国际游艇俱乐部的案例是我国沿海地区典型的游艇旅游的发展模

式。这一类型的游艇旅游地，具有很多共同之处，如上海、大连、深圳等地，下面以青岛为例进行分析。

首先，具有丰富的水域资源和区位优势。青岛是中国著名的沿海旅游城市，位于山东半岛，濒临黄海，环绕胶州湾，山海相依，海域面积辽阔，海岸线绵长，拥有多处海湾，较大的有胶州湾、唐岛湾、小岛湾、大桥湾等，大小海岛星罗棋布，海上旅游资源丰富。背靠山东乃至京津唐等社会、经济、文化等发达的地区，有良好的区位优势，为游艇旅游提供了良好的市场与停泊水域。

其次，良好的社会经济条件和城市基础服务设施。青岛及周边省市地区社会经济持续的发展，为发展游艇旅游提供了巨大的潜在市场，根据青岛市政府发布的 2011 年青岛经济运行情况，2011 年青岛的生产总值达到 6651.5 亿元，全年城市居民人均可支配收入超过 2.8 万元。根据国际惯例，当一个地区人均 GDP 达到 3000 美元时，游艇经济就开始萌芽。青岛良好的经济条件为发展游艇旅游奠定了基础，同时，青岛的城市公共基础设施建设不断完善，国内外水陆空交通网络、信息网络、服务接待设施、海上旅游设施等城市综合服务功能在举办奥运会后也有极大的提高，其为游艇旅游的发展提供了保障。

最后，日益成熟的城市旅游与资源配置。青岛借助 2008 年奥运会的历史机遇，加快发展海上旅游、休闲、健身、娱乐等活动。以国际化旅游城市为目标，不断完善旅游基础设施，优化旅游资源配置，提升旅游服务水平，丰富都市旅游产品。邮轮游艇旅游作为新兴的旅游形式，是青岛未来城市海上旅游发展的重点项目，与其他城市旅游资源一同成为青岛的城市旅游品牌。

2. 重庆忠县游艇综合旅游

1）重庆忠县游艇旅游发展概况

重庆忠县位于重庆市中部地处三峡库区腹心地带，是三峡移民搬迁重点县、历史文化名城。拥有天然的黄金水道、优良的岸线条件。忠县县城是三峡库区唯一兼具山城特色、水城神韵、岛城风貌且四面环水的滨江水城，拥有长约 88 公里的广阔水域，境内有 28 条河流汇入长江，流域面积大于 50 平方公里的有 8 条，众多可供开发价值的河流、岛屿、湖泊，为开展游艇旅游活动提供了必备条件。两岸发达的支流水系，纵深径长，已有的船舶制造工业基础，为游艇制造发展提供了广阔空间，加之临水、平湖特色，也为游艇地产、水上娱乐活动和水上赛事举办等提供了无限商机（李云松，2013）。

忠县以发展特色经济和调整产业结构为契机，积极引进船舶制造企业入驻忠县，成为三峡库区唯一特种船舶制造基地，并以乌杨街道为核心，通过招商引资形成产业集群，打造船舶工业园区。利用现有的特种船舶制造优势和业内影响力，打造重庆船舶工业的特字品牌，以特种船舶为主导，游艇制造业也成为重点发展领域。忠县依托游艇制造业的发展，带动游艇旅游。依托船舶工业的发展，为游艇制造业奠定了技术、设施设备、人力资源、渠道等基础，同时，游艇旅游市场巨大的潜在效益也刺激了船舶制造商开发游艇新产品，抢占重庆乃至全国游艇旅游市场。

忠县游艇旅游发展的基本方向是以游艇俱乐部、公共游艇码头、游艇旅游节点建设、游艇旅游线路等建设，带动游艇旅游的快速发展，通过举办各种赛事活动迅速打造忠县游艇旅游品牌。不断完善县域游艇旅游服务功能，提高游艇旅游基础设施、接待设施建设的规模和档次，丰富游艇旅游活动内容，开发滞留性游艇旅游产品，大力发展游艇旅游俱乐部、公共游艇码头、游艇休闲旅游。

横向上联合柑橘农业资源、石宝寨小镇，结合“中国柑橘文化节”，水库两岸的山地森林等自然景观，以及移民博物馆等人文景观，开发系列游艇旅游线路，将游艇休闲体验产品、游艇俱乐部度假产品等作为开发的主导方向。

纵向上依靠游艇产业补充游艇旅游产品体系，与游艇制造业相结合，开发工业旅游产品，如游艇旅游工业园，并与游艇地产与游艇培训等模式相结合，丰富游艇旅游产品体系。

这种将传统农业、工业与旅游业高度融合的忠县游艇旅游模式，探索了忠县游艇经济与游艇旅游发展的新道路，加速了忠县游艇旅游业发展，促进了产业结构的升级。

2）重庆忠县游艇旅游发展模式分析

重庆忠县游艇旅游发展模式主要是将游艇俱乐部、游艇地产、游艇度假酒店、公共游艇码头等模式相结合，同时依托第一产业和第二产业的良好基础，与第三产业相互促进发展。

忠县游艇旅游发展模式可以适用于我国旅游度假资源禀赋相对并不丰富但有较强的产业基础的中小型城市，依托周边经济发达的大中型城市并将其作为主要目标客源市场，如珠海、厦门等。以重庆忠县为例，这类城市的特点主要有以下几点。

第一，旅游资源丰富，旅游形式单一。忠县及三峡库区虽然有较优的旅游资源，但是旅游形式匮乏新意，游览形式单一，主要是“白天（坐船）观光、晚上睡觉”的旅游套路，并没有其他提升旅游体验的项目。旅游接待地无法很好地留住游客。例如，忠县的石宝寨小镇，虽然有文化景观资源亮点，能够吸引大量国内外游客，但作为三峡库区旅游路线上的一个点，大部分游客仅仅是路过式的短暂停留，为当地带来的效益十分有限。因此需要借助发展新型旅游以促进当地旅游的发展，游艇旅游可以有效地增加游客在景区的过夜率。利用良好的自然环境和文化资源，吸引周边发达城市的游艇消费者，进行旅游置业投资或购买第二居所。

第二，具备较优的产业优势和劳动力资源。忠县发展游艇旅游的产业特色鲜明，船舶装备制造在重庆地区及三峡流域具有一定的知名度，有较为完善的游艇制造基础；充裕的劳动力资源有助于忠县发展游艇旅游；丰富的人力资源带来的是较低的劳动力成本，适合开展劳动密集型与技术密集型的游艇服务业及装配制造业。发展游艇旅游可以增加当地的就业机会，减少劳动输出，满足不同求职者的就业需求，形成以游艇为中心的产业基地。

第三，具有便利的交通与良好的区位条件。忠县位于重庆中部、三峡库区腹心地带，是重庆连接万州和涪陵、构筑沿江和渝东北城市群的重要环节，具有有利的区位条件。忠县距重庆主城区和江北国际机场 241 公里，距重庆两路寸滩保税港区 224 公里。忠县有可停靠的码头处，位于长江流域重要节点，每天有至上海、南京、武汉、宜昌、重庆的客货轮停靠。忠县是国家东西大通道沪蓉高速公路与长江黄金航道在上游地区的唯一交汇点，是东中部进入西部和四川盆地最便捷路径上的节点。水陆空交通可进入的便利性，为忠县游艇旅游创造了良好的条件，位于重庆一日旅游圈内，新建游艇旅游度假地，对重庆及周边地市的旅游客源有较大吸引力。

第四，位于国家重点支持的经济区，政府重视及有力的政策优惠。忠县地处西部，享受国家西部大开发中相关的优惠政策，如税收优惠政策中的补偿机制等；另外当地政府高度重视社会经济的进步，在产业资金方面予以支持和保障，建立健全各项发展机制，建设游艇发展基地。政府积极推动对外开放，通过各种优惠进行招商引资，吸引外来投资与合作。

第 4 章　游 艇 体 育

4.1　摩托艇竞技赛事

4.1.1　摩托艇赛事介绍

1. 摩托艇赛事的起源

摩托艇运动始于英国、德国、美国一些工业发达的国家。随着人类向海洋进军的需求增加，摩托艇运动日益发展，技术水平越来越高，运动员的技术成果为船舶设计和船用发动机制造业做出了贡献。为了协调全世界摩托艇运动爱好者的友好往来，进行世界性比赛，1922 年在比利时成立国际摩托艇联合会，截至 2021 年，共有 58 个国家和地区加入该组织。

摩托艇的时速提高很快，在 1980 年，最小等级的舷外竞速艇的速度纪录就已达 111.72 公里/小时。1978 年澳大利亚工程师沃比驾驶无限制的喷气式（发动机）艇创造了 511.11 公里/小时的速度纪录。继沃比之后，美国著名的摩托艇运动员泰勒设计建造了 1 艘以火箭作动力的摩托艇，于 1980 年在美国塔霍湖进行表演，达到 563 公里/小时。

2. 摩托艇赛事的类型

水上摩托运动集高科技、观赏、竞争和惊险刺激于一体，是富有现代文明特征的高速水上运动。其比赛的场面壮观激烈、精彩纷呈、惊心动魄，是世界公认的具有较大影响力、较高收视率[仅次于奥运会、世界杯足球和世界一级方程式锦标赛（简称 F1 赛车）]的竞技体育项目之一。从广义的角度出发，摩托艇运动包括竞速艇、运动艇、游艇、汽艇、水上摩托、气垫艇、喷气艇、电动艇等运动。

水上摩托根据驾驶方式分为座式水上摩托（也称骑式水上摩托）和立式水上摩托（也称滑水型水上摩托）两种类型，国际摩托艇联合会正式设立的比赛级别为：①立式水上摩托 800CC；②座式水上摩托 1200CC。

比赛项目有：障碍赛、耐力赛和花样赛（仅限立式水上摩托）。障碍赛比赛形式是运动员在闭合赛场进行的忽左忽右绕标驾驶或跨越障碍的竞速比赛，主要的技术关键有起航、加速、绕标、越障、超越和冲刺等。比赛过程马达轰鸣、浪花飞溅、高潮迭起、扣人心弦。花样赛是运动员利用水上摩托在规定的时间内充分展现骑手在难度性、挑战性和创造性上的技巧及专门技术的比赛；比赛时运动员所展示的空翻、潜水、跳跃等高难动作，使观众眼花缭乱、目不暇接。

当今世界上摩托艇的比赛有十几个级别，我国重点开展的项目有 OSY-250、OSY-350、OSY-400、OSY-125 四个级别。我国从 1956 年正式开展摩托艇运动，每年都举办全国锦标赛、冠军赛、国际明星对抗赛等一系列赛事。OSY-400 级别赛事是指运动员围绕固定的标记进行逆时针环圈计时赛，比赛距离分 5 公里和 10 公里，使用燃料为 93 号汽油，比赛中最高艇速可达 140 公里/小时。OB-350 级别赛事使用燃料为甲醇和蓖麻油混合物，比赛中最高艇速可达 170 公里/小时。

摩托艇是一种高速快艇，它以汽油机、柴油机或涡轮喷气发动机等为动力。摩托艇有两大类：一类是实用性艇，可直接用于交通、救生、军事、生产；另一类是竞赛用艇，专用于体育竞赛。它们都具有体积小、重量轻、高速机动、操纵简便的特点。

4.1.2 中国摩托艇联赛

1. 赛事基本概况

摩托艇是游艇的一个重要类型，中国开展摩托艇赛事有一定历史，经过数年发展，也获得了一定的影响力。中国摩托艇联赛（China Powerboat League，CPL）是由国家体育总局水上运动管理中心、中国摩托艇运动协会主办的首个联赛制水上运动项目，是国家体育总局水上运动管理中心重点打造的一个专业化、社会化、市场化的赛事平台，中国摩托艇联赛由北京今日影响体育投资管理股份有限公司运营推广。中国摩托艇联赛的举办为我国水上摩托艇事业提供一个完整的、具有广泛参与性和普及度的国家级摩托艇竞技表演平台，是我国高投入非奥运体育项目市场化和社会化发展的一次重要探索，是中国体育转型战略的试验田之一。

2011 年，中国摩托艇联赛采用全国巡回比赛的方式，有来自全国的八支省市和俱乐部队参加。2011 年是中国摩托艇联赛举办的第一年，从 6 月开始，先后在广西柳州市、重庆彭水县进行了三站比赛。主办方计划，经过 2～3 年的培养，力求使中国摩托艇联赛成为每年 5～7 站比赛、10～12 支参赛队参加的有一定影响力的知名赛事。

中国摩托艇联赛从诞生之日起，不仅举办了摩托艇赛事，同时也建立了中国摩托艇联赛品牌，要想让该品牌成为中国赛事市场的名牌，便需要对品牌进行科学的经营和管理。品牌管理的基础是品牌定位，即通过分析自身的资源条件、消费者需求、竞争者的特点、宏观环境等因素，寻求本品牌与其他品牌的差异点，塑造品牌核心价值，树立品牌形象，从而在消费者心中占据有利位置（李春善，2012）。

2. 全国摩托艇锦标赛

全国摩托艇锦标赛由国家体育总局水上运动管理中心、中国摩托艇运动协会、广西壮族自治区体育局、南宁市人民政府主办。

全国摩托艇锦标赛从1978年以来每年举办一次。2011年“太平湖”杯全国摩托艇锦标赛8月7日在皖南太平湖开赛，来自全国各地12支代表队近80名摩托艇选手在15个项目中展开激烈角逐。2013年全国摩托艇锦标赛于8月20日~22日在山东临沂举行。2016年全国摩托艇锦标赛于11月11日在广西南宁西乡塘美丽南方太阳谷体育园水上休闲运动基地开赛，来自安徽、湖北、天津等地的11支队伍100多名选手参赛，各项目决赛将分别在12日和13日进行。2017年全国摩托艇锦标赛于6月9日在山东临沂沂河水上运动中心开赛，来自全国各地的14支代表队110余名运动员参加为期三天的激烈角逐。

4.1.3 摩托艇赛事运营模式

1. 赛事运营机构

中国摩托艇联赛由北京今日影响体育投资管理股份有限公司运营推广。北京今日影响投资管理股份有限公司成立于2011年，是专为中国摩托艇联赛设立的运营推广机构，业务范围包括国内外文化交流活动、赛事开发与引进、赛事运营与策划、赛事品牌包装与推广、体育俱乐部规划与运营、体育赛事的商业开发、体育赛事边缘经济等相关文化体育项目的策划、组织及执行、推广。公司凭借与政府机构、行业管理部门之间稳固的信任关系和良好的信誉，以及与新闻媒体网络的密切合作关系，建立起健全的服务网络，并以先进的策划与运作理念和强大的公关能力，帮助客户协调解决品牌建设中的各类问题。

北京今日影响体育投资管理股份有限公司从业人员均接受过体育管理和商业开发方面的专业教育，并在这一领域有着丰富的实践经验，公司内部人员均已多次参与运营包括F1摩托艇世界锦标赛、世界水上极速运动大赛、亚洲水上摩托中国柳州公开赛等在内的多项国际大型体育赛事。作为全球的朝阳产业，体育产业回报丰厚、商机无限，北京今日影响体育投资管理股份有限公司本着互惠互利的原则与社会各界真诚合作，实现社会效益和经济效益双赢的目标。

北京今日影响体育投资管理股份有限公司除了以上项目，还运营水上摩托表演和水上摩托城市邀请赛，充分体现了城市水域资源优势。

2. 摩托艇赛事的产业化之路

中国摩托艇联赛成为推动时尚体育产业化的路径之一，作为一个体育运动平台，它融合了文化产业、制造业、旅游业、服务业等业态，打破了产业的边界，不仅激活了曾经萧条的摩托艇运动市场，也带动了其他产业的发展。

在很长的一段时间里，对中国的体育爱好者来说，摩托艇运动是一项陌生的体育运动。摩托艇运动在我国经历了缓慢的发展时期，曾备受冷落。一个重要的原因是，摩托艇运动是非奥运会体育项目，长期面临着经费不足、市场匮乏的难题，一度陷入发展困境。随着社会经济的发展，产业化被视为提高该项运动经济效益的一个良方，各方也都在讨论摩托艇运动产业化的方法。

2006 年，国家体育总局水上运动管理中心针对摩托艇运动发展的格局进行了探讨，之后，中国摩托艇运动的产业化道路开始了探索。2011 年，中国摩托艇联赛正式启动，这是中国首个自主举办的摩托艇赛事品牌。一系列赛事的运作为摩托艇运动市场注入了一股活水。2013 年 4 月 28 日至 30 日，第三届中国摩托艇联赛在广西柳州揭幕。摩托艇运动赛事运作已有几年，但是投资者对赛事运作中的产业链并不是很清晰，这也促进了人们对摩托艇产业链发展的探讨。

1）赛事催生的产业链

摩托艇运动市场开发困难的原因之一是缺乏群众基础，很多观众看不懂比赛。发展摩托艇产业的第一步就是让大众了解这项运动，并参与其中。相关体育管理部门表示，水上摩托艇要走产业化道路，就要让摩托艇运动成为全民关注的项目。

2011 年，第一届中国摩托艇联赛揭幕赛落户柳州，这是国家体育总局水上运动管理中心全力打造的一个专业化、市场化和社会化的赛事平台。它从诞生之日起，便肩负重任。赛事的运营方北京今日影响体育投资管理股份有限公司期望借助中国摩托艇联赛推动摩托艇运动及相关产业发展。经过一年的市场培育和推广，中国摩托艇联赛吸引了不少观众。2012 年 5 月，第二届赛事在柳州举办，据不完全统计，其间平均每天有 5 万名观众亲临现场，此外还有约 1 亿名受众通过电视转播和网络直播观看赛事①。竞技性、娱乐性和观赏性是摩托艇运动的三大特点，尤其吸引年轻人和成功人士的目光。赛事的承办方表示，“摩托艇运动是人们亲近自然的一种休闲生活方式。有了足够的群众基础，这个市场才会有前景”。

① 中国摩托艇联赛 打造时尚体育产业化之路，http://sports.sina.com.cn/s/2012-10-05/15346248831.shtml [2018-05-13]。

在中国摩托艇运动协会的业内人士看来，摩托艇运动正在走上产业化道路。中国摩托艇联赛等赛事成为拉动摩托艇产业发展的引擎。以湖北三江船艇科技有限公司为例，以前其摩托艇生产出口占70%，内销占30%。但从2012年起，这家企业生产的摩托艇内销占到了70%，出口占30%。

2012年9月，在第二届中国摩托艇联赛重庆彭水站的闭幕式上，有业内人士提出，中国摩托艇的发展方向，还有几件事要做，其中之一便是，以摩托艇为核心，打造摩托艇项目产业链。例如，将与摩托艇运动相关的器械、装备、服装生产企业聚集到赛事承办城市，举办展会和订货会。

体育产业是当前投资领域的热门行业，而摩托艇运动在体育产业格局中刚刚发展起来，机会很多。对投资人来讲，摩托艇产业确实能吸引他们的投资眼光。以中国摩托艇联赛为例，它给承办城市带来的绝不是几天热闹的赛事，这个比赛过程就会带来很多投资机遇。赛事既是摩托艇运动市场发展的推动力，也增强了产业链上下游的黏度。专家预计，摩托艇运动相关上下游产业会有爆发性的拓展，如摩托艇的制造、运动员的装备制造等。

摩托艇运动俱乐部也是未来民间资本投资的一个方向。有些投资方已经和地方政府洽谈通过中国摩托艇联赛这一平台建立摩托艇运动俱乐部。因为在山东、浙江、福建一带，民间有很多摩托艇的爱好者，但人们买摩托艇，感觉很麻烦，一是要有地方存放，二是去运动时，还得用皮卡车拉到海边，之后再拉回来。所以，很多爱好者期待摩托艇运动俱乐部的出现，这样的平台不仅为他们提供了交流的机会和休闲场所，还帮他们保管和养护摩托艇。现在急需这样的专业平台出现。

2）通过产业融合推动经济发展

中国摩托艇联赛等赛事带来的经济效益和社会效益也逐渐凸显出来。北京市文化创意产业研究中心主任郭万超指出：“体育产业是最容易发生产业融合的领域之一。随着社会的发展，现代体育产业的内涵和外延已经远远超出了体育本体产业的范围。体育产业与其他相关产业的边界逐渐融合，业务上相互渗透，不断促进新业态的产生。学术界把这一现象总结为体育产业融合。现在的体育产业包括体育本体产业、体育外围产业、体育中介产业等，是一种复合型产业。”以中国摩托艇联赛为例，它的核心目标是打造市场化的高端赛事平台，但对赛事的运营方和承办方来说，这一平台的内涵不仅局限在体育比赛上，而是要和各个相关利益方携手共进。

以旅游业为例，作为中国摩托艇联赛的举办城市之一，柳州通过该项赛事增加了城市影响力。20世纪80年代，柳州这座闻名全国的老牌工业城市环境污染严重，被戴上了“酸雨之都”的帽子。从20世纪90年代开始，柳州市政府开始大力整治环境污染，优化产业结构，到21世纪初，城市面貌焕然一新，成为一座宜居城市。为了增加柳州的城市影响力，经过多番调研，柳州市政府做出了一个决定，将中国摩托艇联赛引入柳州，借此国家级赛事宣传城市形象。柳州市政府如愿以偿，赛事的举办不仅吸引了体育爱好者，还有很多人通过一系列赛事，了解了柳州这座城市的自然风貌和人文底蕴。体育营销的影响力在柳州得到了检验。据介绍，围绕着吃住行游购娱，柳州旅游经济得到了快速发展。2012 年上半年，柳州接待游客 840.4 万人次，旅游总收入 71 亿元，同期均实现较大幅度增长。2012 年国庆节期间，柳州举办的水上运动狂欢节吸引了游客 180 多万人次①。

柳州摩托艇赛事的承办方评价道："由体育到旅游、会展、制造业和服务业，柳州的创意体育产业的发展探索出了一套成功经验。随着各大体育运动基地的相继建成并投入运营，柳州的水上娱乐运动影响力将进一步扩大，各类水上项目形成的产业链也成为柳州经济新的增长点。"柳州的经验也被运用到了重庆彭水、湖北丹江口、安徽蚌埠等地。与柳州一样，这些内陆城市引进体育赛事都希望以此为契机宣传城市形象，带动旅游等产业的发展，而它们的目标也往往比较容易实现。

3）商业化运作仍需探索

2013 年中国摩托艇联赛在湖北丹江口举办。未来应该会有更多的城市举办摩托艇赛事。但摩托艇赛事对举办城市也有一定的要求，如承办城市要有好的水、阳光和空气，还要有深厚的人文底蕴，此外，当地政府的配合和支持也很重要。很多城市想承办中国摩托艇联赛，但因种种条件限制未能实现。

通过一系列赛事的运作，摩托艇运动市场也被赛事和相关企业盘活。国家体育总局水上运动管理中心有关负责人认为，摩托艇运动今后将逐步向俱乐部运作模式转型，健全管理机制和绩效激励机制，进一步扩大社会与经济效益。摩托艇运动不仅与体育旅游挂钩，还可通过企业冠名等多种方式打造市场品牌。

2012 年，上汽通用五菱汽车股份有限公司等企业赞助了在柳州举办的世界水上极速运动大赛。此外，国内一些知名企业已准备赞助中国摩托艇联赛。随着赛事各项制度的逐渐完善，摩托艇项目将更具专业性、竞技性和观赏性，与其他体育项目也有更高的重合度，对潜在投资方、赞助方来说，摩托艇将会是他们新一轮的热点选择（毛俊玉，2013）。

小案例：柳州摩托艇赛事

柳州曾经的标签是工业重镇、酸雨、灰尘、污染……而它现在的标签是山清

① 柳州模式：中国摩托艇联赛带动城市精神，http://sports.sina.com.cn/0/2013-04-07/13036509656.shtml [2018-05-12]。

水秀、风情浓郁、时尚健康、水上娱乐运动之都……

这是近年来以水上娱乐运动在国内声名鹊起的广西柳州。近年来，柳州通过与国内顶级水上赛事联姻，借力中国摩托艇联赛所带来的商机与机遇，打造城市名片，建设水上娱乐运动之都，正稳步实现着从工业城市到旅游名城的华丽转身。在 2013 中国摩托艇联赛柳州揭幕赛新闻发布会上，柳州领导形象地概括出了柳州的变化："到过柳州的朋友再到柳州，四个字：出乎印象。原来没有到过柳州的朋友到柳州，四个字：出乎想象。"

1. 找到城市营销金钥匙

在"十二五"规划之初，柳州市政府就决心围绕柳江之水做文章，以水为媒、借水之力，通过水上运动的发展，打造具有柳州特色的体育创意产业模式。摩托艇赛要求水质清澈无污染，对水体水质有着较高的要求，柳州依托城市治理的扎实成果，以空气、水、环境等各方面指标都名列全国前茅的强大实力和底气一举拿下了承办 2010~2014 年世界水上极速运动大赛（F1 摩托艇世界锦标赛中国大奖赛、世界水上摩托艇锦标赛及相关的水上运动项目）的举办权，并从 2011 年起承办中国摩托艇联赛。柳州以百里柳江为线，投入巨资引进重大水上赛事和开展沿江重大水上园区项目建设，打造水上娱乐运动之都，并申报国家产业示范基地。仅 2012 年柳州就为中国摩托艇联赛和世界水上极速运动大赛等赛事投入 5.5 亿元建设水上设施。

这些水上赛事的引进，为柳州展示城市新形象提供了全新的平台。每逢赛季，越来越多的旅游者、水上运动爱好者、极限运动爱好者齐聚柳州，共同体验亲水之旅。参与联赛的摩托艇选手和赛队，关注体育和旅游发展的人士，以及相关产业人士，都因为中国摩托艇联赛的开展重新认识了柳州这座城市。一场亲水赛事，一场山水体验，让柳州的城市环境治理和产业开发得到了最好的检验与印证。柳州的优良水质和秀丽风光，通过动感刺激、亲水驭水的中国摩托艇联赛而声名远播。

2. 借体育赛事延伸产业链

中国摩托艇联赛这一水上赛事，既能充分反映柳州山水环境优势，发掘人文特点，又兼具国际领先科技，带动产业配套，是与柳州的自然山水生态及深厚工业基础的最强势结合。赛事的举办不仅掀起新一轮的群众体育热情，对于旅游、房地产、商业、制造业及相关产业的推动效应继续呈现。

以旅游业为例，围绕着吃住行游购娱，环保而高效的旅游经济得到了迅猛发展。经过短短两年的市场培育和赛事推广，摩托艇运动培育及吸引了不少当地与外地的爱好者，并且吸引了产业的目光。2012 年 5 月，第二届赛事在柳州举办，据不完全统计，其间平均每日有 5 万名观众亲临现场观看比赛，此外还有约 1 亿名受众通过电视转播和网络直播观看了赛事。

为了更好地利用赛事平台，展示城市丰富的旅游资源和特色，打造城市名片，柳州在做赛事的时候很重视与文化元素的结合，比如，举办比赛期间，都会安排运动员和游客参观柳州当地风土人情，还会把少数民族赛龙舟、抢花炮等娱乐活动融入赛事之中，这是文化和体育很好的结合。柳州正在积极探索如何进一步让体育活动更有文化品位，让柳州的风情文化融入体育。

3. 体育营销产生示范效应

“中国摩托艇联赛具有很强的竞技性、观赏性、娱乐性。柳州成功地扩展出相关产业链，由体育到旅游、商务会展、制造业和服务业，随着各大体育运动基地的相继建成并投入运营，柳州的水上娱乐运动产业影响力将进一步扩大，围绕着摩托艇联赛形成的水上项目产业链也成为柳州经济新的增长点。”赛事运营方北京今日影响体育投资管理有限公司总经理孟蕾如此评价柳州的办赛成果。

国家体育总局领导表示，“城市离不开体育，体育离不开城市”，两者相得益彰。北京市文化产业发展研究中心主任郭万超指出：体育产业是最容易发生产业融合的领域之一。用赛事为引导，催生出良性的经济业态，协助赛事举办城市打造城市名片，打造可持续发展的产业链。体育营销“柳州模式”发酵效应显现，在彭水、蚌埠、丹江口等中国摩托艇联赛的各个举办城市将得到复制，立足水域资源，由体育到旅游到产业经济，都焕发出新的光彩。

2013 年 4 月 28 日至 30 日，2013 中国摩托艇联赛揭幕赛再次在宽阔的柳江上鸣枪开赛。正如世界博览会（简称世博会）、亚洲运动会（简称亚运会）、奥运会带来的城市发展连锁效应，柳州借力中国摩托艇联赛所带来的商机与机遇，再次展示“水上娱乐运动之都”无限魅力。

资料来源：孟萍. 体育赛事助力柳州城市营销. 中国旅游报[2018-04-26]

4.2 帆船竞技赛事

4.2.1 世界级帆船竞技赛事

1. 克利伯环球帆船赛

克利伯环球帆船赛最早由英国人罗宾·诺克斯·约翰斯顿爵士在 1995 年提出，其初衷是让更多的人参与到环球航海冒险活动中来。1996 年举办了首届克利伯环球帆船赛。在英文中，“克利伯”即为快帆船、多桅快帆船之义。参赛船只需完成 35 000 海里、历时 10 个月的航程，使克利伯环球帆船赛成为规模最大的业余环球航海赛事和世界最著名的环球航海赛事之一。截至 2014 年，克利伯船队已经拥有超过 120 万英里[1]的海洋航行经验，成就了 250 多位环球航海家。

2. 沃尔沃环球帆船赛

沃尔沃环球帆船赛创立于 1973 年，是世界较高级别的环球帆船赛事，可以说是每一个期待环球航行的船员心中的目标。该赛事每四年举行一次，从 2008～2009 年赛事改为每三年举办一次，是一项相当艰苦的团体运动赛事，历经世界若干段严酷赛程，无论从技术还是从耐力来说，对参赛者都是一个巨大的考验。不仅是赛程艰难，沃尔沃环球帆船赛也算得上是非常昂贵的单项运动赛事，每一条参赛船的总投资都超过了 2000 万美元，其背后都会有一家甚至几家大型公司的资助，所以在很多人看来，沃尔沃环球帆船赛不仅是参赛船员挑战极限的角斗场，也是世界顶级大公司公关竞技的舞台。

同为环球帆船赛，沃尔沃环球帆船赛和克利伯环球帆船赛最明显的不同就是，克利伯环球帆船赛基本是业余船员参赛，而沃尔沃环球帆船赛则几乎全部是职业船员比拼。相比而言，在整体水准上，沃尔沃环球帆船赛自然要比克利伯环球帆船赛高不少。

3. 美洲杯帆船赛

关于大帆船比赛，就不得不提到美洲杯帆船赛。可以说，美洲杯帆船赛是一项历史悠久、影响力大、声望较高的帆船赛事，与奥运会、世界杯足球赛及 F1 赛车并列为世界范围内影响最大的四项传统体育赛事。2017 年，美洲杯帆船赛的电视转播已经覆盖全球 200 多个国家和地区，观众累计达 29 亿人次。即便放眼整个体育界，美洲杯帆船赛也堪称历史悠久，1851 年，一艘代表纽约游艇俱乐部的帆船“美洲号”，同 15 艘代表英国皇家快艇舰队的帆船进行了一场比赛，就此开启了美洲杯帆船赛的历史。

4. 悉尼至霍巴特帆船赛

悉尼至霍巴特帆船赛全程 628 海里，首次举办于 1945 年，每年举办一次，与法斯特耐特帆船赛和百慕大帆船赛并称为全球三大经典离岸帆船赛事，同时也一直是澳大利亚夏季体育赛事的焦点。截至 2018 年，这项比赛已经吸引了超过 4.5 万名参赛者，其中不乏世界名人，如英国前首相希思、传媒大亨默多克等。

5. 百慕大帆船赛

这也是国际帆船界的著名赛事之一，百慕大是北大西洋西侧的岛群，附近的海域常有风暴，至今仍有百慕大三角危险区之说，航行艰难可想而知。1906 年美国人托马斯设计制造了一条小型帆船，完成了从美国到百慕大的远航，就此拉开

① 1 英里=1.609 344 千米。

了百慕大帆船赛的序幕，当时的航程是从美国的罗德岛到百慕大，航程约 1020 公里。1911 年，这一比赛中断。1923 年，百慕大帆船赛重新启动，但赛程改成了从英国的纽波特到百慕大，约 1222 公里。从 1932 年起，航程起点转移到蒙塔哥，距离为 1114 公里。到 1966 年，百慕大帆船赛的参赛船只已达 167 条。1924 年以后百慕大帆船赛改为每两年举行一次。

6. 一吨级杯帆船赛

一吨级杯帆船赛是一项重要的深海国际帆船赛。1907 年，法国巴黎帆船俱乐部设立该项赛事，并将赛事奖杯授予排水量在一吨左右的帆船国际比赛的优胜者。从 1907 年到 1955 年，这一奖杯均授予长约 6.1 米的一吨级帆船。以后由于这一级别的帆船逐渐被淘汰，1965 年法国巴黎帆船俱乐部将一吨级杯奖给 6.7 米级的帆船。在 1965 年以前，比赛要求完成三个赛程，第一赛程和第三赛程是封闭式航道绕标赛，第二赛程是长距离比赛，长距离比赛加倍计分，1968 年起比赛改为五个赛程。

7. 横渡太平洋帆船赛

横渡太平洋帆船赛中，赛程长达 3580 公里，从加利福尼亚的圣佩得罗港、圣巴巴拉、巴尔博亚、圣莫尼卡或旧金山等地出发，到夏威夷群岛的瓦胡岛或檀香山，航行 10 天左右。1906 年举行第一次比赛，1928 年组成横渡太平洋帆船俱乐部。由于它同百慕大帆船赛同样著名，于 1939 年起与百慕大帆船赛交替进行，每两年比赛一次。比赛对船的长度没有限制，最大的帆船是 49 米长的三桅帆船。

4.2.2　中国帆船赛事

1. 全国帆船锦标赛

全国帆船锦标赛由国家体育总局水上运动管理中心、中国帆船帆板运动协会主办，每年举办一次，是目前国内帆船项目规模较大、规格较高的国家级体育赛事。

近些年，影响力较大的赛事是“九洲 · 翠湖香山杯”2017 年全国帆船帆板锦标赛。“九洲 · 翠湖香山杯”2017 年全国帆船帆板锦标赛开幕式于 11 月 12 日在珠海帆船赛事保障基地举行，在为期 7 天的赛程中，来自全国各省的帆船帆板选手在此扬帆竞技。2017 年全国帆船帆板锦标赛是由国家体育总局水上运动管理中心、中国帆船帆板运动协会、珠海市政府共同主办，珠海市文体旅游局和珠海九洲控股集团有限公司承办，珠海市九洲航海文化有限公司负责赛事运营。作为目前国内帆船项目规模最大、规格最高、最具影响力的国家级体育赛事之一，本次赛事共吸引了来自全国各省的帆船帆板选手和教练员裁判 400 余人，其中包括 13 支各省帆船代表队和 20 支帆板代表队。本次比赛设男女 470 级、男子激光级、女子激光雷迪尔和男子芬兰人级等五个帆船比赛项目，以及男女 RS：X 级、男女 T293 级等四个帆板比赛项目。

国家体育总局水上运动管理中心等相关部门正积极提倡以大帆船赛促进帆船运动在中国的普及，同时倡导向青少年推广帆船项目。为此，全国帆船锦标赛也是年度内代表国内水上运动较高水平的重要比赛，赛事将聚集来自全国的多支强队及数百名选手，一定意义上也是国际大赛的选拔赛。赛事的成功申办，将对珠海文体、旅游、环保等相关产业的发展产生积极影响，有力塑造珠海水上运动品牌，提升珠海整体形象。

国家体育总局水上运动管理中心负责人表示，珠海具有开展帆船运动的天然优势。2016 年，珠海以全国帆船锦标赛为契机，在探索赛事组织筹办、青少年和全民帆船知识普及与创新发展、帆船领域国际交流、城市品牌宣传推介、体育产业推动促进等方面做出积极努力，成效明显。

在 2017 年全国帆船帆板锦标赛上，碧海蓝天，白帆点点，以赛事为契机，珠海的滨海旅游有望被激活。随着帆船文化的逐步深入人心，海上项目也将融入珠海人的生活，成为衣食住行后的第五生活要素。可以预见，珠海蓝色海洋产业升级也将迎来更大发展空间。珠海市文体旅游局副局长邬向明非常直率地答复："从运动休闲的角度讲，珠海的海已经空了太久的时间，大部分珠海人不会玩海，珠海也几乎没有高端的海上旅游项目，尽管它是个海滨城市。不过，这种情况正在改变。"

让海上运动成为滨海旅游新时尚，珠海被称为浪漫之城与海脱不了干系，珠海有近 6000 平方公里的海域，接近陆域面积的 3 倍，262 个海岛如宝石般镶嵌其中。但珠海的海却只能观，不能玩，因为缺设施、少技能。珠海是典型的海滨城市，邬向明认为"珠海人的生活、珠海的旅游方式必须打上海的烙印"。在体育运动中，航海文化最具有产业价值和商业价值，且是最具有现代旅游指针的项目，而珠海不仅拥有偌大的海域，还是中国最大的游艇生产基地。

2017 年 12 月 28 日，珠海市政府通过了《珠海滨海运动休闲旅游规划（2016—2025）》，其中 50 公里的情侣路将成为航海文化带，以拱北湾、九洲湾、香炉湾、唐家湾作为海上运动休闲旅游的核心地带。邬向明说："这里将开展大众运动休闲旅游项目，海上项目应成为珠海人生活的一部分，成为衣食住行后的第五生活要素，成为人们重要的生活方式。"一批批珠海的学生在九洲湾张起了一叶叶帆，学着去亲海、乐海。赛事与城市融为一体，帆影与城建相映，成为珠海滨海休闲运动特色。邬向明说，人们在寻找更刺激、更有趣、更有挑战性的活动与更美的自然环境和场所，而海上运动休闲旅游符合这一切，大海因帆船而展现出活力。九洲湾成为珠海情侣路一带九湾中的一个动感地带，成为情侣路这条"龙"的点睛之笔。与此同时，湾区中的珠海度假村酒店也开始了大规模的改造，以适合这一湾区的升级及其定位。按照九洲港度假村片区整体规划构想，项目将融入九洲湾的打造，与游艇、帆船俱乐部和游艇码头等设施相呼应。珠海度假村董事长李增利称："过去度假村主楼及别墅群是珠海的地标式建筑，现在我们要把它变成一个地标性区域。我们将通过九洲港度假村片区的整体开发和双向联动，为旅游者呈现不一样的九洲湾。这次改造将使珠海度假村酒店真正具有都市时尚的休闲度假内涵，成为珠海城市新名片。"此次度假村的整体二次规划将强化度假村"花园城市中的花园"的特色，并将建设长达百米，高低错落有致的商业街、写字楼和酒店式公寓，形成九洲湾的完整商业休闲体系。

游艇产业是珠海八大产业集群之一，广东拟用十年将珠海打造成为集生产、服务、经营于一体的"游艇城"，形成游艇、游船大众消费市场。珠海九洲控股集团有限公司董事长黄鑫描述了九洲湾可见的未来：整个九洲湾公共游艇帆船中心项目陆地面积约 4.5 万平方米，水域面积 16 公顷。全部完工可提供 300 多个泊位，将成为华南地区最大的公用游艇帆船母港，将提供包括码头管理、游艇会所、五星级酒店、公寓式酒店、海岛休闲度假及会展等在内的业态。珠海国际海洋文化中心还将向多功能海洋运动休闲度假中心发展。未来，以九洲港为母港，以三角岛、桂山岛等万山群岛"跳岛游"为目的港，通过海上客运专线和游艇码头集群快速连接万山群岛，畅游浪漫岛屿和粤港澳城市，促进粤港澳经济圈的融合并进，实现"体育+旅游"的升级。

推动了快 30 年的粤港澳游艇自由行也于 2017 年启动，这意味着香港、澳门的众多游艇可以在珠海的海域自由航行，船可泊靠指定码头，人可上岸消费。粤港澳游艇自由行的实现为打造粤港澳大湾区宜居宜业宜游的优质生活圈提供了条件。粤港澳融合已提了多年，珠海、深圳、香港、澳门共享同一片海域，但是，粤港澳游艇却难自由往来，如在珠三角水域，港澳地区的游艇就有"游不动"的困境。公开数据显示，港澳地区内停泊了全球各地大约 2 万艘上牌游艇，但很少能够进入珠三角周边内地水域，进入珠三角后也是"人不能上岛，船不能靠岸"。

从省自贸办获悉，交通运输部、公安部、海关总署、质检总局四部委联合发函，原则同意《中国（广东）自由贸易试验区粤港澳游艇"自由行"实施方案》，首批指定的游艇出入境口岸包括了珠海的九洲港口岸、万山港口岸，首批指定的游艇停泊码头也包括珠海的横琴法拉帝游艇码头、横琴长隆游艇码头。九洲港口岸正是九洲湾的核心，也是珠海九洲湾规划为游艇帆船母港的依托。邬向明认为，粤港澳游艇自由行是一重大突破，将使珠海一下子就有了玩海群体的庞大基数，带动珠海海上休闲旅游的发展。在珠海、中山、江门、香港、澳门这一区域中，珠海处于海上枢纽地位，在珠海发展海上运动休闲旅游的区位优势突显。广东省委、省政府鼓励有条件的沿海城市打造国家级的水上运动中心，这意味着珠海九洲湾规划获得政策背书。

从更大的战略背景——建设粤港澳大湾区来看，游艇自由行的实现更具长远意义。业界人士表示，游艇产业链长，具有制造业与服务业深度融合的特点，关联性强、带动性强。国际游艇设施委员会的资料表明，游艇业的产业带动系数高达 1∶9。相关政策的出台也为游艇经济发展带来利好，例如，国家旅游局在“十二五”规划中将游艇作为发展水上旅游的重要载体，国家发展和改革委员会将游艇产业纳入鼓励发展产业目录，工业和信息化部发布的《船舶工业“十二五”发展规划》表示要培育豪华游艇、旅游观光艇等品牌产品。

2. 中国杯帆船赛

中国杯帆船赛是中国历史上一个国际性大帆船赛事，是唯一以“中国杯”命名的大帆船赛事，也是亚太地区最大规模的 Beneteau First 40.7①统一设计组别大帆船赛事。曾经于 2008 年、2009 年连续两度荣膺“亚太地区最佳帆船赛事”，2010～2011 年，中国杯帆船赛被正式列入国际帆船联合会（International Sailing Federation，ISF）大帆船赛事的日历。2015 年，ISF 授予中国杯帆船赛“推动航海运动特别奖”。

1）中国杯帆船赛简介

中国杯帆船赛是首个由中国人创办的大帆船国际赛事，是获得政府认可的以“中国杯”命名的高端体育品牌赛事，是帆船世界里的蓝色领航者，也是被列入 ISF 赛历的重要赛事。中国杯帆船赛是经国家体育总局批准，由国家体育总局水上运动管理中心和深圳市文体旅游局共同主办，也是亚太地区最具影响力的大帆船赛事之一。

中国杯帆船赛创办于 2007 年，是国内较具规模、专业的大帆船赛事，比赛一年一届，赛事为期 4 天，由拉力赛和场地赛组成。2010 年起列入 ISF 官方赛历，五次荣获“亚洲最佳帆船赛”。

2）赛事起源

2004 年，深圳市纵横四海商务咨询有限公司（现已更名为深圳市纵横四海航海赛事管理有限公司）成立并从法国 Nautitech 船厂定做了一条 12 米长的新型双体帆船，将帆船命名为“骑士号”，取其代表“梦想和冒险”之义。2005 年 2 月在钟勇、晓昱和钟兴波共同策划下，由多名深圳帆船爱好者参与的一场名为“纵横四海”的洲际航海活动从拉罗榭尔起航，勇士们驾驶着“骑士号”共跨越欧洲、非洲、亚洲七个海区，航行 1.1 万海里，途径 26 个国家和地区，在 45 个港口留下了中国帆船经过的印迹。这是国内民间首次大型洲际航海活动，也是中国杯帆

① Beneteau First 40.7 是法国游艇品牌的名称。

船赛的前身，勇士们在途中产生了举办该船赛的想法。于是，一个以“中国杯”命名的帆船赛事，2007 年揭开序幕。如今，中国杯帆船赛已成为顶级国际大帆船赛事。

3）赛事延伸活动

中国杯帆船赛以帆船赛为依托，在不断扩大“中国杯”赛事影响力的同时，又不仅局限于帆船赛本身，而是以帆船赛为舞台，纳入了其他的元素，使得中国杯帆船赛已经成为一场集竞技、商业、文化、艺术、公益为一体的海洋嘉年华盛会。

赛事的附属活动丰富多彩，如“蓝色盛典”晚宴暨时代骑士勋章授勋仪式、亚洲航海文化发展论坛、名人高尔夫邀请赛等一系列文化时尚活动在赛事期间同时举行，打造真正的“海洋嘉年华”，让中国杯帆船赛的参与者不仅感受到竞技的乐趣，也能体会到中国文化的传统与现代中国的活力。这些关联活动，让更多的人认识帆船、走近帆船，让帆船成为更多人所推崇的一种生活方式。“蓝色盛典”晚宴暨时代骑士勋章授勋仪式无疑已经成为中国杯帆船赛的品牌活动。活动以“时代骑士”为主题，借以表彰新兴中国各行业的领军人物，是一次集社会趋势观察的主流导向与高端时尚品位为一体的盛典。赛事设立“时代骑士勋章”这一仪式制度，旨在表彰一批具备高尚品位和格调，在企业创新等方面引领新兴力量发展，并对所在行业有引导示范作用、推动时代演进的社会精英。

中国杯帆船赛创始人晓昱说，“我们期待这个命题能够伴随着中国杯帆船赛一起成长，最终成为中国高尚生活态度的榜样和标杆”。她还希望，“从中国杯的帆船比赛平台出发，去‘拥抱’、连接各行业的领航人物，并借此触发影响社会的能量”。同时，晓昱也希望中国杯帆船赛不仅是作为一项赛事存在，而是一种全新的生活方式和一场集体育竞技、商业、文化、艺术、公益为一体的海洋嘉年华盛会。

4）赛事商业运营

稀缺高端的帆船题材、精彩激烈的比赛、丰富多彩的关联活动、优质高端的受众，携手搭建起一个高品质的商业展示平台，在诸多国际企业希望开拓高端市场的大背景下，中国杯帆船赛无疑是一个高端推广营销的绝佳平台，除帆船本身外，其赛期还设置了“蓝色盛典”晚宴暨时代骑士勋章授勋仪式、亚洲航海文化发展论坛和名人高尔夫邀请赛，以期为赞助商提供一个融合多种高端活动的多层次商业平台。非赛期间，中国杯帆船赛也适时推出帆船体验、大帆船培训等活动，同时还为企业量身定做海岸系列赛等活动。

作为由纯粹的民间资本直接发起的高端赛事，中国杯帆船赛从创办之初就将市场运作定为其运营的基础。从 2009 年开始，中国杯帆船赛开始和北京一家著名体育营销公司合作，将中国杯帆船赛的赞助级别调整为三大赞助级别，分别是首席冠名商、官方合作伙伴、官方供应商。中国杯帆船赛首席运营官晓昱说，“这种更为清晰的赞助模式，将能更好地集中资源为客户服务”。改进过的赞助模式，对赞助商更有吸引力。据悉，商业赞助目前仍是中国杯帆船赛盈利的主要渠道。2009～2013 年，中国杯帆船赛累计吸引了国内外涉及 23 个行业、超过 50 家赞助商加入。除博纳多（Beneteau）集团、辛普森等船艇行业关联企业外，还吸引了一汽大众—奥迪、华帝股份有限公司及中国联合网络通信集团有限公司加入中国杯帆船赛官方合作伙伴行列。此外，贺兰山葡萄酒、苏尔啤酒、洲克、驰马拉链等商家也在 2011 年成为赛事官方供应商。

小案例：2013 年中国杯帆船赛案例

继原来创下 33 个国家和地区、99 支船队参赛的历史纪录后，2013 年的中国杯帆船赛又创 35 个国家和地区、100 支船队参赛新高，继续在赛事规模上雄踞亚洲大帆船赛巅峰，吸引 28 支海内外船队一决高下的 Beneteau First 40.7 统一设计组别既是中国杯帆船赛的传统特色，更是全球范围内少有的大规模统一组别赛事。来自西班牙、瑞典、尼日利亚、迪拜等地的船队都是第一次参加中国杯帆船赛，甚至还有两条外籍船只从俄罗斯不远万里航行至深圳参赛，中国杯帆船赛的影响力和吸引力在不断提升。2007 年第一届中国杯帆船赛仅有 5 支本土船队参赛，2013 年则有近 40 支国内船队。

2013 年中国杯帆船赛与之前船赛相比是参赛船队专业水平最高，也是实力最为接近的一届。“这跟中国杯帆船赛注重吸引更多国际顶尖选手参赛密切相关。”中国杯帆船赛创始人、首席运营官晓昱说。中国杯帆船赛赛场上战将云集：“华帝聚能号”战术师 Peter Burling，年仅 21 岁就拿下伦敦奥运会 49 人级银牌，被认为是新西兰帆船界的希望之星；来自新西兰的 Jo Qesem Ayela Aleh 和 Olivia Powrie，是伦敦奥运会女子 470 双人艇金牌得主；迪拜“Yo 队”的 Nathan Wilmot，是北京奥运会 470 男子双人艇金牌得主；“CYA 华帝号”的徐莉佳，伦敦奥运会激光雷迪尔级金牌选手；还有来自德国的老将、洛杉矶奥运会帆船赛星级银牌获得者 Achim Grieses……他们的高水平发挥不仅为船队赢得了荣誉，更为中国杯帆船赛带来精彩的角逐场面。

中国杯帆船赛赛事期间，深圳海上运动基地搭起了一个个白色的尖顶帐篷，还有大大小小的舞台，仿佛绽放在草原上的蒙古包和那达慕大会现场。除了能看到百舸争流的精彩赛事之外，观众在现场可以参与近岸对抗赛、海上飞行器表演、航海名人面对面、帆船知识大讲堂、归航欢乐时光泡沫派对、乐队演出、3D 立体画展、华帝情定新西兰求婚仪式、幸福厨房厨艺大比拼、“蓝天护鲨”公益活动、国际摄影大师精彩作品展、复古铅笔画展、红牛极限轮滑运动表演等一系列让人应接不暇的精彩活动。值得一提的是，2013 年，中国帆船赛组委会邀请了“无动力单人不停靠环球航行138天”的航海名人郭川，辞职休学、卖房卖车自驾帆船环球旅行的“航海家庭”翟峰，以及帆船奥运冠军徐莉佳和诸位女船长做客“航海名人面对面”，与现场数千位观众一同分享他们各自的航海经历和心路历程，在场观众听后受益匪浅，走进了熟识航海世界的一道门。明星也来到中国杯帆船赛赛场，与帆船亲密互动，引来众多粉丝的围观和尖叫。与此同时，在遍布全城的中国杯帆船赛分会场，诸多高大上活动轮番上演。“蓝色盛典”晚宴暨时代骑士勋章授勋仪式首颁“我骑士”，引领了新一季的蓝海生活新潮流；第五届亚洲航海文化发展（大鹏）论坛以“中国航海，世界未来”为主题，探讨航海产业在中国发展的前景和问题；在“2013深圳&奥克兰”航海旅游推介会上，“帆船之都”奥克兰正式签约成为中国杯帆船赛官方推广城市，并就赛事管理推广、青少年航海培训等方面与深圳市文体旅游局、中国杯帆船赛组委会签订一揽子合作协议。

中国杯帆船赛早已超越赛事，成为集体育竞技、商业、文化、艺术、时尚、公益于一体的海洋嘉年华盛会。据统计，2013年前来赛场观看中国杯帆船赛的观众数量超过40 000人次，是历届中国杯帆船赛观众人数最多的一次。在赛场，随处可见一家老小、三五好友结伴来体验帆船运动的魅力：防波堤上人头攒动，市民争睹“双龙戏珠”的紧张刺激；码头边围成一圈的观众举起相机记录海上飞行器的精彩表演；主会场的泡泡池成了孩子的乐园，原本陌生的孩子在这里尽情打闹嬉戏；3D立体画前无论大人小孩都兴趣盎然地排着队等拍照。

2013年中国杯帆船赛早早启动了各项帆船互动体验活动，包括青少年帆船夏令营、媒体精英训练营、“帆转都市”万象城生活美学体验季活动、航海互动殿堂、“我的帆船我做主”中国杯开放日等，一系列接地气的精彩活动将帆船运动渗透到普罗大众的日常生活当中。此外，中国杯帆船赛还首次与优酷土豆联手在优酷网推出了国内首家“帆船频道”，改写了国内无帆船频道视频网站的历史，并与户外数字移动电视媒体“华视传媒”强强联手形成战略合作，在深圳、广州、北京、上海等全国18个城市的地铁、公交上全天候滚动播出中国杯帆船赛宣传片、赛事视频等精彩内容，让公众更迅速直观地了解帆船运动，从而吸引更多人关注并来到中国杯帆船赛现场。赛事期间，共有近150家国内外媒体，超过280位记者到场进行报道，是历届中国杯媒体报道团“最庞大”的一届。其中，《纽约时报》《华盛顿邮报》《每日电讯报》等对中国杯帆船赛予以关注并刊登相关报道，中国新闻社、新华通讯社、CCTV5、南方都市报等国内权威主流媒体进行了深度报道和评论。铺天盖地的新闻报道使中国杯帆船赛得到了极高的关注度，在提升赛事影响力的同时，也为各个赞助商和合作伙伴提供了一个极佳的宣传平台。

在2013年中国杯帆船赛的赞助商中，除Beneteau、华帝股份、贺兰山葡萄酒、红牛、东方瑞璐珠宝、雅图科技等一批国内外行业领军企业延续与中国杯帆船赛的合作外，还新增了一些一流的合作方及供应商，赞助商品类繁多达到历年之最。值得关注的一个现象是，随着中国杯帆船赛的影响力不断渗透，越来越多的知名品牌开始纷纷加盟，成为中国杯帆船赛的参赛船队赞助商。华帝聚能号（华帝燃具股份，国内燃气具行业领先品牌）、博纳多中国队（Beneteau 集团，全球第一的帆船制造商）、500.com 号（500 彩票网，中国互联网彩票销售领域的开创者）、雅图号（雅图科技，中国投影仪第一品牌）、马来西亚队（宝马汽车）、Arcora 队（土耳其银行）、Lumena 队（旭光高新材料，国内领先的新材料生产商）等众多船队的身后都有一个实力雄厚的赞助商。中国杯帆船赛已经成为国外品牌打入中国市场、国内品牌走向世界的重要桥梁和窗口。

4.3 钓鱼艇与游艇海钓

4.3.1 钓鱼艇与游艇海钓发展状况

1. 海钓基本简介

海钓在欧美发达国家已有上百年的历史。海钓是休闲也是运动，一是既刺激又富有乐趣；二是还能锻炼身体。一名优秀的海钓手，不仅要具备丰富的海钓知识，同时还要熟练攀岩、登山、航海、游泳等技能和负重行走的能力，可以背负重达 25~40 公斤的海钓装备在礁石上。特别是夏天海钓，还要忍受高温和强烈阳光的煎熬，需要有很好的身体素质。

海洋与淡水自然环境差别较大，第一，海洋有暖流、寒流。许多海鱼都有随季节流游动的习性，季节流还会带来大量有机物和浮游生物，尤其寒流、暖流相遇之处，更是海鱼觅食的最佳场所。第二，海洋有潮汐的涨落。海水涨潮会把大量的有机物质和鱼带到岸边，此时更有利于垂钓；而落潮后，则一般不宜垂钓。第三，早、晚海面相对平静，适宜垂钓。海上白天易起大风浪，甚至会危及垂钓者的安全，不宜垂钓。

2. 环境对海钓的影响

潮汐对海钓的影响较大，一般在涨潮及落潮期间，海水处于运动状态，也搅动着海鱼的运动，四处觅食，所以涨潮和落潮是海钓的最佳时期。特别在涨潮期，鱼儿咬钩频率可增加数十倍。

海风对海钓的影响仅次于潮汐，有风比无风好，有风时，风力搅动潮水运动，也增加了海鱼觅食的频率。风力的大小以三、四级为好，连续几天大风之后平息下来，是海钓的好时机，因为海鱼在大风中好几天未进食，特别饥饿，海风平静下来后进食上钩率成倍提高。

作为风向来说，在风力不大的前提下，从海洋吹向陆地的风（逆风）比从陆地吹向海洋的风（顺风）为好，但风力太大，它不仅影响抛钩，还将大片海草吹向岸边，在这种情况下顺风就比逆风好了。

3. 发展海钓业对发展海洋经济的重要意义

1）丰富海洋旅游内涵，提高海洋旅游产品档次

随着社会经济和旅游事业的发展，我国海洋休闲旅游近年来发展较快，海洋旅游业已经成为沿海地区国民经济发展新的增长点。但同时，我国的海洋旅游开发也存在产品层次较低、海洋文化内涵挖掘不够、休闲度假产品和参与性活动少、对游客吸引度不够等问题。而海钓休闲作为海洋休闲的一种重要形式，参与性和竞技性强，游客逗留时间长，重复率高，是观光型旅游向体验型、竞技型旅游转变的有效形式，是丰富海洋旅游内涵、提高海洋旅游档次的一个重要途径。

2）带动旅游等相关产业的发展，保护渔业资源

从世界范围来看，休闲渔业在美国、日本等发达国家已经成为一种重要的综合产业。大力发展海钓业，可以整合利用多种资源，带动渔具饵料、餐饮、酒店经济、购物消费、游艇经济、海景房产经济等相关产业的发展，从而形成一个包含吃住行游购娱在内的海洋休闲旅游产业链，对促进地方经济的发展具有十分重要的作用，是沿海地区海洋经济发展新的亮点。

3）调整渔业经济结构，吸纳富余劳动力

海钓业不仅开发了一项对游客（尤其是来自内陆的游客）具有吸引力的海洋旅游项目，也开辟了海洋渔业发展的新领域，对渔业经济结构调整和渔民转产转业有积极的推动作用。

目前，随着世界海钓业的不断发展，海钓职业化已经成为海洋休闲运动的一种趋势，许多国家已经拥有一批职业化的导钓员及许多经过专门培训的人员在从事海钓服务、接待等工作。

在我国部分沿海地区，因渔业资源枯竭，一些“失海”渔民面临转产转业的压力。在这些地区大力发展海钓业，通过引导和组织部分渔民发展休闲渔业，从事海钓服务、接待、导钓等工作，不失为解决渔民就业问题的一条有效途径。

4）宣传海洋旅游资源，提高沿海地区知名度

发展海钓业既是发展海洋旅游、提高海洋旅游档次和促进地方经济发展的一个重要手段，也是一种宣传当地海洋旅游资源，提高知名度，增加游客吸引度的有效方式。沿海地区充分利用当地的渔业资源和旅游资源优势，通过开发海钓产品，举办一些海钓国际国内比赛活动，能够更加有利于宣传沿海地区的海洋资源，

提升地区知名度，以吸引更多的国内外游客来休闲度假。

4. 我国海钓业的发展状况

我国海域辽阔，有大陆海岸线 18 000 多公里，黄海、东海、南海和渤海等海域都蕴藏着丰富的渔业资源，有许多天然的海钓区域和钓点，具有开展海钓活动得天独厚的条件和优势。我国钓鱼业虽然历史悠久，但长期以来淡水湖钓、河钓、池钓等传统方式一直占主导地位，海钓还有待进一步发展，海钓参与人群还只是少数爱好者，海钓作为一个产业，在我国还远不成熟。

近年来，海钓业已经受到沿海地区各级政府的重视，海钓业呈现出良好的发展趋势和前景。一些沿海地区以发展休闲渔业和海洋旅游业为目的，建设了一些垂钓设施和海钓基地，在海底建造了适合鱼类等海洋生物栖居的人工鱼礁，在海上建设了一些浮式游钓休闲平台。不少城市组织开展了一些海洋垂钓节庆活动，举办了一些国际性和国内海钓比赛。从 20 世纪 80 年代末以来山东青岛和浙江嵊泗等地率先举办了国际性和国内海钓比赛，我国沿海地区已经举办的大小国际性和国内海钓比赛累计达数十次。这些比赛活动和其他节庆活动相结合，文化搭台、经济唱戏的方式，取得了较好的经济效益和社会效益，也极大地推动了我国海钓业的发展。

我国垂钓历史悠久，爱好者众多，钓具行业经过多年的发展已基本形成产业，目前已拥有生产和销售厂商家近 3 万家，为我国垂钓和海钓活动的开展提供了一定的保障。另外，随着海钓业的逐步发展。近年来，以经营海钓为主要业务，实行企业化操作的专业海钓俱乐部也在我国一些城市应运而生，如北京、青岛、大连和舟山等地都相继成立了专业海钓俱乐部。

5. 我国海钓业的发展所存在的问题

1）缺乏与国际水平接轨的海钓基地和海钓场所，钓鱼方式传统

我国海钓业近年来虽然取得了一定的发展，已经拥有一定数量的海钓基地和海钓场所，但由于观念、资金和技术等原因，与国际水平接轨的海钓基地和海钓场所非常缺乏。我国淡水和池钓传统钓鱼方式一直占主导地位，而海水钓鱼和淡水钓鱼在鱼的品种、钓具、环境、操作方法等方面存在着很大的差异，导致我国与海钓配套的钓具行业（如饵料、鱼竿、救生设备等）及世界先进技术和装备还有一定的差距，因此大部分垂钓活动只能在附近浅海进行，深海和远海钓鱼（船钓和矶钓）尚需进一步发展。

2）部分地区无序的海钓使渔业资源和海域环境遭受破坏

近几年来，随着我国海钓爱好者的增加，部分海域秩序混乱，近海渔业资源受到了一定程度的破坏。一些常年以钓鱼为业的海钓专业户，不顾及各种鱼类的排卵期和“钓大放小”的原则，进行掠夺性捕捞，造成鱼类品种减少。如据报道，

在舟山海域，大批吸引国际钓客的主要鱼类之一的黑鲷鱼就不断遭偷捕者不分大小成群捕杀，这对刚刚起步的舟山海钓业走向国际将直接造成影响。另外，如何控制部分海钓者的遗弃物对海域环境造成的污染也是一个不容忽视的问题。

3）缺乏专门的管理机构和专业人才

由于我国海钓业发展起步较晚，专门管理机构不健全，包括钓手、裁判员和船员等在内的海钓专业技术人才比较缺乏，部分海钓者缺乏海钓知识。一些地方的船员不具备登礁技术，一些船只缺乏必要的救生设备就冒险出海，甚至存在一些无证船只出海钓鱼的现象。这些现象既存在很大的安全隐患，也不利于我国海钓业规范有序的发展。

4）科学研究和宣传力度有待于加强

海钓业在我国大部分地区还是一个新生事物，了解的人群不多，社会影响力还很小，这在一定程度上与新闻媒体的宣传力度不够有关。另外，为了促进我国海钓业的可持续发展，要尽快与国际接轨，社会各界对海钓活动的理论研究也有待于加强。

6. 发展我国海钓业的对策思考

1）加强规划，完善法规，建立健全海钓管理制度

为了促进和规范我国海钓业的发展，应加强规划，摸索建立一套完整健全的海钓管理制度，使我国海钓业逐步步入正规化、规范化的道路。首先，应该结合各地海洋功能的区划，根据岛礁海域的资源和环境条件，依法科学划定岛礁范围，在全国范围内建立一定数量的、能够承担国际性和国内比赛的海钓基地与海钓活动示范区，兴建一些适合游客参与的海钓基地和日常钓点。其次，应该强化管理，完善海钓专业队伍建设，加强海钓协会的建设，规范扶持海钓专业机构的发展，对海钓船只（包括人员配备、安全设施的配置等）按照一定的程序进行严格审批，对从业人员进行相关知识的培训，实现从业人员持证上岗。最后，各地应根据实际情况出台海钓的法规，对海钓的比赛、裁判等方面做出具体规定，在海钓比赛的操作规程方面尽快与国际水平接轨。

2）健全海钓配套设施建设，促进钓具等相关行业的发展

海钓集群性、高关联性、高风险性的特点，决定了海钓配套设施和安全保障等方面的重要性。相关部门在进行海钓基地建设的同时，必须加强陆上基地配套设施和安全保障设施建设，对于矶钓区域，岛礁上必须要有能容纳一定数量钓手的安全地带和上下岸安全通道。另外，应出台相关配套政策，扶持和促进与海钓配套的钓具行业（如饵料、鱼竿、救生设备等）的发展，在潮流、工艺技术和市场等方面树立与世界接轨意识，打造一批具有中国特色的钓具品牌，尽快跟上世界海钓钓具行业的发展步伐。

3）强化保护，保护重要休闲鱼种资源量及其栖息地

随着海钓人员的增多，渔业资源和海域、礁石等生态环境会遭到不同程度的破坏。渔政、水产、环境、公安等相关部门应对重点海钓点实施保护，加大渔业行政监管力度，对海钓的准入条件、船舶要求、钓品规定、生态环保、安全等方面做出具体规定。对海钓点实行排卵期回避，鱼类排卵期内严禁在该海域开展海钓等活动，对非法电鱼、炸鱼等现象，应严厉打击。

人工渔礁的建设有利于为鱼类营造一个良好的栖息环境，可以形成一定的鱼汛以便更好地开展海钓比赛。因此，应该加大人工渔礁的建设力度，增进海洋鱼类的栖息和繁衍，以形成良好的垂钓场所，促进我国海钓业的健康持续发展。

4）把海钓与休闲渔业、旅游等产业有机地结合

由于海钓业是丰富海洋旅游内涵、提升海洋旅游档次的一个重要手段，各地应该把发展海钓业与旅游、休闲渔业和无居民岛屿开发有机地结合，把海钓与当地的旅游发展规划和旅游产品开发密切结合，把海钓作为发展当地海洋旅游和海洋经济的精品及亮点。各地在规划旅游产品和旅游线路时，可以建设为游客提供海钓船只的船队或公司，配备一定人数的服务人员，为游客提供海钓指导和相关服务，把海钓活动纳入旅行社的旅游线路之中，与景区观光旅游相融合，以增加旅游的参与性和娱乐性，增长游客逗留时间，增加旅游收入。

5）加大海钓的宣传力度，扩大海钓的社会影响

要使海钓在国内、国际具有一定的知名度，通过定期举办海钓比赛是一种很好的途径。各地可以根据实际情况，定期举办一些较大规模、高水平的国际性和国内比赛，也可以邀请一些国内外的钓鱼高手到基地集训或者进行比赛。各新闻媒体对海钓比赛进行大量的宣传报道，以扩大海钓的社会影响。旅游界、理论界等社会各界应该组织活动，加强对海钓活动的科学研究，为促进我国海钓业的可持续发展，尽快与国际接轨提供理论基础和决策参考。

4.3.2 海钓对相关产业的影响

1. 海钓活动对旅游业的影响

海钓是通过游艇承载的休闲旅游活动，每一场海钓都需要做复杂的准备，所以海钓能促进相关产业链的发展。

以浙江舟山海钓为例，2015 年来舟山海钓的人数达 60 万人次，带来经济收益至少 6 亿元。舟山海洋生物种类丰富，已成为很多海钓者心目中的理想钓场。

近年来，舟山举办了众多全国及国际性的海钓赛事，有力地推动了海钓运动的普及，本地海钓爱好者数量也逐年攀升，并吸引了一大批外地海钓爱好者前来。

海钓赛事为舟山提高了地方品牌的知名度，同时也带动了相关产业的发展，让海钓变身为集海岛观光、休闲度假于一体的“海钓经济”，使整个海钓及衍生的产业链成为一个可持续发展的产业。

2. 海钓俱乐部的运作

随着众多海钓赛事的举行，舟山的海钓资源优势逐渐被外界所知，前来海钓的专业人员越来越多。据统计，2015 年来舟山进行专业和非专业海钓的人数达 60 万人次。截至 2016 年 9 月初，舟山接待的海钓爱好者数量比上一年同期增长近 20%。随着近年来海钓队伍的不断扩大，由散兵游勇到俱乐部规模运作的模式也应运而生。2013 年，舟山市蓝海海钓俱乐部成立。2016 年 3 月，在普陀区鲁家峙中国普陀海洋文化创意产业园内，舟山首个专业海钓文化基地开建，10 月正式对外营业。2003 年成立的舟山老狼海钓俱乐部成功转型为舟山市普陀区海钓协会，这些海钓俱乐部或基地将以往散状的海钓队伍，集聚成正规、高端的海钓组织，推动舟山海钓向规范化、产业化方向发展。

鲁家峙海钓文化基地内设置展示、交流、交易、拍卖海洋文化产品的文化专区，海钓学堂和进行售卖、租赁、寄存、维修钓具服务的钓具超市，以及不出海即可体验海钓精彩的海钓陆上体验区。专业的海钓船队可带着游客，从专用码头出发，前往无人岛开展海钓运动。在宣传海钓文化、推广海钓活动与技术的同时，致力于加强生态环境及水生动植物资源的保护。倡导和推动健康、安全、环保的海钓运动，是当地海钓协会一直在做的事。舟山市普陀区海钓协会的会长徐斌立说，协会有对海钓的规定，凡安全装备未带齐不允许上船，钓到体长 25 厘米以下小鱼必须放生。若不照做，必遭严厉谴责，累计警告三次，将被逐出协会。因为海钓人了解大海，更懂得珍惜大海。舟山海钓在有序地管理下，显得更加有秩序、规范，也更可持续发展。

3. 游艇海钓经济的发展

海钓在欧美发达国家有悠久的历史，备受中产阶级的青睐。相较于其他类型活动，海钓有既烧钱，又烧闲的特点，所以，这也在无形中决定了海钓人群必须要具备较好的经济基础和较为富余的私人时间。

据统计，舟山本地海钓爱好者已增至 1 万多人。舟山海钓经过 10 多年的发展，也催生出了游艇海钓经济。有舟山的海钓者花了 30 多万元买了一艘快艇，想海钓时就驾着快艇出海，享受抛竿垂钓带来的快乐。在舟山，像这样的海钓爱好者比比皆是。

因为很多人都表现出了对海钓的浓厚兴趣，所以服务海钓人的游艇俱乐部也应运而生。舟山阿尔法游艇俱乐部发展有限公司以俱乐部的形式吸纳会员，邀请海钓人到舟山来度假海钓，并为他们提供住宿、游艇停泊、游艇维护等服务。舟山市南翼游艇俱乐部有限公司在舟山推出豪华品牌游艇租赁服务、大众型游艇体验和游艇海钓项目。根据企业或个人的个性化需求，量身制定配套项目，致力于引领游艇这一“高端”消费走向大众。116 英尺“海洋之斧”号超级探险游艇就是该俱乐部专门为东海外海海岛旅游量身定制的探险游艇，能给海钓爱好者带来意想不到的远洋海钓之旅。舟山也结合游艇展，促进海钓业的发展，海钓和游艇产业的有机结合，越来越显示出其强大的生命力和发展潜力。

4. 海钓渔具产业的发展

舟山海洋资源丰富，有很多天然钓场。白沙、东极更是全国知名的海钓之地，洋鞍大礁、东福大礁等一些水下暗礁群可钓鱼种占全国 80%以上，令不少国内外热爱海钓的人士心驰神往。舟山的天然钓场吸引了一大批本地或者外地的海钓爱好者，也给予渔具商家机会。有着十年海钓经验的李先生说，海钓会上瘾，忙完生意上的事，他想到的第一件事是去海钓。“钓具都是易耗品”，李先生说，钓竿动辄上千元，甚至几万元。钓具放满车库外，又腾出一个房间专放钓具，在海钓用具上的消费近 10 万元。舟山渔钓具店中的钓具品牌众多，型号齐全，价格从几百元到上万元不等。除海钓竿，还有竿袋、线轮、浮标、救生衣、帽子、软式冰箱、偏光镜、矶钓服、防滑矶钓鞋等各种海钓用具。

对那些超级海钓“发烧友”来说，从头武装到脚的装备费用能高达十多万元。事实上，一年几万元的花费还在正常水平，有的海钓爱好者花费更多。舟山东港钓具店的负责人表示：“不光本地的海钓爱好者要购买渔具，部分外地来的海钓爱好者，为了减少途中携带钓具的不便，也会选择在舟山购买。”海钓少则一天，多则一周。除了海钓用具外，租船一次费用也要上千元。很多海钓爱好者都是乘坐专业登礁船，一般一艘船 10 人左右，来回一趟 1～3 天，平均每人每天费用 1000 元。海钓爱好者的不断增加，也为登礁船的船主带来了不少生意。

在舟山，有七八十家渔钓具店，据不完全统计，舟山一年钓具销售额在 3000 万元以上。据不完全统计，2015 年来舟山海钓的人数达 60 万人次，按保守估计一年每人钓鱼一次，每次消费 1000 元，海钓直接带来的经济收益至少有 6 亿元。此外，岛城不少海钓“发烧友”甚至走出国门，前往韩国、马来西亚、菲律宾、美国等地海钓。

5. 海钓带动鱼饵养殖业的发展

沙蚕（俗称海蜈蚣）作为一种万能饵料，越来越受海钓者的喜爱，市场需求也在逐年扩大，这也带动了岛城沙蚕的养殖。在朱家尖，一座占地 30 亩的沙蚕繁育养殖基地，已借助舟山得天独厚的地理环境优势发展起来。目前，朱家尖蓝海水产养殖专业合作社沙蚕养殖基地已建成养殖池、育苗池、冷库等健全的服务配套设施。一箱箱养殖沙蚕活体在经过清洗、冷冻、包装后，从这里销往全国各地。

沙蚕作为鱼、虾、蟹等水产经济动物的优质饵料和常用钓饵，要比虾好，鱼更喜欢吃，尤其适合深海垂钓。沙蚕扎在鱼钩上，还能动，特别吸引鱼类。朱家尖蓝海水产养殖专业合作社的相关人士说，养殖的沙蚕基本都是销往国内的，除了本地市场外，主要是天津、大连等沿海城市，用于海钓和养殖。根据市场需求的不同，沙蚕每公斤能卖到104元至160元。该合作社的沙蚕养殖基地被列入2015年省级海洋与渔业专项资金唯一立项的特色养殖项目，目前已全部建成，有30亩规模，分为养殖区、育苗区及“三室一库”三块区域。今后，根据舟山海钓市场的需求，该沙蚕养殖基地还将开发小包装钓饵等产品，进一步推动沙蚕养殖产业向专业化、品牌化方向发展。

6. 挖掘海钓潜在经济效益推动产业升级

随着舟山海钓的发展，与海钓配套的产业链正在快速发展。海钓业是一种集渔业、旅游、文化体育于一体的综合性产业，也是第一产业与第三产业有机结合之后细分出来的一种新业态。海钓业不仅是实现渔民和渔业生产方式转变的突破口，也是将靠捕鱼为生的渔民转化为旅游服务业的人员。有些岛上的渔民开始重新创业，过去以织渔网为业的妇女开办起“渔家客栈”“渔家餐馆”；有的专门从事钓具经营；有的则成为专业的导钓员；还有专业从事海钓，把收获的鱼拿到市场上卖，或开海钓餐馆。如定海的凤凰山岛渔乐园、嵊泗的枸杞岛、五龙天然钓场、普陀的蚂蚁岛、六横岛及岱山等，结合渔事体验形成的不同格局的海钓休闲场所，无论是海上船矶钓，还是深水网箱养殖场等，不受禁渔期限制，以“亦钓亦养”替代单纯的捕捞，从而使整个海钓及衍生的产业链成为一个可持续发展的产业。

当地的管理部门表示，随着舟山海钓业快速发展，从游客消费层次和能力及游客参与体验程度方面来说，还有很大提升空间。海钓经济涉及游艇、酒店业、海景房产、休闲娱乐，以及车辆租赁、船只租赁、登礁矶钓、船钓拖钓、渔排筏钓、海上食宿、海钓教练、海上浮潜等服务项目。除了售卖、租赁、寄存、维修钓具服务外，配套的还有海钓培训、海洋文化产品交流交易拍卖、舟山特色海鲜选购等，都可以弥补海钓市场空白，挖掘潜在的经济效益。如今，海钓文化基地将无人机航拍、鱼拓等融入海钓业，这或许将是海钓业的另一经济增长点。鱼拓可以留下永久的纪念，挂在墙上可以供钓友和亲朋观赏，也能让自己重温当年收获的点滴，由大师鱼拓的一幅作品，价格在2000元以上。海钓业还处于起步阶段，其潜在的经济效益不可估量，将给舟山海洋旅游发展注入新活力。2016年，舟山海钓已逐步形成相对完整的产业链，原先以散户和“渔家乐”为基础的海钓活动，正在向综合性、关联性产业拓展，这在一定程度上推动了海钓业结构的优化升级。

小案例：海南省海钓业的发展

2012年海南省涉渔人口约60万人，在渔业资源日益枯竭的形势下，海钓业为渔民转产转业提供最佳出路。2012年，海南省休闲渔业产业发展政策研究研讨会在海口举行，会上专家提出将海钓业做成国际旅游岛特色旅游项目，带动60万渔民脱贫。

当时全省涉渔人口约60万人，直接从事海洋捕捞业的渔民约30%，即18万多人，文化程度不高，自谋出路的能力较低。近海渔民居住在海边，生活水平低，劳动效率低，随着生产资料价格的上涨和海洋渔业资源的减少，渔民收入逐步下降。海钓是一项利用海洋为基础的休闲娱乐项目，产业链很长，能够充分利用海南省现有的资源，将渔民从捕捞业为主的直接海洋经济模式转成依海洋资源创造陆地经济的模式。拉动上游产业如造船、钓具生产业、鱼饵生产业等制造业和下游产业如渔民渔船陪钓、救生、向导、旅游、酒店、渔家乐、鱼产品、工艺品、海鲜大排档等的发展，仅仅从产业链上分析，海钓业带来的经济效益不比游艇或高尔夫运动低。

海南省海钓协会秘书长白殿卿说，顺势引导，以海钓业为契机，以最小的代价，实现渔民"出海不捕鱼，转产不离船"的转产转业。通过几年的努力，让海钓业形成海南省休闲渔业的标准项目，把海钓业做成国际旅游岛特色旅游项目，拉动旅游业、交通运输业、钓具及船艇制造业、鱼饵加工业和餐饮、宾馆、娱乐等服务业的发展。

"发展以海钓和海上休闲为主的休闲渔业是一条让海南省60万渔民脱贫的重要途径。"海南大学海洋学院副院长黄渤教授说，2012年左右海南省政府把发展以海钓和海上休闲、渔家捕捞、渔家生活体验为主要的海上休闲渔业发展列入重点，探索公司、协会加农户的运作模式，从而使近海渔资源真正达到"退耕还海"的总体规划的要求。

黄渤建议，政府要采取一些措施，高度重视休闲渔业，从而在规划上、投入上得到真正落实，就海南省休闲渔业试点和休闲渔船改造向国家申请立项，使海南省成为国家开展休闲渔业试点省。同时，尽快出台渔船改为休闲渔船的改选标准；着手于休闲渔业产业链的发展规划和政策研究，创建休闲渔业专业码头，创办休闲渔业示范基地，打造休闲渔业新渔村。尽快解决政府涉海部门之间的协作，为休闲渔业展开绿灯。

据介绍，海南省近海作业渔船有两万多艘，大小不同，结构各异。海南海之约海钓旅游有限公司总经理李鸣说，公司计划在海口新港周边修建一个休闲渔船临时码头，在沿海南岛东南和西北海岸线分别选择一到两个旧的渔业码头将其改造成休闲渔业的专业码头，从而逐步拉动与休闲渔业相关的陆地产业链的发展，打造休闲渔业示范基地。开展休闲渔业活动中海上安全是头等大事，用木渔船改造的休闲渔船动力能力有限，在出现搁浅、触礁、动力机械故障时自救能力相对低。

李鸣建议，给休闲渔船配备相应的辅助艇，在休闲渔船从事海上休闲活动时，辅助艇可以起到看护功能，在出现险情时，辅助艇可以起到救助转运船上人员到达安全地带或直接送人上岸，提高休闲渔业活动的安全运营保障。

第5章 游艇商务

5.1 游艇俱乐部

5.1.1 游艇俱乐部的经营模式

1. 按功能划分的游艇俱乐部经营模式

1）运动娱乐型游艇俱乐部

运动娱乐型游艇俱乐部提供服务项目是游艇运动和游艇娱乐，但其主要运营大多围绕着游艇运动开展，其目标群体多为喜爱运动的年轻人士，提供的服务包括游艇驾驶培训、游艇出租、宴会举办等。

在这种俱乐部中，游艇一般不做销售用途。它们的客户往往是短期使用游艇进行运动或者娱乐活动，因此经营模式往往是提供游艇租赁。这种模式在台湾非常盛行，很多生日聚会、结婚宴请等活动都是在游艇俱乐部中举行。

这类游艇俱乐部的目标群体是时尚的白领阶层及喜爱运动的青少年，由于目标群体没有很多的收入，这类游艇俱乐部多采用较为简单的服务设施，以便于使用较为亲民的定价策略来吸引大量的客户。同时，客户对于这种类型的俱乐部的设施没有太高的要求，喜爱运动的玩家只需要游艇能够在动力方面满足他们的需求即可。

2）休闲型游艇俱乐部

这种模式的游艇俱乐部以家庭为主要目标市场。他们提供的服务项目主要包括家庭晚宴、出海游玩、护照办理、水面救援、餐饮等家庭生活休闲所需要的各种活动。这种模式的游艇俱乐部在发达国家和地区很常见。许多家庭拥有自己的游艇，所以俱乐部是以游艇使用配套作为主要服务内容，如泊车服务、代为管理游艇泊位、船舶加油、海面救援、办理船舶证照、游艇保养和修理等。在香港，许多游艇俱乐部船主兼会员，平时雇用长期看顾船只的水手，或者聘用船长代为驾船并负责日常维修保养工作，每到假日全家大小呼朋唤友上游艇到外海休闲，选择平静水域停船下锚，放下小艇、摩托艇，或是戏水，或是上岸游玩用餐。这些俱乐部往往通过会员制的方法与客户建立长期的关系，由于家庭游艇中氛围的衬托及环境的选择是非常重要的，这类俱乐部必须非常注重于环境的打造，以维护服务品质和定价水平。

3）商务型游艇俱乐部

商务型游艇俱乐部的目标群体是高层的商务人士，这些人到俱乐部消费并不是因为个人的休闲娱乐，更多的是进行会议或者商业洽谈。商务型游艇俱乐部一般提供综合性较强的娱乐休闲设施，包括豪华酒店、会议场地、高尔夫球场、温泉等。绝大多数的商务型游艇俱乐部只对会员开放，因此这种俱乐部所提供的游艇艇长一般较大，并且有着奢华的装修及完善的配套服务设施。这种俱乐部本身或者周边一般都具有高档的餐饮酒店，它们也实行付费会员制度，与客户建立长期的关系，承接各种商业活动。相比于前两种经营模式的游艇俱乐部，这种游艇俱乐部的收费是很高的，因此它必须有着优良的环境、奢华的装潢、良好的硬件设施、优质的服务水平等。

2. 按管理方式划分的游艇俱乐部经营模式

按管理方式划分，可划分为会员制型和公共配套型游艇俱乐部。前者的服务转为私人开发、管理，一般仅面对会员提供服务，同时收取会员的入会费、管理费（年费）等固定费用，会员在会所内消费需要额外支付费用；后者是城市的公共配套设施，一般只有简单的码头设施，类似于公共停车场，按时（次）收取费用。

1）会员制型游艇俱乐部

会员制型游艇俱乐部多以高端游艇商务会所的形式出现，管理上多采取会员制，各类休闲、住宿、娱乐设施自成一体。如青岛银海国际游艇俱乐部集专业码头、游艇泊位、干船坞、修船坞、帆船训练基地、帆船下水坡道、加油站、运动员公寓、会展中心、俱乐部会所、健康休闲会馆、中西栈厅、标准客房等配套设施于一体，同时组建青岛银海游艇帆船驾驶培训学校，为俱乐部会员及各国运动员提供一处配套设施优质齐全的专业化服务场所。

2）公共配套型游艇俱乐部

公共配套型游艇俱乐部是一种面对大众的游艇俱乐部组织形式，多位于城市滨水中心区，尤其在欧美城市旧港区改造的规划建设中非常多见，它已成为城市公共景观、公共设施的一部分，与陆上的各类宾馆、写字楼、水族馆、影剧院、商店街道一起成为体现城市公共空间品质的积极因素。以南沙游艇会为例，游艇会的港池会为更多到达南沙水域的船只提供停泊等服务，对带动南沙经济发展和提高南沙城市空间品质都有积极的作用。

3. 新型游艇俱乐部经营模式——“一卡通”系统

“一卡通”系统是一种当前生活娱乐常见的模式，是基于互联网进行交易、结算和管理的应用系统，常用于校内生活支付和企业员工考勤等。这种模式同样适用于游艇俱乐部的经营。在游艇俱乐部内可以设立这样的“一卡通”系统：覆盖俱乐部所有的业务部门、娱乐项目和设施（如游艇主题酒店、游艇码头、游艇餐饮、游艇设备主题商店等），并连接相关的结算银行。“一卡通”系统可以实现游艇项目的网络电子交易和账务的适时清算，以及游艇俱乐部体验观光信息的共享等多项功能；俱乐部管理部门还能以它来对相关游艇业务部门进行动态监控和管理。其工作程序为：消费者要来俱乐部消费，必须先把预算的全部款额打到“一卡通”系统中，经核实后，该消费者才会被接待；在接待过程中，实行刷卡消费，有关支出款项（包括酒店、景点、商场、交通等费用）均通过“一卡通”系统划拨到各消费点；消费者行程结束后，实际消费所涉及的各娱乐项目，通过“一卡通”系统即可以实现各自相关费用的清算。

“一卡通”系统的使用，可以改变传统的游艇俱乐部运作模式——消费者必须先将全部经费打入系统，才能获得相应的IC（integrated circuit，集成电路）卡，整个系统所连接的各游艇服务环节及其优惠办法方可启动，相关游艇服务才得以确立。采用“一卡通”系统的运作模式后，各游艇娱乐项目组均可从“一卡通”系统中明确自己的服务内容、权利和义务，并确保自己所提供的服务能够及时地从系统中获得相应的收入。这样，就从根本上杜绝了以往“先服务、后付款”的运作模式中，由拖欠剩余的款项带来的债务纠纷，从而保证一线游艇俱乐部的正当收入，大大提高各一线游艇俱乐部诚信服务的积极性和责任心，提升游艇俱乐部的整体服务质量水平，大大减少游客的投诉。实现对游艇俱乐部运营动态的适时监控管理——由于“一卡通”系统是基于互联网，在消费者用“一卡通”系统消费的同时，此项消费信息已经通过网络，传送到了游艇管理中心。这样，游艇管理中心就能随时掌握游艇俱乐部的运营状态，如消费的价格、服务的项目、规格、档次等。一旦在收费价格、服务质量等方面出现不符合规范的情况，就能及时获知信息，进而及时督促单个业务部门进行改正和整顿，从而有效地提高当地游艇俱乐部的管理水平，规范当地游艇市场健康有序地运行。“一卡通”系统的信息广域网络实现了游艇俱乐部的即时网上交易、结算，这就使因为时间和空间因素形成的、各个游艇业务部门之间进行经费结算等方面的业务障碍不再存在；同时，还能使游艇俱乐部各种事务的处理费、时间成本等大幅度降低，因而极大地提高了经营管理的效率。

5.1.2 游艇俱乐部的财务管理

游艇俱乐部的创建需要大量的资金和游艇运营过程中资金流动的不均衡性使得对游艇财务部管理的运作有非常高的要求。

1. 游艇俱乐部财务管理的工作内容

1）游艇俱乐部的财务管理特征

游艇俱乐部是个综合性游艇服务行业，如游艇俱乐部是个需配备标准游艇泊位、游艇岸吊设备、加油设施、游艇展示厅、游艇维修保养舱等多项设施和相应服务性劳动的商业性机构。游艇俱乐部也是资本密集型和劳动密集型行业，在经营中表现出以下特征。

第一，服务与销售的同一性。对于短期购买游艇服务项目或租用游艇而言，游艇俱乐部所提供的游艇服务产品与制造业、金融业、商贸流通业不同，是服务和销售合一的特殊产品。从客户来到游艇俱乐部开始，服务和销售即开始，从迎宾、游艇服务登记、游艇驶离码头、休闲娱乐、观赏海上美景等，直到客户离开游艇俱乐部、送机送站等服务。整个过程中，游艇俱乐部的游艇服务产品、码头服务产品等无法储存。由于游艇俱乐部经营的这一特点，游艇俱乐部管理者不仅要关注游艇俱乐部收入、成本的高低，同时要注意服务时的质量、标准和效益。

第二，高比例的固定成本。投资建造游艇俱乐部尤其是档次高、规模大的游艇俱乐部，其房屋建筑物、游艇码头及相关设施设备，需巨大资本投入。游艇俱乐部的固定资产占全部资产的80%以上。其中，游艇码头固定资产投资比例较高，游艇部门、游艇会所等其他部门的固定资产相对较低，这些固定资产的投入表现为经营期间的固定成本，并对利润产生很大的影响。

第三，销量的不确定性。游艇俱乐部的运营受相关政策、经济形势、季节的影响。在市场繁荣时期或旺季，游艇或码头出租为满员，甚至会出现超卖现象。在市场萧条时期或淡季，游艇或码头的出租率甚至低于 20%。由于游艇服务产品具有不可储存性，需要游艇俱乐部能平衡各方面资源，不断开拓市场，优化产品组合，提高经济效益和投资回报率。

2）游艇俱乐部财务管理的内容包括筹资、投资、运营和利润分配等方面。

第一，筹资。企业筹集的资金分为权益资金和债务资金，前者包括实收资本、资本公积、盈余公积和未分配利润，后者包括流动负债和长期负债。

第二，投资。企业投资包括对内投资和对外投资。对内投资是指购置流动资产、固定资产、无形资产等活动，对外投资是指投资购买其他企业的股票、债券或与其他企业联营等活动。

第三，运营。企业生产、销售过程中发生的成本费用及取得的收入，通过生产加工、产品销售，销售资金被回收用于新购材料，只有足额的资金回收才能保证企业持续经营。

第四，利润分配。企业取得利润按国家规定予以分配。一是留在企业内部形成盈余公积和利润分配成为企业后备资金，二是分配给投资者而流出企业。

3）游艇俱乐部的财务部管理

游艇俱乐部财务部一般由会计部和成本控制部组成，负责游艇俱乐部日常收支管理和成本控制工作。游艇俱乐部财务部依据《中华人民共和国会计法》《企业会计准则》《企业会计制度》及国家相关的法律法规和游艇俱乐部实际经营情况，设置会计科目、组织会计核算、实行会计监督并进行财务筹划、组织财务运转和财务分析。

游艇俱乐部财务部在前厅和餐饮部及其他业务部门设置收银点，收集并统计每天的营业收入。为确保营业收入的准确性，财务部设置专人进行日审和夜审，同时根据收付款业务需要设置总出纳，对游艇俱乐部每天的现金收支进行管理，并定期检查各部门的备用金。设置应付账款处对游艇俱乐部物资采购的账簿进行登记，对账款支付进行管理。设置总账处对游艇俱乐部费用的发生进行记录与分析，对固定资产的购置、使用及报废金进行全过程管理。设置工资处对游艇俱乐部所有员工的工资、福利、津贴、奖金及扣款、个人所得税等进行核算与管理。设置信贷收款处对游艇俱乐部的债权进行管理，对债务人的信用进行分析，及时催收游艇俱乐部应收账款。设置成本控制处对游艇俱乐部餐饮成本及商品成本消耗进行监督控制，及时编制成本报告，进行成本分析。设置收货处对游艇俱乐部购入仪器设备进行验收、废旧仪器设备回收进行登记，并保障仪器设备储存条件的适宜。

2. 游艇俱乐部的财务管理相关制度

1）内部财务管理制度

第一，《企业财务通则》。《企业财务通则》是我国整个企业财务制度中基本的法规，是企业从事财务活动必须遵守的基本原则和规范，在财务制度体系中起着主导作用，是制定行业财务制度和企业内部财务管理制度的根据。

第二，《旅游、饮食服务企业财务制度》。《旅游、饮食服务企业财务制度》是在《企业财务通则》的基础上，根据各个行业的不同特点制定的适合行业内各企业的一般财务制度。在中国境内的各类旅游游艇俱乐部，均应遵守《旅游、饮食服务企业财务制度》。2000 年国家财政部颁布了新的《企业会计制度》，取消了原有的《股份有限公司会计制度——会计科目和会计报表》。

第三，游艇俱乐部内部财务管理制度。游艇俱乐部可按照《企业财务通则》和《企业会计制度》的规定，结合游艇俱乐部自身经营管理的实际情况与具体特点制定内部财务管理办法，以规范游艇俱乐部内部财务行为，处理游艇内部财务关系。

2）游艇俱乐部内部财务管理制度要求

游艇俱乐部内部财务管理制度主要是规定游艇俱乐部内部各项财务活动的运行方式、运行程序、运行要求，确定游艇俱乐部内部各部门、各岗位之间的财务关系。游艇俱乐部在制定内部财务管理制度时应注意把握以下几点要求。

第一，明确财务主体的具体范围，明确游艇俱乐部内部财务管理的主次，即明确游艇俱乐部内部各经营部之间及其与游艇俱乐部财务部的关系，明确游艇俱乐部与联营单位、投资与被投资单位、内部承包单位的财务管理关系。

第二，明确游艇俱乐部内部财务管理各岗位的职责，具体包括财务管理体制的确定，财务机构的设置，财务管理岗位的设定、内部分工、各岗位责权利及其相互衔接关系。

第三，明确财务管理与内部责任单位的相互衔接关系，包括责任单位的划分责任核算、责任控制、责任考核、责任奖惩等。

第四，明确财务预算和财务分析的方法与程序，包括游艇俱乐部进行财务预算和财务分析的方法与程序，各经营部门在规划和评价中的职责。

3）游艇俱乐部内部财务管理一般内容

游艇俱乐部的内部财务管理包括资金管理制度、资产管理制度、预算管理制度、会计核算制度、经济分析和报告制度，以及日常管理制度。

资金管理制度包括收银管理制度、外币兑换管理制度、夜审管理制度、货币资金管理制度、零星费用报销管理制度、资金支付审批管理制度等方面。

资产管理制度包括固定资产管理制度、应收账款管理制度、物料消耗定额管理制度、低值易耗品管理制度等方面。

预算管理制度包括预算编制制度、预算控制制度、预算调整制度等方面。

会计核算制度包括物价管理制度、收入核算制度、成本核算制度等方面。

经济分析和报告制度包括信息披露制度、财务报告、分析制度等方面。

日常管理制度包括纳税申报制度、对外担保管理制度、经营风险防范控制制度、会计人员业务培训及晋升制度、财务部例会工作制度方面。

5.1.3 游艇俱乐部的客户体验管理

游艇俱乐部从事的经营活动具有服务业的性质，所以，客户体验对俱乐部的口碑和运营都有很重要的影响。作为一种高端、时尚的消费，不同的客户即使参与同一次游艇运动，其体验都是不同的，更不要说不同客户参与不同游艇运动所产生的体验差异，这具有典型的体验经济的特征。因此，游艇俱乐部开展客户体验管理是其业务向精细化发展的一种必然需求，既具可行性，又具必然性。

根据游艇旅游业的特点，游艇俱乐部客户体验管理可以认为是游艇俱乐部在体验经济的视角下，重新认识和了解游艇消费者，以此为基础通过设计和优化游艇服务过程，加强与游艇消费者的沟通，重新整合游艇产品，提供体验感十足的“一站式”服务，从而影响游艇消费者的服务感知和参与行为，创造有价值的游艇消费体验，达到游艇俱乐部和客户双赢的效果。它以游艇消费者的需求为导向、以与游艇消费者沟通为手段、以游艇消费者满意为目标，关注与客户的关系管理。

1. 客户体验管理内容

1）客户关系管理

游艇俱乐部有多少客户、有多少关键客户？俱乐部提供的服务为什么受欢迎？客户对俱乐部的期望是什么？类似的问题都与客户有关系，而且是所有游艇俱乐部都必须积极面对、掌握和解决的问题。游艇俱乐部所提供的服务能否得到客户的认同，在很大程度上取决于俱乐部是否真正了解客户的需求，以及是否与客户保持良好的关系并进行卓有成效的沟通。因此，游艇俱乐部对其市场行为的管理需要从“管船”转变为“管客户”。

2）客户关系管理运作流程

一般而言，客户关系管理运作流程包括收集资料，分类与建立行为模式，规划与设计营销活动，进行活动测试、执行和整合，实行绩效分析与考核。各个程序必须合理衔接，环环相扣，形成一个不断循环的作业流程。

收集资料即通过各种手段与途径，收集客户资料并将资料储存到客户管理数据库中。

分类与建立行为模式是指借助分析工具，按客户使用游艇服务的类型、使用的时长和使用的目的把客户分为不同的类型，描述每一位客户的行为模式。

规划与设计营销活动指游艇俱乐部应根据客户行为模式，设计适合客户的产品与营销活动。

进行活动测试、执行和整合指游艇俱乐部通过服务人员及时反映活动效果，调整下一步的营销活动。

实行绩效分析与考核指通过各种市场活动、销售与客户资料的综合分析，游艇俱乐部将建立一套标准化的考核模式，以考核实施成效。

2. 客户体验管理战略

1）从客户的体验出发设计产品和服务

游艇俱乐部的客户不仅在乎和使用游艇相关的服务，也要在使用服务时获得情感上的愉悦。

在游艇旅游市场已经成为买方市场的今天，如果仍然只存着“酒香不怕巷子深”的老观念，不重视客户的情感需求，追求卓越、品位挑剔的游艇俱乐部客户是不会长期购买游艇俱乐部服务的。游艇俱乐部应该从客户的情感需要出发，在认真倾听客户情感需要的基础上，有针对性地、创造性地设计产品和服务，创造出充满人情味的消费氛围，使客户在体验游艇的过程中，能够身心愉悦、舒心顺心，情感上得到放松，精神上得到舒缓，这将会使其产品和服务得到更多的附加值，其品牌产生更大的吸引力，最终对客户的消费决策产生长远的影响。

2）让服务的全过程充满情感关怀

产品和服务的设计是情感式营销的开始，服务的全过程则是情感式营销的关键。充满人情味的情感式营销应该是这样一个过程：首先，游艇俱乐部要明确情感沟通的主题，更加注重人性化，更加关注客户的情感需要，对此，从管理层到营销人员，再到一线工作人员都要有一个清醒的认识。其次，游艇俱乐部的营销人员在与客户面对面接触时，应当把自己当成美好情感体验的缔造者，而非产品或服务的推销者。再次，游艇俱乐部的员工要善于察言观色，善于揣摩客户心理，从而预测客户的需求，即在客户提出明确的要求之前，就能够提前预判客户的潜在的需求，从而提前为客户考虑到；在此基础上，游艇俱乐部的员工要与客户进行反复地、充分地沟通，真正了解客户在情感方面的需要，使客户能得到有针对性的服务，使之成为一种精神上的享受。最后，在征得客户同意和为客户充分保密的基础上，游艇俱乐部可以建立起客户的情感数据库，让情感式服务不仅限于单次消费，而是更加具有延续性；同时也可以在不打扰客户正常工作和生活的条件下，给予客户情感上的慰问，例如，重要节日的问候、天气变化的温馨提示及客户个人感兴趣的消费信息的提前告知等。

游艇俱乐部的员工要尽量为客户提供细致入微的服务，充满耐心、热情饱满地满足客户的各种合理的需要，例如，员工要非常熟悉整个游艇俱乐部的产品设置和收费标准，不管哪个客户来咨询都要准确、热情地帮忙解答，切忌以貌取人，或者以是否消费，以及消费金额的多少来决定或者影响服务的态度，这会导致无形中流失许多潜在的客户，甚至影响俱乐部在市场上的口碑。

3）打造关联体验，强化品牌忠诚

关联体验涉及感官、情感、思考与行动体验等各个体验层面，且超越了这四个基本的体验层面。关联体验活动的诉求首先是客户自我改进的渴望，进而希望俱乐部的其他成员对自己产生好感。让单个客户与俱乐部的其他成员产生关联，相互影响，使之形成对整个俱乐部的品牌认同感，最终让整个俱乐部的客户成为一个相对稳固和忠诚的群体。这种情况下产生的体验，将在更广泛的群体背景下产生意义。对单个客户而言，体验的效果将更加强烈。对于游艇俱乐部而言，先要彰显客户身份，引发社会认同。获得社会认同与自我发展，是在生活水平日益提高的背景下高端消费群体所追求的一种必然的消费趋势。

游艇俱乐部应当通过各种体验式的服务，使客户感受到比一般人更多的荣耀和社会地位，让客户潜意识里认可游艇俱乐部的会员就是一种尊贵身份的象征。在这样的氛围之中，客户会强化其在头脑中与高端消费群体或高端生活方式之间同一性和密切关系的印象，从而获得与该群体相关联的身份表征。在此基础上，游艇俱乐部要增强客户的归属感，进而建立品牌忠诚群体。游艇俱乐部要把握好关联营销中文化价值观的问题，积极开展符合高端消费群体文化风俗习惯的活动，建立起客户与游艇俱乐部之间的品牌认同关系。当某一外来客户积极想加入这一高端消费群体时，该群体的品牌认同就会成为其行动的参考标准，特别是当该群体对他有很大的吸引力，而他因其他原因无法迅速加入该群体时，客户就会通过购买游艇俱乐部的会员资格，以获得该群体实质上或象征性的成员资格。

5.2 游艇销售

5.2.1 游艇销售公司

游艇销售的传统模式是游艇厂商产销一体即制造商直销模式。随着游艇产业的发展，国际游艇的主流销售方式改为通过中间代理商进行销售，国内的游艇经销商也逐渐增加，很多国外知名游艇公司选择直接在国内开设办事处或与经销商合作，游艇销售产业正处在发展时期。

1. 国外的游艇销售公司

按照世界游艇厂商销售收入排名，美国的 Brunswick 集团和吉玛（Genmar）集团位居世界前两位。其中，2004 年，Brunswick 集团的游艇销售收入达 22.8 亿美元，占世界市场份额的 10.6%；2005～2006 年其游艇销售收入分别达到 27.8 亿美元和 28.6 亿美元，占世界的市场份额 10%以上。排在第二位的 Genmar 集团，2004 年游艇销售收入达 9.3 亿美元，占世界市场份额的 4.3%。法国的 Beneteau 集团以 7.95 亿美元游艇销售收入排世界第三位，意大利的 Ferretti 集团和阿兹慕—贝尼蒂（Azimut-Benetti）集团分别排在第四位和第五位，其游艇销售收入分别为 7.41 亿美元和 6.17 亿美元。美国的 Brunswick 集团和 Genmar 集团产品种类较多，涵盖从小型游艇到大型游艇的诸多市场领域，而欧洲的游艇厂商（如 Groupe Beneteau、Ferretti 集团和 Azimut-Benetti 集团）则集中于高档市场领域，主要致力于满足高端客户的需求。

1）美国 Brunswick 集团

创建于 1845 年的美国 Brunswick 集团是目前世界上最大的游艇制造企业，其总部设在美国伊利诺伊州的森林湖，拥有正式员工2.8万人。公司主要从事设计、制造和销售的五大类产品，包括游艇、船舶/游艇柴油机、健身设备、保龄球和台球。集团旗下品牌包括SeaRay、Bayliner 和Meridian生产16～61英尺的休闲艇，13～37英尺的Boston Whaler和Trophy近海海钓艇，10～27英尺的淡水钓鱼艇Crestliner和Quicksilver，以及Bayliner和SunCruiser by Lowe等主要用于休闲的浮筒船及甲板艇。1925年，该公司在美国股票交易所成功上市，1957年进入世界500强。就游艇和游艇设备而言，该公司在全球有50多个制造基地，拥有近40多个国际性的品牌，美国Brunswick集团不仅生产制造玻璃钢娱乐艇、豪华休闲艇、摩托艇、海钓船和运动艇等，也制造铝质渔艇、浮筒船和甲板艇等，同时还制造和销售游艇设备和附件，并为经营游艇和娱乐交通工具的经销商开发管理系统等。在游艇动力方面，美国Brunswick集团既能提供一系列的尾部驱动引擎、舷内机、舷外机和喷水推进系统，也能提供部件和附件，如游艇电子和集控系统、操舵系统、仪器仪表、推进器、营救系统装置及齿轮箱等美国Brunswick游艇集团旗下的Quicksilver、Uttern和Vliant等游艇品牌销量使美国Brunswick集团成为美洲最大的船艇建造商之一。在新西兰，Brunswick游艇集团还拥有Rayglass品牌，同时Brunswick游艇集团旗下还拥有独特的Brunswick商业和政府产品线专为政府提供特需船。

2）意大利Ferretti集团

Ferretti集团不仅是意大利最大、也是欧洲最大的豪华游艇设计制造公司，主要设计制造7～80米的豪华游艇及运动休闲艇，年造艇约450艘。Ferretti集团拥有2800多名员工，22个具有国际领先水准的造船厂，共673 000平方米的生产基地，其中，19个造船厂位于意大利，2个在西班牙，1个在美国。该集团主要从事游艇设计、生产和销售等业务。其旗下拥有九大顶级游艇品牌：Ferretti Yachts、Pershing、Bertram、Riva、Apreamare、Mochi Craft、Custom Line、CRN和Itama。主要产品有大型豪华游艇、运动型海钓用游艇、经典的传统式游艇和双层游艇等。

Ferretti集团于1968年由创始人Norberto Ferretti创立，由其董事总经理Ferruccio Rossi领导，在意大利和美国设立了先进的生产中心，整合高效工业生产技术与精湛的意大利传统工艺。集团通过美国子公司管理集团品牌在北美地区营销，并在亚洲建立了位于中国香港的Ferretti集团亚太有限公司，以及位于上海的代表处。此外，集团在全球80多个国家设有销售网络，拥有60多家专业尽责的经销商，为覆盖全球各主要游艇码头的集团产品提供最优质的服务保障。集团凭借对产品、流程和创新技术解决方案持之以恒的研究，一直处于行业巅峰领袖地位。集团产品类型丰富，包括飞桥式、轻便式、开放式、日用快艇、酷派型运动艇、龙虾艇、海钓艇、大赛艇和超级游艇等。所有的产品都是由集团先进游艇技术和设计中心的专业技术人员、工程师与设计师完成，不断开发结合美学、功能和创新的设计方案。团队不断发展内部专业知识，并与众多具有国际声誉的游艇设计师和造船工程师合作。由此成就了 Ferretti 集团以高质量、最高等级安全性、海上卓越性能表现著称的动力游艇，同时其独特的设计与永恒的典雅，至今仍是全球游艇行业中的翘楚。

3）意大利 Azimut-Benetti 集团

Azimut 作为全球领先的豪华游艇品牌和意大利顶级游艇的代表，以始终坚持“永不停止尝试，不断探求新科技，力求尽善尽美”为宗旨，深受全球游艇爱好者及成功人士喜爱。Azimut 无论是经典的飞桥游艇还是时尚的运动艇，其设计和生产都代表着全球的潮流，是欧美和亚洲地区的畅销品牌，销量常年保持全球综合排名前列。1969 年，保罗·维他利（Paolo Vitelli）先生创立 Azimut 集团，当时主要从事游艇租赁、进口和销售等事业。1974 年，该公司推出的自制游艇产品在市场上颇受欢迎，奠定了 Azimut 成为国际豪华游艇知名品牌的基础。Azimut 集团于 1985 年并购了 Benetti，而后组成了 Azimut-Benetti 集团。

整个集团一年大概可以造 350 条各式玻璃钢游艇，长度为 39～165 英尺不等。该集团的 Azimut 105 Failiaka 已成为国际豪华游艇知名品牌。该集团的售后服务同样非常出众。游艇售后保证延长至三年，包括两次在全球任何经销网络的免费检修服务。集团还为游艇主人设计了五星级 24 小时扶助政策，如零部件替换、技术问题跟踪服务、网络互动、酒店住宿、医疗咨询、物品存储、返航或续航诊断，甚至是免费的应急游艇服务。有人评价 Azimut 游艇是富有生命力的“海上精灵”，让游艇的主人在航海过程中深深领略人与大海的完美交融，每次出航不再仅仅是一次舒适愉悦的旅程，更是无数次美好梦想的实现，是无数个难忘时刻的分享。Azimut 品牌推崇摆脱平淡无味生活的理念，为人们勾勒出一个在辽阔深邃大海上可以实现的绚丽梦想。

2. 国内的游艇销售公司

1）太阳鸟游艇股份有限公司

太阳鸟游艇股份有限公司（简称太阳鸟）创立于 2003 年，是一家从事高性能复合材料船艇设计、研发、生产、销售及服务，为客户提供从方案设计、产品制造到维修服务等全方位的个性化解决方案的企业，公司注册资本 13 910 万元，已拥有湖南沅江和广东珠海两个生产基地。在中国国内，分别在长沙、上海和香港设有子公司，在海外，分别在美国和意大利设有子公司，从事游艇设计和销售，珠海太阳鸟游艇制造有限公司的游艇 4S 体验馆于 2012 年在珠海正式开业。

在市场营销方面，公司初步完成了在国内市场全部实现与最终用户整合的直销模式，并设立游艇 4S 销售服务模式，同时依托国内高市场份额和国际市场高性价比优势，积极拓展国际销售网络，加入国际供应链，公司的高成长性和市场的高覆盖率，使太阳鸟品牌及相关品牌逐渐成为世界游艇界的知名品牌。“与全球同步”战略的实施，让太阳鸟一直领跑着中国新型船艇行业，取得了一系列辉煌的经营业绩，如截至2014年太阳鸟新型船艇累计销量超过了一万艘，市场覆盖率中国排在前列，是行业规模较大的企业，还是行业内被认定的高新技术的企业。“创中国第一品牌，造世界顶尖游艇”是太阳鸟孜孜以求的事业。公司的使命是要做最优秀的游艇制造商，下阶段的发展目标是要实现销售规模业内第一，进一步确立太阳鸟在中国市场的领先地位，同时还要完善治理机制，打通资本通道，最终成为国际知名的新型船艇整体集成方案提供商。

2）玛泽润（青岛）游艇有限公司

玛泽润（青岛）游艇有限公司（简称玛泽润）是2012年由青岛好事中集团有限公司和德国汤姆森集团共同投资7900万美元成立的一家中德合资企业，属山东省蓝色经济区的十二个重点项目之一，是青岛市的重点对外招商引资项目，主要生产20～41米高端豪华游艇，提供大型帆船及零部件的生产、维修、保养服务；公司与德国汤姆森集团建立共同的研发中心，扩大欧洲及亚洲销售中心，并于2012年在即墨田横岛省级游艇度假区建设及完善10万平方米的生产工厂。

玛泽润依托德国汤姆森集团国际化品牌的影响力、研发能力、企业实力和强大的技术团队，采用百分之百的德国生产工艺和技术标准；生产和销售原质原味、拥有纯正德国血统的高端游艇；是目前国内顶级的豪华游艇制造基地，是全球唯一一家采用复合碳纤维技术进行船艇类产品生产的高端新材料新能源的生产厂家，玛泽润游艇将以绝对的价格优势行销欧洲中心市场，并带动品牌在中国的发展，用三年时间培育和打造中国一流品牌游艇企业。

玛泽润自2012年4月开始为克利伯环球帆船赛制造12艘70英尺大型运动型帆船，该船长21.33米、宽5.66米、吃水3米、排水量31.7吨，用于2013～2014赛季克利伯环球帆船赛，比赛已于2013年9月1日正式开赛，2014年到达青岛港。玛泽润是国内唯一有能力生产70英尺以上大型帆船的企业，这些大型运动帆船由英国著名帆船设计师Tony Castro 精心设计，拥有独特的流线型设计，无动力状态下，航行速度可达到18节；整船采用先进真空吸附工艺，船体比传统工艺制造减轻 20%，船体多处使用复合碳纤维技术制造，安全等级、建造工艺都到达世界领先水平。玛泽润自2013年7月投产72英尺豪华游艇，产品研发设计、技术标准、品质管控及高级技工培训全部由德国汤姆森集团的核心管理技术团队负责。公司产品定位国际化的全球市场战略，是国内较大的游艇生产基地和维修基地。

3）公主游艇大中华有限公司

大昌行集团有限公司于2014年6月宣布成立DCH Marine Limited，开拓豪华游艇的市场。DCH Marine Limited于2014年7月正式与公主游艇南中国有限公司成立合资公司——公主游艇大中华有限公司，标志集团正式在大中华市场积极发展高端游艇业务。公主游艇大中华有限公司是英国公主游艇制造商在华地区的独家代理商，总部设于香港及总办事处设于上海，致力提供一系列卓越的产品、专业的售后服务，以至于开拓更多游艇相关的服务，务求为中国的客户带来称心满意的游艇体验。

4）深圳市欧尼尔游艇有限公司

深圳市欧尼尔游艇有限公司是一家专业的游艇销售及服务公司，是美国豪华运动游艇 Rinker、美国超豪华定制游艇 Lazzara、美国豪华休闲浮筒船 Hurricane 等著名游艇品牌的全国总代理，同时作为豪华帆船 Hunter 的中国南区总代理及世界最大游艇生产商美国 Brunswick 集团旗下 Meridian yachts（豪华大中型商务游艇）、Bayliner（高性价比快艇）和 Trophy（专业钓鱼艇）等游艇品牌的区域特许代理商。

深圳市欧尼尔游艇有限公司成立于 2009 年，是一家专业的游艇销售及配套服务公司，其总部位于深圳，在香港、三亚、海口、上海均设有分支及代理机构。作为众多国际著名品牌的代理商，能够为不同要求、不同爱好的客户提供人性化和多元化的选择。深圳市欧尼尔游艇有限公司代理的品牌主要分为进口游艇、水上运动产品及游艇设备三大类。公司秉承着将国外的真正游艇生活带到中国的理念，一直努力为客户提供更好的服务及更多优质的产品选择，凭借公司专业的管理团队与 Brunswick 集团在中国十几年积累的丰富经验及其完善的售后服务网络，深圳市欧尼尔游艇有限公司将进一步提升 Brunswick 集团在中国的知名度，为高端消费客户提供更为完善的服务。

5.2.2 游艇展商

与其他行业相似，展览是进行产品宣传的一个重要的方式。对于高端消费产品的游艇俱乐部而言，进行产品展览来销售无疑是最常用的传统方式。

游艇俱乐部的展览可以吸引大量的媒体参加，因而通过大众媒体来传播信息。此外，游艇的展览可以吸引到大量的潜在客户，增加营销的精准性，有利于俱乐部更好地提高客户的转化率。

1. 欧洲主要游艇展

1）法国戛纳游艇展

该国际展会的主办单位是励展博览，展出场地位于戛纳港。戛纳是法国东南部城市，位于尼斯西南约 26 公里，濒临地中海，是阿尔卑斯滨海省政府省会，人口 7 万人。这里海水蔚蓝、棕榈葱翠、气候温和、风光明媚，因每年一届的戛纳国际电影节而闻名于世，是欧洲有名的旅游胜地，与尼斯和蒙特卡洛并称为南欧三大游览中心。

戛纳是国际名流社交集会场所，并且与尼斯、摩纳哥这些富人聚居区近在咫尺。戛纳游艇展展品范围主要包括充气艇、帆船、汽船、水陆两用艇、船舶制造设备、船舶维修设备、船舶零件类产品、引擎、马达、推进设备、客户服务、船艇相关附件、救生艇、其他水上运动设备等。从该游艇展来看，欧洲是世界第二大游艇市场，占世界游艇市场的份额将近 40%。其中，法国的游艇业在经历了 2011 年至 2020 年的快速发展后，目前保持着欧洲最大的游艇市场地位，名列全球第二位，仅次于美国。此外，意大利、英国的游艇产业也非常发达，德国、挪威、芬兰游艇业也都位居世界前列。美国的游艇数量虽多，但游艇的平均单价却远远低于欧洲。

2）德国腓特烈港国际游艇及水上运动展

德国腓特烈港国际游艇及水上运动展是全球最知名的水上运动展会，截至 2019 年，已成功举办了 50 届，每年都吸引数十万人到场参观，具有极高的知名度，超过 100 个泊位的港湾为展商提供了一个展示新船舶及水上运动器械的良好平台，是企业考察市场、洽谈合作项目的绝佳场所。

德国是超级游艇制造大国，其出产的全铝合金超级游艇的卓越品质也使德国游艇扬名全球。该国际展会的主办方是腓特烈国际展览公司，展出场地位于腓特烈会展中心。腓特烈港位于德国南部，那里湖泊众多，当地及邻国的居民不仅热衷于水上运动，更热衷于推动水上运动的发展。毗邻的奥地利和瑞士这两个富裕的国家，都是水上运动十分发达和普及的国家。德国腓特烈港国际游艇及水上运动展充分利用了这个地理优势，为广大展商创造了一个密切接触该地拥有雄厚购买力群体的机会。

2. 亚太地区的主要游艇展

1）新加坡游艇和船用设备及配件展

新加坡游艇和船用设备及配件展由新加坡圣淘沙湾海事俱乐部主办，展览会一年一届，该展会也是企业打开新加坡市场非常重要的一个平台。该展会自 2004 年开始举办，在 2008 年的展会中，有 148 家企业参展，客商数量达到 12 000 人，展会在新加坡滨海湾金沙会展中心举办，展会面积达到 1502 平方米。作为亚太区豪华游艇的交易中心，新加坡云集了最具知名度的品牌和经销商，以及数千名休闲海洋生活方式爱好者，他们都是潜在买家和租赁者。该游艇展吸引了众多高端参展商，产品线丰富，满足各种客户对于游艇的需求。许多参展商都希望游艇更具有环保性能，这一趋势已经越来越明显。近来，众多环保型游艇和产品齐亮相，是游艇爱好者选购绿色游艇不容错过的展会。

2）中国（上海）国际游艇展

中国（上海）国际游艇展是中国一家最大的游艇展览之一，截至 2020 年，将举办第 25 届大型游艇展览会，由于其专业化，受到国内游艇爱好人士的强烈好评。然而，中国（上海）国际游艇展有着其自身的弊端，因为中国（上海）国际游艇展往往是在室内陆地上进行，然而作为一项水上运动的游艇运动，在脱离了水面之后，许多的特色就无法表现出来，也就降低了游艇展览的魅力。中国（上海）国际游艇展在 2009 年起才对这种展览方式进行改革，把展览放在了黄浦江中，后来随着世博会的举行，又将展览放到了世博展览馆中，这才使得游艇的展览更有魅力。

3）广州南沙湾国际游艇博览会

南沙游艇会是广州南沙区政府与霍英东集团携手开发的高端游艇会项目，是广州地区规模最大、档次最高、可停靠游艇最多、配套和服务量最齐全的游艇会；更是中国内地首家获英国游艇码头协会颁发“五金锚奖”的游艇会，服务质量可达到国际最高标准。南沙游艇会位于广州市南沙湾，总占地面积达 170 000 平方米（其中港池面积为 130 000 平方米），坐拥总建筑面积达 9 000 平方米豪华会所和 720 米长环保设计防波堤，352 个水上泊位，120 个干舱泊位，可停泊 165 英尺长超级豪华游艇，为广东已建游艇会之冠。

南沙游艇会自 2012 年起，每年举办一届广州南沙湾国际游艇博览会。随着广州南沙湾国际游艇博览会的规模和知名度的不断扩大，广州南沙自贸区的知名度不断地提升，该博览会越来越受到其他产业的商家的关注。

4）香港国际游艇展

香港国际游艇展由匡湖游艇会主办，该展会吸引着多艘来自世界各地的特式游艇汇聚香港匡湖，并吸引着众多买家及水上活动爱好者观展。该展览在全球占重要席位，受潜力丰厚的中国市场支持，香港国际游艇展已稳居东南亚游艇业的总枢纽。该展览近年来特别精选来自世界各地（包括法国、意大利、美国、澳大利亚等地）的特式游艇，连同陆上展区、展摊展出各式水上活动用品设备。

香港国际游艇展为亚太区内最强游艇盛事之一。参观人士可免费尽览世界一级游艇，同时，体验来自世界各地海的风情，零距离感受游艇生活。亚太区内游艇业近年来发展蓬勃，市场急剧扩大，喜爱水上运动及享受水上畅游的人也越来越多。

5）中国（深圳）国际游艇及设备展览会

大梅沙湾游艇会坐落于深圳市盐田区大梅沙，东侧毗邻喜来登大酒店，占地面积 13 万多平方米，利用原有 8 万平方米的凹入式天然内湖，为 200 多艘游艇和帆船提供避风港口，可停泊 150 英尺超级豪华游艇，并能提供 300 个水上摩托泊位给喜欢水上运动的会员（游艇会的另一块牌匾是大梅沙国际水上运动中心）。

大梅沙湾游艇会自 2007 年起已成功举办了六届中国（深圳）国际游艇及设备展览会（Shenzhen International Boat Show，SIBEX），从一开始 SIBEX 就采用水陆联展的国际做法，并在2009年始与法国游艇会展公司Grand Pavois（该公司每年负责举办欧洲最大的法国拉罗谢尔游艇展览会）联合举办，这也是SIBEX开始在国际舞台正式亮相。在2012年的SIBEX上，吸引了意大利、美国、英国、法国等二十多个国家和地区的游艇企业及品牌与会，全球各著名品牌均在展会上亮相。SIBEX通过船展来推广游艇俱乐部的生活方式，吸引媒体从多角度报道船展，从而带动俱乐部的宣传，并能通过展会的影响力成为其他高端商务活动组织者。不过，培育一个新的展会需要足够的业内资源和政府、媒体资源，前者包括厂商、代理、配套产业等方面，后者包括各级政府、协会和媒体的积极支持；此外，展会的培育就像陈酿美酒，时间是最大的价值积淀。

5.2.3 二手游艇交易市场

和汽车市场一样，有人愿意买新艇，也有人青睐二手游艇，尤其是在经验不足的买家初次购买游艇时，先拿二手游艇来练手会更加稳妥。同时，购买二手游艇有时可能只需要进行一些小小的改装就可以达到预期，买家就能享受“即刻拥有”的感觉。当然，价格也是影响买方决策的一个重要因素，在这方面，二手游艇的优势很明显。这些，都决定了二手游艇市场有着一定的发展空间，在某些因素的促动下，便可能表现出“爆发力”。

1. 中国二手游艇市场状况

二手游艇和其他产品一样，依赖于市场保有量和现货游艇的销售状况。当前现货游艇的销售稍有起色，二手游艇的销售也有所放开。二手游艇的销售从2012年开始初具规模，目前国内10米以上游艇保有量不超过3000艘，二手游艇不超过300艘，大约是整个市场保有量的1/10，且主要集中在深圳、大连、厦门、上海、青岛和三亚。而到了2013年，市场的第一个顶峰不期而至，三亚先后卖出了Yamaha270、Sease53、Regal280ex、Rinker280、Jeanneau50DS、Oceanis50、Rinker200等二手游艇。目前在市场上成交情况较好的大多是国际一线品牌游艇，包括Prestige、SeaRay、Regal等品牌的小型游艇，以及国产的星瑞、太阳鸟、海星等市场保有量相对较高的游艇。从消费者构成来看，国内的二手游艇买家大多是年龄在40～50岁，在南方城市拥有游艇地产或者在沿海城市拥有游艇项目的成功人士，他们购买二手游艇基本上是用于度假休闲。二手游艇交易、游艇会籍服务等环节，都处于游艇产业链的下游，以往这些环节是有所缺失的。业内人士分析，随着市场环境的逐步改善和需求的增长，这些环节也会充分展现出游艇产业“后市场”的巨大商机，进而促进整个产业发展。

全球互联网巨擘谷歌公司的联合创始人拉里·佩奇曾花费4500万美元购买了

一艘名为“感觉”的豪华游艇，而这艘就是二手游艇，价格要比新艇便宜许多。不难看出，在国外，消费者对二手游艇的接受程度也是比较高的。以游艇产业较为发达的德国为例，二手游艇销售能够占到整个游艇业产值的 20%甚至更多。相较而言，在我国整个游艇市场还不算成熟的大环境下，二手游艇市场的成熟度也不高。

二手游艇市场的参与者众多，包括船东及船东代表、游艇网站、游艇俱乐部、管理公司等，甚至船长和水手都会参与进来。而过多中间人的存在，也就带来了相应的风险。由于每一个参与者都想从中获利，最终的结果可能是客户到手的二手游艇和新艇出现价格倒挂。

对买家而言，购买二手游艇本身就有很多疑惑待解，如适合自己的游艇类型、长度、动力推进系统和品牌是怎样的，后期维修保养所需费用会不会超出预算，游艇的配置如何等。而信息的不对称，更是令他们忧心忡忡。这个问题对卖方来说同样存在。例如，如果有船主想要出售二手游艇，那么多数情况下，他们只能委托所在俱乐部或是私人交易，由于信息不对称，找到买家非常困难，甚至会卖一两年也卖不出去。在国内，买卖双方都陷入了希望没有中介，但又都不得不找中介，最终导致了中介赚取差价，买卖双方利益受损的局面。国外的二手游艇交易和二手房交易很相似，有买方中介和卖方中介，会帮助各自的客户确定相关细节，赚取一定数额的佣金。

如果买卖双方认可中介的服务，同时从业者对自身的专业素质也提出高要求，不断提升自己的专业水平和素养，杜绝赚差价的行为，那就有利于建立一种公平、公正的二手游艇交易环境。当然，这也有赖于整个行业建立起良好的市场机制，来加以约束和规范。

2. 二手游艇交易论坛

二手游艇市场在国内还处于起步阶段，还需要政府机构和行业组织的推动。所以，在中国，举办论坛就成为推动二手游艇交易的重要载体。

海南省是中国游艇文旅产业发展相对成熟的地区，在 2015 年 1 月，在三亚鸿洲卡纳游艇维修服务基地举办了“三亚首届游艇（二手艇）交易论坛”。与游艇产业密切相关的三亚市各政府职能部门领导都出席并演讲，政府、企业、买家、卖家共聚一堂，答疑解惑，交锋碰撞。

该论坛由三亚游艇帆船协会主办，首位演讲嘉宾是时任三亚市海洋与渔业局章华忠局长，他演讲的主题是三亚市游艇产业发展现状及对策。三亚市海洋与渔业局是三亚游艇帆船协会的指导单位，也是培育三亚市游艇产业的责任单位。演讲嘉宾认为三亚市游艇行业仍然面临诸多问题，需加强改革措施建设：第一，应充分发挥政府导向性，完善各项法律法规，简化注册和转籍手续；第二，加强游艇安全和企业的监管，充分发挥游艇协会的作用；第三、建立多元化消费模式，发展游艇销售业和组装业，走游艇大众化与发展超级游艇产业并举的新路；第四，需要成立专门培训机构，提高专业人员素质；第五，应完善基础设施，建立保税物业区；第六，应加强监测，降低游艇产业对环境的污染；第七，可以大力推动海洋文化，促进游艇产业的发展。

第二位演讲的是时任三亚市海防与口岸办公室左正和主任，他就“加强监管部门与企业间互动，大力开展‘积极探索、先行先试’”发表了看法：第一，应明确责任，加强政企互动（政府企事业管理部门要靠前服务；游艇企业及业主要主动作为；政企之间要开展良性互动）。第二，要积极探索，创新发展模式（政府职能部门进一步加强规范；企业之间要加强协作；游艇行业协会要发挥作用）。第三，应构建平台，扩大国际合作（加强与国际交流，完善服务功能；加强与国际合作，促进大众消费；加强国际接轨，优化发展环境）。

海事局在游艇和二手游艇交易中的作用至关重要，特别是二手游艇面临再次登记的问题，但市场对相关流程的了解程度很低。三亚海事局分管船舶登记业务的工作人员在论坛中就游艇登记及再次登记做了详细解读，她提出，在游艇登记中，没有“过户”这一种说法。若已在海事部门登记的游艇，发生了所有权转移（包括买卖、转让、拍卖、判决、划拨、遗赠等情况）后，都需要由原所有人携所有权转移的证明文件、交接协议等材料，到原游艇船籍港海事部门申请注销。然后现所有人携拥有所有权的证明文件、交接协议等材料，到拟申请船籍港海事部门申请重新办理游艇登记。重新办理游艇登记时，除去船舶识别号不需再次申请外，其余都必须到拟申请船籍港海事部门重新申请，流程与首次登记游艇一致。只要所有权发生转移，不论船名、船籍港等是否发生变化，都需要到相关海事部门进行注销再登记业务。

三亚海关监管通关科的管理人员给与会者介绍了进出境游艇海关通关政策。演讲嘉宾强调：“游艇应当通过设立海关的港口或者经批准的游艇监管码头进境或者出境。停留在设立海关的地点的进出境游艇，未经海关同意，不得擅自驶离。游艇进出境需办理船舶联检手续，提交海关所需的相关单证。游艇作为货物进口的，进口货物的收货人应当自游艇申报进境之日起 14 日内向海关办理进口报关手续。超期未报的，海关按日征收万分之五的滞报金。超三个月未报的海关将依法变卖处理。进出境游艇向海关申报进口后，海关需对游艇申报价格进行审核，进出口游艇的完税价格，由海关以该货物的成交价格为基础审查确定，成交价格不能确定时，完税价格由海关依法估定。进口游艇的完税价格包括游艇的船身价、游艇运抵中华人民共和国境内输入地点起卸前的运输及其相关费用、保险费；出口游艇的完税价格包括游艇的船身价、游艇运抵中华人民共和国境内输出地点起卸前的运输及其相关费用、保险费，含出口关税税额应予以扣除。”

论坛除了政府职能部门积极参与，业内资深代表也乐于分享其真知灼见。三亚首届游艇（二手艇）交易论坛起到了桥梁和平台的作用，对行业的发展有积极的促进作用。

5.3 游艇服务公司

5.3.1 游艇租赁

1. 中国游艇租赁状况

游艇经营存在着巨大的购置成本和极少的使用次数问题，客户往往需要大量的资金才能购买到自己的游艇，然而，游艇并不可能在被购买后每天或者经常使用。而且，游艇购置以后，还需要花费大量的维修费用和保养费用及船舶停靠费用等。目前中国游艇消费业态尚处于较为初级的阶段，玩游艇还是一件“既要有钱，又要有闲”的活动。一方面，相对于人们的收入和消费水平，购置和养护游艇的费用昂贵，消费门槛较高；另一方面，中国人每年用于游艇度假的闲暇时间相对集中，游艇人群又具有巨大的流动性，通过购买游艇的方式享受游艇休闲得不到有效保障。所以，这一特定时期内，这部分租赁需求并不会凭空消弭，反而随着游艇行业整体发展和游艇文化日益普及而更加突出，进而通过其他方式释放出来，在多人合买游艇等创新消费模式出现的同时，也催生了火热的游艇租赁市场。

近年来，游艇业界一直在呼吁出现能够整合游艇租赁资源的全国性、综合性、协调性的信息服务机构，为游艇租赁企业和游艇消费者搭起沟通、服务的桥梁。早在 2010 年，由全国游艇发展专家指导委员会、中国交通运输协会邮轮游艇分会发起的全国游艇俱乐部协作联盟在海口正式成立，由全国各地具有代表性的游艇俱乐部组成，至今已有各地主要游艇俱乐部 26 家，形成了覆盖全国大部分沿海城市的游艇服务网络体系。全国游艇俱乐部协作联盟下的“四海租艇”就是一个综合的、跨地域的游艇租赁预订服务平台，为跨地域的游艇爱好者提供更便捷、更全面、更及时、更优惠的游艇租赁预订服务。据介绍，在 2012 年已有三亚、海口、厦门、深圳、上海、舟山、青岛、大连八个城市作为第一批国内试点开展联网游艇租赁业务，还有八艘游弋于加勒比海、地中海、巴哈马的超级豪华游艇供出境游的游客租赁。全国游艇俱乐部协作联盟利用自身庞大的资源优势，为异地的消费者提供更多试点城市。

国外在购置游艇十分普遍的同时，游艇租赁发展也十分成熟，拥有专业的租赁公司、完备的管理体系、庞大的服务网络，提供从超级游艇到普通家用游艇的多层次产品。以澳大利亚为例，这里游艇产业发达，2010 年共拥有各类游艇约 74 万艘、平均每 25 人即拥有一艘游艇；同时每年还有大量外国游艇抵达，许多人都可以感受、接触到游艇生活。通过租赁，游艇业吸引了大量的各地客人，为游艇业带来了丰富的收入；同时有许多人通过租赁方式接触到游艇后，进而选择购买游艇，成为游艇的拥有者。此类成熟游艇市场发展的轨迹和经验，可以为中国游艇大众化发展提供相应借鉴和蓝本。游艇租赁将是中国游艇大众化的绝佳选择，通过租赁，可以让更多人接触、了解游艇，培养更多的市场目标人群，国内专家学者和业界也就此发展方向达成了普遍共识。

据了解，目前中国游艇市场最低价格在 30 万元左右，相当于一辆中档汽车，但是再加上相关税费和日常停泊等费用，至少也需要四五十万元，相比较选择租赁游艇则经济得多。据估算，如果租赁游艇的造价在 50 万～100 万元，每小时租赁费用按较为理想的水平 500～800 元计算，4 小时就是 2000～3200 元，几个乘客相约一起出游，分摊到每个人的费用近几百元，还不需要承担日常养护等费用。这个消费水平，城市白领、中产阶层是完全有能力承担的。另外，对于有意愿购置游艇的消费者，如将自有游艇交由俱乐部或游艇经纪公司对外租赁，不但可以提高游艇使用效率，同时还能获取一定收益。可见，游艇租赁可以拉低游艇消费门槛，提高游艇使用效率；吸引和帮助更多人体验游艇休闲。在现阶段和很长一段时期内的中国市场，游艇租赁都将是十分重要的一种消费模式。

2. 游艇租赁俱乐部经营

上海莱悦游艇俱乐部有限公司（简称莱悦）是一家来自澳大利亚的游艇公司，这家公司已经建立了十几年，并且在一些沿海游艇比较发达的国家也设立了网点。公司除了高质量的游艇、丰富的基础设施及完善的服务等常规产品之外，其最主要的特色就是提供连锁的游艇租赁服务。这种模式的具体运作方式使客户无须花费巨额资金购买自己的游艇，他们只需缴一定的费用成为公司的会员客户，便可以在任意有网点的地方进行游艇预订，并且可以选择各种游艇，这样一来大大减轻了客户的经济负担，也加强了玩家使用游艇的便利性。

同时，公司为了降低自身的经营成本，获得更高的收益，公司并不是在网点地区设立独立的游艇俱乐部，而是通过授权或者合作的方式与地方性的游艇俱乐部达成联盟，共享收益，并为它们提供管理咨询服务。莱悦旨在将澳大利亚时尚的游艇休闲方式、优质的游艇产品和先进的俱乐部运营管理模式引入中国，提升中国游艇消费的理念和档次，普及游艇休闲方式。莱悦独创“有效支出、聪明玩艇”的方式，即会员不需自己购买游艇，只要交纳低于每年停泊养护游艇费用的年费，即可拥有在任一莱悦的游艇网点（含境外）使用不同品牌游艇的权利，并且使用的时间灵活，会员可以根据自己的实际情况上网预订、安排出游时间。莱悦让会员享受游艇生活的同时，免去了游艇拥有者高额开销的烦恼，不用支付保险费、牌照费、维护保养费、停泊费、航道申请费等费用，更不用担心船只折旧贬值。莱悦是国内最早一家国际连锁游艇俱乐部，以游艇租赁为主打的方式针对性地吸引到了高性价比游艇生活追随者。“莱悦模式”不仅减少玩家的支出，同时自身也通过租赁码头、与其他俱乐部合作的方式，实现可复制的低成本扩张。

5.3.2 游艇代管

1. 游艇销售公司代管

游艇销售公司不但能售卖游艇，有些也能提供全套管理服务游艇停泊维护的特殊性，销售公司不仅销售游艇，往往还会附带游艇管理业务，所以游艇的管理可以直接交给购船时的游艇销售公司来负责。按照国家现拥有游艇厂商的规模统计，全世界游艇建造厂商共有 3000 多家，与之配套的船用动力主机生产企业有几百家。随着游艇拥有量的增加，游艇销售公司开始经营副业，帮船主保养和维护游艇，如同汽车 4S 店一样，进行一站式服务。很多船主之所以选择这种方式是认为游艇销售公司具备专业的维护保养人员，而且他们对自己公司出产的游艇会更加熟悉、知根知底，这样游艇的维护和保养可以更为便捷，既省心又省力。

例如，上海某游艇销售有限公司是一家为顾客提供豪华进口游艇销售服务的公司，具备高品质、专业化的船艇销售、维修、售前售后服务的实力，提供的游艇售后服务项目有游艇管理、故障服务如船上诊断和修复、日常维修和保养、定期检查、游艇设备升级和改装、运输吊装、船舶性能测试、零配件供应、船员培训等项目。游艇销售公司有其自身的一些局限性，其主要侧重于游艇本身，而不是游艇消费服务部分，因此其在国内外发展规模均有限。但销售管理一站式服务的模式对于消费者来说是相对便利的，所以在游艇产业不断发展的今天，这种模式的发展前景较为广阔。选择游艇会入会购置游艇的优点是船东比较轻松，游艇出海玩乐以外的杂事一并交由会所打理，船东可以专心工作和出海。会员可以享受会所的全方位的气象、通信、支援和救难等海事贴身服务。

2. 游艇俱乐部代管

将游艇交给游艇俱乐部管理是目前最广泛的游艇维护工程管理模式。在国外，游艇俱乐部负责了大部分私人游艇管理，随着中国游艇业良好的发展势头，游艇俱乐部也如雨后春笋般出现，大多数可以提供游艇管理服务。它不仅仅只是对游艇的维护保养，还包括游艇的消费服务各项职能，如星级酒店功能、休闲度假功能、商务功能、社交功能、娱乐功能、别墅功能、水上生活功能、水上运动培训功能等。它成立的宗旨是为推广海洋休闲活动，为会员及家属与宾客提供商务应酬、娱乐、休闲等多功能的生活空间，借以扩展海洋休憩与商务联谊，并将休闲提升到更精致的层面。

3. 游艇管理公司代管

目前国内出现了一些游艇管理公司，专业为客户提供运输、办证、清洁、维护、保养服务。但是总的来说，现在国内这方面的公司还比较少，在不久的将来，游艇管理公司应该会越来越多、越来越专业。

在游艇管理方面，船主自己管理并不是最佳选择。目前国内自己管理游艇跟西方国家还是存在很大差距的，一般船主认为管理很简单，只要雇用一个船长、若干水手来清洁保养，完全应付自如。但是，游艇维护需要相当高的技术，而最重要的就是日常维护与定期保养。现在的游艇都由复杂的设备组成，专业的知识和精细的技术后备支援是十分必要的，这就需要专业的人员才能对它进行定期的检查和维护。

目前，在长三角地区拥有游艇驾照多数为船舶公司和游艇俱乐部工作人员，在普通人中拥有私人游艇驾照者寥寥无几。对照国外市场，尤其是世界最大的游艇市场——美国，游艇作为私人娱乐用，政府在船检、注册、驾照管理等方面很宽松，甚至没有要求小艇用户办理驾照，只是对消防、救生及环保方面做了强制规定，从而使有能力购买游艇的人可以方便地购买及使用。由于经济社会的基础不同，我国的水上安全监督管理水平与发达国家有一定的差距。美国、日本等国家的游艇发展较早、较快，对游艇安全管理和公共设施的投入多，发展水平高。

5.4 游艇维护保养

5.4.1 游艇维护保养的业务类型

游艇在购买后，需要定期维护保养，养护一艘游艇的花费相当于养护三辆汽车。一般情况下，养护一艘普通的游艇，一年需要近 10 万元：停泊费每月 1000 元；雇佣船长，每月 2000～3000 元；保养费用一年 5 万～6 万元；有时还包括维修费、牌照费和航道使用费等；游艇的油耗是汽车的 2.5 倍，100 马力[①]的游艇每小时油耗约为 100 元，而 600 马力的中等高速艇，每小时油耗高达 500 元。如果是小型家用艇，还需要在家里设立专门艇库，有游艇拖车或自备汽车运载游艇来

① 1 马力=745.700 瓦。

往于住处与使用地之间。此外，缺乏专业的游艇维护人员、保险公司不提供相关名目的保险险种等，都是船主在养护游艇时碰到的难题。

如果游艇（尤其是作为游艇结构第一道防线的胶衣层）疏于保养，后果将不堪设想，轻则影响游艇的美观，重则影响游艇的使用安全，缩短游艇寿命。对于 36 英尺以下的小型游艇，船主可自主进行简单日常的维护保养，增加生活的乐趣。对于 36 英尺及以上的中型、大型游艇，则需要加入游艇俱乐部，交由俱乐部进行专业的维护保养。

1. *游艇停泊*

游艇的停泊可分为陆地放置和水上停泊两种，各具特色与优势。水上停泊大多位于游艇港或部分环境较好的休闲渔港内的船席泊位；陆地放置则在平地或是艇库（立体艇库）停放，除非您自己有空间给爱船停放，不然所有停船泊位都有费用。

在欧美国家，有 80%的游艇是放在游艇拖车上面的，大部分船主在购买游艇时就连同游艇拖车一起购买，然后拖回家里，停放在房前屋后，或者摆放在附近的停车场里，消费娱乐时就用游艇拖车拖到水边或者放到海里，游玩完毕则再用游艇拖车拖回家里摆放。所以，游艇拖车是不可缺少的游艇消费辅助工具。在美国的存量游艇当中，平均十艘游艇就有八九艘游艇配备了游艇拖车，几乎达到每艘游艇配套一辆游艇拖车。当然，对于那些 80 英尺以上的大型游艇，则很难离开水面停放，但是大型游艇只占游艇总量的 2%左右，所有中小型游艇都离不开游艇拖车这个必不可少的水上运动辅助工具（许树柏，1988）。

如果是帆船和大型游艇，就一定要停泊在水边游艇港内。游艇港要设在天然的港湾内，或者建设巨大的人工防波长堤，类似两只抄手臂，把大风大浪阻挡在防波堤外，以保护港湾里的游艇免受常年的风浪拍击。在游艇港湾内，人们在水面铺设有成排浮箱托承的浮码头，浮码头的两侧有深入海底的水泥钢筋桩柱固定住，潮涨潮落都不会影响游艇的安全。游艇停靠在浮码头的两侧，水、电、油的管线都铺到每一船艇泊位旁。

游艇港内通常有一到两家游艇会来管理港内的游艇。游艇停泊期间使用岸电、岸水，如同陆地别墅里的日常生活一样。平时船主在陆地上班，游艇会有专门的船童帮船主打理一切，包括泊船、洗船、铲蚝、舱室清洁、地板养护、机件保养、缆桩调整和保安看护等。

在游艇维护工程的管理模式上，我国尚处于起步阶段，但是发展势头良好，全国很多滨海城市都在发展游艇业，兴建游艇工业园，建设游艇俱乐部等配套设施（梁力，2010）。很多沿海城市都具备着兴建游艇俱乐部的条件，而且这种管理模式也是最为普遍的，其他的管理模式如船主自己管理、交给游艇公司等始终缺少一些市场，或者说是很少被人熟知，更有一些管理模式还未被发现。所以尽管国家旅游局和地方政府都非常重视游艇的发展，知道游艇维护的重要，但是在学术方面，由于我国游艇业刚刚起步，目前国内关于游艇方面的研究还不太系统。

目前因游艇港少，船席泊位有限，所以费率也较陆上高。若是游艇不大，建议选择艇库放置，专业完善的管理与维护，是最经济实惠的选择；如果是小型家用艇，需要在家里设立专门的艇库，由游艇拖车或自备汽车运载游艇来回住处与使用地之间；或者支付泊位费（约 1 万元/年）和维护费用选择一些渔港停放。一艘普通家用新艇的养护费、清洁费、水电费和泊位费在 5 万元左右。

如果将游艇停放在陆地上，就会存在下水和上岸的问题。但是如果船东要把游艇放在岸上，就需要用滑道（斜坡道、曳船道）或是吊车（固定式吊臂）让船下水后，才能出海。滑道主要是利用车辆，将船连同游艇拖车置入水下，待船浮起后即可驶离；吊车可以在没有斜坡道的水边发挥作用，将船吊起后缓缓放置于水面上。

2. 游艇日常养护

游艇需要日常养护，除了每次回航后需用淡水将外部完全冲洗外，还需定期清洗淡水循环系统，这样游艇的外观才能够常保如新。

游艇一般需要在港内加满油料，完成检查后，才可出港。中国海岸沿线还没有均匀分设海岸加油站，船东只可以到公路的加油站加油。而且目前中国多数的港口仅提供柴油，若是使用的是汽油引擎，就必须用到加油车。一些渔港内有加油船穿梭往来加油。

船东购买游艇后，应熟悉船舶的使用指南，了解自己游艇的艇种特点和机器性能，养成良好的保养习惯。如果是复杂的机件与引擎养护，就要交由专业技师来定期保养。另外，最重要的就是驾驶人的习惯与观念，如果没有定期保养的观念，等到真正出了问题，损坏往往已经非常严重了。小问题及时处理，可以避免更大的损失。

只要依照程序做好日常养护的步骤，一艘游艇甚至可以维持十年以上的巅峰寿命。在购买时，买方应确认该公司有原厂认证的技师，该公司才有能力提供各项保养维修的服务。

5.4.2 游艇外部的保养

1. 游艇胶衣保养

游艇胶衣保养是维持游艇外形美观的重要环节。游艇的建造材料有很多种，主流的材质为木材、钢质、铝合金和玻璃钢。玻璃钢游艇因质轻高强、耐腐蚀性能及电绝缘性能好，逐渐占据了游艇制造业的半壁江山，中国的大部分游艇都是玻璃钢材质的。玻璃钢游艇表面常喷涂一层薄薄的胶衣树脂（厚度通常为 0.3～0.5 毫米），以提高其光洁度，凸显其靓丽色彩。平常人们看到的游艇外表面的白色或者彩色光泽面，就是游艇的胶衣层，也就是游艇的 “华丽外衣”。胶衣树脂与所有材料一样，存在老化问题。长时间与各种水域接触，遭受风吹雨淋、日晒及水生物的附着，所以胶衣层很容易遭到破坏，有损游艇的保值率，甚至会影响游艇的使用寿命。

游艇的胶衣层既是华丽高贵的象征，又是游艇外壳强度、刚度和水密性的保证，对保护内部的纤维层起着第一道防线的作用。所以，当游艇使用一段时间后，需要对游艇进行必要的清洗、维护与保养。去除吸附在游艇底部的海洋微生物，对各个外部结构件进行清洗、抛光、打蜡，对于结构件受损或者产生裂纹的地方进行深度保养。为了保证游艇的美观性及耐用性，延长使用寿命，在每次游艇出水进舱的时候都要及时进行保养。如果每次保养都请俱乐部的专业人士进行，这将是很大的一笔资金投入，而且非常耗时。如果将保养分成几个步骤来进行，涉及结构破损或者机器维修等重大工作放到俱乐部，其他的清除底部附着海洋生物、舱内垃圾清理、艇体清洗、表面打蜡、机器润滑等工作由船东自己来完成，将大大节省船东的资金及时间成本，而且有助于加深船东对游艇的了解，激发大家通过游艇增加生活乐趣的潜能。

对游艇胶衣层的养护包括系泊、除底、清洗、打蜡、补漆和存放六个步骤，具体操作方式如下。

1）系泊

正确地系泊是养护游艇的第一步，也是非常重要的一步。因为很多艇体表面胶衣层的划痕不是在使用过程中而是在码头上停靠时产生的。很多码头不一定光滑，也不一定有防撞保护措施，因此，当游艇系泊停靠的时候，会与岸边或码头的石块、混凝土建筑物、金属构件等发生摩擦碰撞，在游艇表面产生摩擦、刮痕等损伤，破坏胶衣层对艇体的保护作用，因此应采取防护措施。如在经常受摩擦的舷边靠码头部位及容易发生碰撞的船首、船尾部位设置防撞耐磨的金属或橡胶护舷材，在甲板上铺设塑料软材及耐磨的橡胶等。

2）除底

游艇艇体长期与各种水体接触，因此不可避免地会受到各类水生物的侵袭，破坏胶衣层对艇体的保护作用。水生物的附着会给螺旋桨、舵、水下抽排水管道及艇体等造成很大的破坏，而且会明显增加航行阻力、降低航速、增加燃料消耗。

为了降低水生物对艇体的损害，游艇应定期进行维修保养，将附着在艇体及各结构件上的水生物用宽面刮刀清除干净。胶衣层很薄，而且内层玻璃纤维层的耐磨性较差，因此在清除过程中应避免接触到尖锐物体。在清除时可辅以工具刮铲，但工具的硬度应低于玻璃钢（如木片、塑料片、竹片等），切勿用金属刀刃。

3）清洗

游艇不论是停泊在码头上还是在航行中，不可避免地都会沾染灰尘、鸟粪及飞溅到游艇上的浪花蒸发后留下的盐结晶等各类污染物。盐结晶在阳光下有凸透镜的聚焦作用，在高温作用下会使表层玻璃钢迅速老化。由于这些物质对游艇表面的胶衣有一定的破坏作用，每次使用完游艇后，都要及时用淡水进行清洗。艇体的清洁一般是每周一次，或者是在需要的时候就进行清洁，具体的清洁频率也和游艇所在地区的水质有关。清洁艇体可以使用专门船用清洁液，不过在使用时要留意产品说明，因为有些清洁液可能对船底的防止水生物附着的涂层有影响。

当船东自己对游艇保养时，可以先用淡水将艇体表面清理干净。清洗游艇时，应该按照从高到低，从船首到船尾的方向清洗。在选用清洁剂时，应选择专门为玻璃钢材质游艇设计的中性清洁产品，不合适的清洁剂可能会减少胶衣或者喷漆的寿命。普通家用清洁剂也可以用来清洗游艇，但是不可用腐蚀性较强的溶剂，也不能用去污粉等粉状物擦拭，以免产生痕迹，使胶衣层失去光泽，影响游艇外表美观。若污迹难以去除，可用柴油、汽油、煤油及丙酮、苯乙烯、甲苯、二甲苯等清洗，但洗后要立即再用清水冲洗，以防止此种清洗液侵入结构内部。同时，清洗后的脏水也不要直接排放到附近的水域，应单独收集进行集中处理或排入城市污水管网中。清洗时清洁剂不要接触到金属舾装件，以免产生不必要的腐蚀。擦洗清洗剂时可以使用吸水性较好的软棉布或者绒布、汗布、软质泡沫塑料之类的材料。残留的水分会在游艇表面上留下水渍，使艇体很容易变脏，因此在每次清洗完成后，应立即用淡水冲净艇体并迅速将艇体擦干，不要让残留在艇体的清洁剂和水分在暴晒环境下自行晾干。

4）打蜡

整体清洁完成后应立即对艇体外表打蜡抛光，材料可用玻璃钢专用蜡、汽车蜡或地板蜡，反复擦2～3 遍，每次间隔2小时，使其在胶衣表面形成一层坚韧的蜡膜。优质的蜡膜可以抵御水分的侵蚀，增加光泽度，起到保护胶衣层的作用，更加彰显游艇的设计感，并且使以后的保养变得容易进行。

5）补漆

虽然游艇胶衣层色彩艳丽，外观很光亮很美，但是随着时间的推移，颜色会逐渐退去，失去光泽，深色胶衣层尤为明显。为保持游艇的美观，在游艇使用一两年后，如果胶衣层划痕较多或者游艇外观色泽略显陈旧，可在游艇表面上喷涂相同颜色的油漆。在各种油漆中，以环氧树脂及聚氨酯漆为佳。在喷漆前，艇壳应先用洁模水等除蜡剂除蜡，然后用水清洗并用水磨砂纸进行砂磨，用环氧腻子对较深的划痕进行修补。按油漆要求做好前期工作后再喷涂油漆。同样，游艇的内部也应定期涂刷油漆，这样可大大减缓老化进程。经重新喷涂油漆后，游艇又会焕然一新，重现光彩。

6）存放

中国夏季气温偏高，游艇长期在太阳下暴晒会加速胶衣及玻璃钢的老化。因此，在游艇停放处应设置凉棚，降低游艇艇体的温度，有条件时最好置于室内干舱中。玻璃钢有一定的吸水性，水分子能沿玻璃纤维与树脂界面的微小通道逐渐渗入内部而使玻璃钢强度逐渐下降。特别是温度较低时，渗入的水遇冷结冰，使渗水通道膨胀扩展，危害更大。因此，每到冬季游艇不用时，应离水上岸搁置，使渗入的水挥发出来，强度可逐渐恢复。有条件时最好放于室内，在室外放置时应用篷布等物遮盖，经常注意通风，防止潮湿。凡船只暂时不用时均应离水上岸保养，尤其是到了台风季节，应提早上岸存放或者到遮蔽港湾停泊。

2. 游艇动力部件的保养

对游艇发动机而言，机油和水温是至关重要的。机油是游艇的血液，水就像人体内的水分，水温的高低是否合适直接影响发动机工作的好坏，机油的好坏也直接影响发动机内的润滑程度。发动机一定要定期进行水、油的检测和更换。如果发动机不定期换油，打开发动机后就会发现其中有许多像柏油一样的厚重油腻。油腻都是经常不换油造成油品的变质氧化，或者就是油品质量不过关。

船外机保养在有运行小时数和运行日期两者的情况下，以先到运行日期为准，进行维护保养工作。

燃油粗滤器每运行 50 小时，就应当进行排水排污；每运行 250 小时，或者每 12 个月至少更换一次，燃油粗滤器的更换需视燃油本身的品质而定。不同发动机燃油粗滤器型号不尽相同。

燃油滤清器每运行 250 小时，或每 12 个月就必须更换（燃油滤清器的更换需视燃油本身的品质而定）。

5.4.3 游艇内部的保养

当游艇在巡航或者高速航行时，应把通往船舱的门关闭，尤其是船尾甲板的舱门，因为游艇在高速航行时，回流的空气会将发动机尾气和含盐分的潮湿空气吸入船舱。发动机尾气中的一氧化碳等气体会对船舱内人员的健康造成伤害，含盐分的潮湿空气会对舱内的电器设备造成危害。

游艇内部空间的维护保养细节如下。

（1）软垫地毯保养。船舱内的地毯应该每周用真空吸尘器进行一次除尘清洁，并且每六个月做一次专业的清洗，以除去细菌、灰尘及食物留下的残渣、污渍等。

露天的软垫要尽可能地保持干燥，不使用的时候可以用软垫套将其包裹或者将其竖直的放在储物舱。在雨后或者清洗游艇后，软垫一般会被弄湿，这时候要尽可能地把软垫上的水分擦掉使其保持干燥。

（2）家具保养。舱内家具最好每月进行一次真空吸尘或者用软布擦拭，如果特别脏，建议使用专用的清洁剂，但在使用时要注意不能将清洁剂直接喷在家具表面，应该先将清洁剂喷在软布上，再用软布擦拭。除擦拭外舱内家具还需进行打蜡维护，打蜡有保护家具漆膜免受潮湿、划伤和灼伤的作用。正确地打蜡可使游艇家具更富有光泽，但如果使用不得法，非但不会产生好的效果，还会影响家具的美观。

在给游艇家具打蜡时，应注意以下几个问题。首先，在打蜡前，要检查漆膜表面是否完好无损。对较新的木器家具，要先用柔软的棉布将表面灰尘擦净，对存留过久或难以去除的污点，可用棉布蘸少量汽油或酒精清除掉。然后用一小块棉布将适量上光蜡涂开，再用一块大些的干布分块将蜡擦匀，以不留下蜡痕为标准。如果蜡用得太多，不但会留下条纹和斑点，影响光泽，时间长了还会软化漆层，且不易去掉。选用的上光蜡不要经常更换，这样便于掌握其特性。对漆层已被损坏的地方，应先进行处理。被香烟烤焦的部位，如只限于表面漆层，可用细水砂纸蘸水后轻轻磨去污点，然后打蜡。表面划伤而未深及木质的痕迹，可直接用上光蜡做局部抛光，颜色相近的鞋油也可起到同样作用。

（3）厨房器具保养。厨房里的所有设备、器具都要保持清洁并处于正常的运转状态中。电器设备及橱柜门上的密封条要保持清洁以防止霉的产生。

（4）卫生间维护。卫生间要保持清洁，在每次航海结束后或者需要的时候立即打扫，包括墙壁、地面、淋浴喷头、水龙头、把手、坐便器、排污口等，并且最好每个月用合适的消毒水进行一次杀菌消毒。

（5）电器设备维护。游艇上的所有电器设备在长期不使用的时候应保持每周打开运转一次，以驱除线路上的潮气。

第6章 游艇金融

6.1 游艇交易平台与保税区

6.1.1 游艇交易平台

1. 前海航交所船艇交易网

前海航交所为客户提供船舶、游艇等航运资产交易服务，打造航运资产产融结合的高端航运综合服务平台，业务板块拥有多名经验丰富的船舶经纪人、验船师，为会员提供丰富的信息资源服务、交易服务、保险金融服务等。该交易网站旗下主要包括船舶资产交易服务、游艇销售、航运资产交易第三方支付、船艇融资服务、船舶技术咨询服务五大平台。①船舶资产交易服务平台。前海航交所汇集了大批专业的船舶经纪人，有丰富的船舶交易信息资源，可为用户提供新造船咨询、二手船买卖、废钢船拆解服务，前海航交所利用专业的力量汇聚大量买卖信息，为船东、经纪人提供专业化、系统化服务。②游艇销售平台。前海航交所为用户制定了一套严谨的游艇销售服务机制，从购艇前的体验到售中的物流、保险及售后的维修保养与上牌、托管、停泊等都能为客户提供专业且有效的帮助。游艇销售平台的服务团队会为每位客户提供专业、国际化的导购服务，耐心解答客户的疑问，细心为客户筛选所需船只，力求为客户找到最满意、称心的游艇。③航运资产交易第三方支付平台。前海航交所旗下第三方支付保障服务——航付保，致力于解决航运资产交易中因买卖双方互不信任产生的结算支付问题，交易双方与前海航交所签署交易资金托管协议，并与航运界权威律师事务——广东敬海律师事务所共同保障交易资金安全。④船艇融资服务平台。前海航交所依托专业的船舶及游艇价值评估、保险、法律团队，专注于营运船舶及游艇领域，凭借对航运市场的精准分析，良好的风险把控能力，通过互联网金融模式，可以为游艇用户提供融资服务。⑤船舶技术咨询服务平台。前海航交所打造第三方船舶技术咨询服务平台，提供船舶交易鉴证、船舶竞拍、船舶的技术勘验及价格鉴定等服务。并且能为用户提供公开、透明、便捷的交易咨询服务平台。

2. 精艇网

精艇网（www.jyacht.com）隶属于海南精艇传媒有限公司，于 2011 年 9 月 1 日正式上线，定位于中文游艇门户网站，倾力打造精品中文游艇资讯网络展示平台，重点服务高端优质客户（包括品牌、公司、俱乐部码头、展会赛事等）。

精艇网是直接面向国内游艇玩家的游艇行业网站，除及时全面发布游艇行业动态资讯及品牌、产品形象展示外，还致力于向大众推广游艇知识、海洋文化及游艇休闲生活方式（表 6-1）。

表 6-1 精艇网的网站导航（截至 2020 年 1 月）

栏目	内容
购艇	游艇大全、新艇推荐、评赏试航、游艇导购、现艇出售、二手游艇
租艇	出租游艇、套餐活动、目的地、租艇须知、度假推荐
超级游艇	超艇品牌、超艇赏识、超艇出售、超艇出租、超艇视频、超艇资讯
游艇生活	游艇人、俱乐部码头、出海归来、环球视窗、风情海洋、生活尚品
用艇	维修保养、航海知识、游艇知识、政策法规、艇友分享、配件用品
新闻资讯	行业新闻、业内动态、行情投资、评论分析、人物访谈、展会、赛事

目前精艇网已拥有大量固定高端精准用户，包括游艇爱好者、买家、准买家、租艇客户、业内人士等，在业内具有很强的舆论影响力。精艇网自上线以来，在业界及受众群体中赢得了良好的口碑。

6.1.2 游艇保税区

游艇帆船水上保税仓库可用于存放以转口贸易方式进境的游艇帆船、未办结海关手续的一般贸易进口游艇帆船、外商暂时存放的游艇帆船、以保税仓库货物方式进口的游艇帆船和经海关批准的其他未办结海关手续的进口游艇帆船等。

海关将通过信息管理系统联网实现对进出仓货物的管理，实现高效便利和有效监管。设立游艇帆船水上保税仓后，可将境外游艇帆船的保税仓储功能从陆上转移到水上，解决大型游艇帆船的保税仓储难题，同时极大地吸引世界知名游艇帆船厂商到此参与游艇展会和各种水上运动赛事。此外，游艇帆船代理商利用保税仓储功能，可大幅度降低物流和资金占用等成本，有效缓解企业的经营压力。

1. 广州南沙游艇会游艇帆船水上保税仓

南沙游艇会游艇帆船水上保税仓位于广州南沙自贸区，是中国（广东）自贸区内首个游艇帆船水上保税仓，是广东游艇产业发展的重要项目。南沙游艇会游艇帆船水上保税仓的面积为2800平方米，可同时停泊16艘100英尺的船艇。

水上保税仓的设立是南沙游艇会发展史上的又一关键转折点，将吸引更多大型进口游艇帆船进驻南沙区，是完善游艇帆船流通链条当中很关键的一环，为广东游艇产业和旅游市场的发展带来新的发展机遇。

2. 浙江梅山游艇保税仓

2018年，浙江首家水陆一体游艇保税仓授牌仪式在梅山湾举行，这意味着宁波万年基业旅游投资有限公司公用型保税仓库顺利通过宁波海关验收并投入运营。

该游艇保税仓总面积为3449.19平方米，由停靠泊位、露天堆场和室内仓库三部分组成，届时将满足游艇存放的各种需要。其中，水域可停靠最大为50英尺的游艇10艘，露天堆场可停放小型游艇，室内仓库可用来存放游艇用品、零配件等。

仓库的投入运营将带来进口游艇行业三个方面的利好：一是游艇进口企业税费成本得到降低，为进口游艇销售市场的拓展带来便利性及可行性；二是进口商成本的降低将进一步扩大进口游艇市场价格的降幅空间，让游艇购买者得到实惠；三是游艇保税仓库的设立，对宁波提升旅游建设国际化水平，甚至促进华东地区游艇产业链及旅游度假等配套产业发展也具有积极作用。

游艇保税仓的运营，也可实现帆船游艇赛事活动的船只保税仓储功能，将极大地吸引世界知名游艇帆船厂商来到梅山参与游艇展会和各种水上运动赛事。

自2014年以来，宁波国际海洋生态科技城把休闲旅游产业作为支柱产业进行重点培育，并大力发展以体育运动为特色的休闲旅游产业，完成超过200亿元的城市基础设施建设，投资近40亿元建设梅山湾蓝海工程、滨海万人沙滩、中国港口博物馆等项目，引进并建成F2国际赛车场、梅山湾生态游艇港等一批社会投资的休闲运动旅游项目，休闲旅游业的发展驶上了“快车道”。

3. 三亚鸿洲游艇保税仓

三亚鸿洲国际游艇会有限公司在2010年向海口海关申请设立公用型游艇保税仓，建筑面积为2213平方米，海口海关经过验收认为该游艇保税仓符合《中华人民共和国海关对保税仓库及所存货物的管理规定》要求，准予其开展相关业务。

位于陆地上的三亚鸿洲公用型游艇保税仓在2011年4月成功运营，游艇代理商利用保税仓储功能，有利降低了游艇代理商的物流成本，并节约了税款资金占用成本，有效缓解了企业的资金压力。同时，有了实艇的展示，买家不用出国门就能挑选心仪的国际品牌游艇。

随着三亚游艇产业不断发展壮大，陆地保税仓渐渐受到物流运输及场地的限制，无法满足更多船商关于60英尺以上船艇的入驻需求。三亚鸿洲水上保税仓库的设立，恰到好处地弥补了原有陆地保税仓库无法停放大型游艇的不足。比如，在海南参加完游艇展会的大型游艇可直接申请进入保税仓进行保税仓储，为客户争取更多的看船时间，同时也为经销商节省了很大一笔的退运费用。

游艇水上保税仓的设立，是海南继2011年创立陆上游艇保税仓库之后的又一创举，将吸引更多大型进口游艇入驻三亚，它将在很大程度协助各游艇厂商及经销商缓解资金压力，是完善游艇流通链条当中很关键的一环，从而为海南游艇发展带来新的发展机遇。

6.2 游艇融资租赁

游艇融资租赁是指出租人根据承租人对游艇的特定要求和对船厂的选择，出资向造船厂购买游艇并租给承租人使用，由承租人分期支付租金的一种融资模式。在租赁期内，游艇所有权属于出租人所有，租期届满，租金支付完毕并且承租人根据融资租赁合同的规定履行完全部义务后，游艇所有权即转归承租人所有。与传统租赁相比，传统租赁以承租人租赁使用物件的时间计算租金，而融资租赁以承租人占用融资成本的时间计算租金。

游艇融资租赁的特点有：游艇由承租人决定，出租人出资购买并租赁给承租人使用；承租人负责检查验收造船厂所提供的船舶，对船舶的质量与技术条件出租人不向承租人做出担保；出租人保留租赁物的所有权，承租人在租赁期间支付租金而享有使用权，负责租赁期间租赁物维修保养；租赁合同一经签订，在租赁期间任何一方均无权单方面撤销合同。

6.2.1 游艇融资租赁的发展

1. 发展游艇融资租赁的意义

对于承租人——游艇俱乐部而言，游艇融资租赁具有三个方面的意义：第一，解决了游艇购置中的资金短缺问题。游艇单价高昂，且缺乏银行信贷服务，游艇购置需要占用大量资金，会降低游艇俱乐部资产的流动性，进而影响游艇俱乐部的融资能力。采取融资租赁形式，可以使游艇俱乐部在较少资金投入的情况下，获得游艇的使用权，开展游艇消费服务。在租赁期内，游艇俱乐部可以用部分营运收入支付租金，实现资金流入与流出的匹配，保证游艇俱乐部的平稳营运。

第二，可以改善游艇俱乐部的投资结构。游艇融资租赁缓解了游艇购置的资金压力，使游艇俱乐部可以将有限的资金用于拓展游艇消费服务项目，提升游艇消费服务质量，提高资金使用效率，进一步增强游艇消费俱乐部的盈利能力，促使游艇消费市场繁荣。

第三，可以降低游艇俱乐部的税负。《企业会计准则第 21 号——租赁》规定，承租人融资租入的固定资产，可以采用与自有固定资产相一致的折旧政策，采用年限平均法、工作量法、双倍余额递减法、年数总和法等折旧方法计提折旧，在计算应纳税所得额时予以抵扣，减少应纳税额，降低企业税负。

对于交易中的出租人——游艇融资租赁公司而言，游艇融资租赁是一种市场前景广阔的投资方式。伴随着我国人均国民收入的不断增长，中国已具备游艇休闲的经济基础，其游艇消费观念逐渐从商务接待向生活方式转变。在 21 世纪海上丝绸之路助推下，游艇产业得到国家政府及海南、广东、上海等沿海省市地方政府的大力扶持，游艇休闲产业迎来了发展的黄金时代。不断发展的游艇消费市场，为游艇俱乐部的营运提供了良好的市场环境。游艇俱乐部可以获得稳定、大额的资金流入以足额支付租金，使得游艇租赁公司的租金收益得到保障。

对于交易中的卖出人——游艇制造企业而言，游艇融资租赁能够推动企业发展。产品研发与技术创新需要大量资金。只有在销售规模得到改善的情况下，游艇制造企业才能获得持续进行研发与创新活动所需的资金，从而不断提升企业竞争能力。游艇融资租赁为游艇俱乐部提供了金融支持，使得游艇消费需求增加，游艇制造企业销售规模增大，销售款回收速度加快，形成持续发展的推动力。

2. 发展游艇融资租赁面临的困境

第一，游艇融资租赁的形式还较为单一。我国融资租赁行业起步较晚，且以外商租赁企业为主。截至 2014 年 6 月底，全国范围内共有融资租赁企业 1350 家，其中外商租赁企业 1202 家，占比 89%。外商租赁企业虽能带动我国融资租赁业的发展，但其租赁形式不一定适用于我国的游艇消费行业。外商租赁企业一般采用直接租赁的方式开展融资租赁，且为尽快回收资金往往缩短租赁期限。直接租赁对租赁企业的资金要求加大，能够开展游艇融资租赁业务的租赁企业数量有限，使得游艇融资租赁业务的发展规模受到限制。由于缩短租赁期会加大租赁期内的租金额度，承租人在租赁期内必须足额、按期偿付大额租金，增大了游艇承租人的短期筹资压力。

第二，游艇融资租赁行业还缺乏专业人才。作为一个融资与融物相结合、带有商品销售性质的综合性业务，游艇融资租赁需要大量的中高端复合型人才，在实际操作中会运用到法律、游艇、会计、金融、税收等众多学科的专业知识。游艇融资租赁行业的从业人员，需要掌握相关法律知识以维护自身合法利益，熟悉游艇业务并掌握游艇专业知识以谨慎选择承租人、规避业务风险，掌握会计准则以正确进行账务处理，熟悉金融知识以充分拓展融资渠道，同时正确理解税收法规以充分享受优惠政策、正确计算应纳税额。我国的融资租赁业务兴起于20世纪80年代初，发展时间、发展历史还不算长。

第三，游艇融资租赁担保体系不完善。完善的担保体系是游艇融资租赁行业发展的保障。游艇融资租赁的期限长、租金高，出租人为避免租金拖欠问题、保障租金收益，往往需要承租人提供担保。我国的融资租赁企业分为金融租赁企业、外资租赁企业和内资租赁企业，其中仅金融租赁企业可以通过使用金融系统的征信系统了解承租人的信用状况。内、外资租赁企业在无法准确掌握承租人信用状况的情况下，只能采取信用担保的方式，来避免租期内的租金拖欠问题。当前，政府出台的引导政策不多，国内尚未形成完善的信用担保体系，大型集团的游艇俱乐部只能依赖于集团子公司、分公司间的相互担保，而规模较小的游艇俱乐部缺乏信用担保而无法获得游艇融资租赁服务。

6.2.2 游艇消费贷款

为了给热衷于游艇的高端客户提供便利的金融服务，中国银行率先试水了包括从提供游艇贷款到游艇保险，从游艇购买规划到游艇经销商选择，从游艇的投融资服务到中银游艇俱乐部及全国船东交流平台在内的全方位私人银行客户一站式服务。

随着人们对生活质量的要求逐渐提高，以及国内游艇业的发展，游艇消费已经渐渐进入高端消费者的视野，越来越多的高端消费者开始购买豪华游艇进行私人娱乐及商务活动。但上千万元的游艇价格，让很多对其心仪的消费者只能“望艇兴叹”。对于游艇有兴趣，但短时间内无法一次性拿出大笔资金购买游艇的潜在消费者，游艇贷款业务就非常重要。中国银行山东省分行私人银行的客户说：“中国银行提供的贷款既保证了我公司项目的顺利开展，又使得游艇消费需求得以满足。”专门负责游艇综合金融服务的中国银行山东省分行私人银行部工作人员表示，中国银行推出的游艇贷款是国内首款该类产品，主要为满足中高端客户在购买高档游艇、帆船时（不含二手），已支付一定比例金额的首期款项，不足部分由银行向其发放并直接支付给游艇经销商或厂家的人民币贷款。

据了解，该行的游艇贷款与汽车贷款有些相似，是以客户所购买的游艇进行抵押，客户可选择采用一次性还本付息或分期付款的方式偿还贷款。据统计，2015年，中国个人可投资资产1000万元以上的高净值人群规模已超过100万人，全国个人总体持有的可投资资产规模达到112万亿元。人均月收入超过2万元的家庭有能力租用游艇，而年收入100万元以上的，就有能力购买一艘游艇。随着高净值人群消费品质与能力的提升，游艇已逐渐成为房地产、汽车、珠宝后的另一消费热点。

中国游艇消费从 2007 年至 2013 年期间增速为 33.1%，而从 2013 年至 2015 年期间增速为 41.4%。在发达国家 17 人有一艘游艇的需求，国内按 30 人一艘游艇计算，需求将超过 4000 万条，据统计，截至 2016 年，中国国内在册游艇 5500 艘，加上没注册的约 2 万艘，游艇市场还是有很大增长的空间。

除了私人银行，还有一些民间金融机构，也从事游艇贷款业务。深圳前海新富金融服务有限公司（简称新富金融）的游艇贷款主要面向需要按揭购买游艇的人群，需要按揭购买游艇的客户通过新富金融发放借款需求，新富金融作为中介方，将该借款需求面向大众募资。

游艇价格从几十万到几千万元不等，而游艇贷款主要做 100 万元左右的小型游艇贷款，借款额较小，在网贷新规“限额令”之内。

相比汽车贷款，游艇贷款安全性更高。游艇从下订单到交货有九个月出厂期限限制，一些急着使用游艇的人会选择从二手市场加价直接购买，以节省时间成本。很多人购买游艇用来投资，所以游艇二手市场交易活跃。游艇停泊码头有清晰的规则限制，不易携艇潜逃，违约风险相对较低。深圳前海新富资本管理集团有限公司（简称新富资本）的高管表示，买家通过新富资本融资，只需付 50%的资金就可以拿到游艇的所有权，能购买游艇的都是高净值人群，还款能力和信誉有很大的保障，游艇贷款项目非常稳健，比房贷、汽车贷款安全性还要高。

新富金融隶属于新富资本旗下，凭借集团公司的金融专业背景，以集团完善的风控体系、强大的融资能力和产品设计能力为依托，通过“足值有抵押+风险保证金”双重风控保障模式，可以为游艇买家打造出有抵押、高安全、高收益的互联网金融理财平台。

小案例：EPOWER 游艇融资平台

亚洲游艇经销商和服务商辛普森游艇有限公司推出全新的游艇融资平台 EPOWER。

EPOWER 的业务特点是为客人的特殊需要提供个性化的服务。辛普森游艇有限公司的 EPOWER 团队已与多家知名银行和财务公司合作，如中国工商银行、中国银行、环球信托基金、中租迪和股份有限公司（中国台湾）、法国巴黎银行、瑞士信贷银行股份有限公司等，其合作伙伴队伍也在持续扩大中。

在亚洲辛普森游艇有限公司拥有办公室的地区，都可以进行游艇融资，业务范围包括中国、新加坡、泰国、马来西亚和印度尼西亚。

通常情况下，EPOWER 可以分三年到五年付款，提供高达 70%资金。申请融资的请求最快可以在提交完所有资料的 10 天之内就得到批准。即使在购买了游艇之后，游艇买家也可以灵活申请游艇融资，让船东可以留出部分资金，用作其他投资活动。不论是新游艇还是二手游艇，EPOWER 都可以提供财务上的支持，让船东享受同样的便利。

EPOWER 提供“一体式”解决方案，可以包括游艇管理、注册及税务建议，并且可以对所有类型游艇的购买都提供资金支持，从小型的帆船到世界最大的超级游艇，包括辛普森游艇有限公司代理的所有进口游艇品牌，包括 Beneteau、蓝高（Lagoon）、蒙地卡罗游艇、圣劳伦佐（Sanlorenzo）和美国喜见游艇（Viking Yachts）。

辛普森游艇有限公司的服务网络遍布亚洲，在中国、印度尼西亚、马来西亚、新加坡和泰国等国家和地区共设有 20 个代表处。辛普森游艇有限公司的愿景是帮助游艇船东能够完全享受到海洋的自由和乐趣。30 多年以来，辛普森游艇有限公司一直在亚洲推广游艇产业和航海生活方式，现在的游艇融资解决方案将更进一步帮助亚洲的客人享受更便捷的游艇购买服务，更轻松地享受海上生活的乐趣。

EPOWER 融资解决方案可以在其网站上查询（www.epowerfinance.com）。EPOWER 在 2017 年新加坡游艇展上正式推出，辛普森游艇有限公司的团队也已通过 EPOWER 的方式售出了多艘游艇。

6.3 游艇保险服务

游艇已逐渐成为继珠宝、房地产、汽车后的另一消费热点，游艇作为顶级奢侈品体现了持有者不俗的财力，但也非常需要船东的细心呵护和保养。

游艇不管在使用中还是停泊中，都可能处在恶劣的水域环境，存在诸多不可预见性的风险。同时，游艇使用中引发的第三者人身伤亡或财物损失，还可能引起法律诉讼。目前已有的游艇保险项目包括游艇本身遭遇毁损的财产险、游艇内乘客险及第三者责任险，主要用以保障游艇因自燃、台风、碰撞、漏油等意外情况所带来的财产损失、人员伤亡及环境污染。

游艇在航行的时候也会发生船体刮擦，除了不美观外还极有可能影响游艇的使用寿命。游艇不论在航行或停泊时都是与海水这样具有侵蚀性的水体直接接触，船体隔绝海水的涂层被破坏，海水就能进一步腐蚀船体，造成船体破裂等问题。进行一次船体修复的费用往往超过一份游艇保险的费用。

除了因为水体侵蚀损害船体，遇到台风、火灾（船体内部线路老化引起）等情况，船东面对的可能是整船损毁这样不可弥补的损失，所以通过游艇保险规避损害是不可或缺的。

按照国际惯例，游艇与游艇保险密不可分。发达国家的游艇保险和车险一样，同样是对于游艇购买者提出的强制规定。

但游艇的高价值就意味着高风险和高投入，以单个案件理赔成本与保险金额的比率来说，游艇保险的风险远远高于汽车风险，所以多数保险公司要求船东以船价 1%（1%～2%浮动）缴纳保费。简而言之，一艘价值 500 万元的游艇，一年基本保费在 5 万元左右，要加上其他附加条款，保费用还会增加。

6.3.1 中国游艇保险的发展

1. 游艇保险服务的法律依据

在承保游艇时，保险行业一般参照国际通用的英国《协会游艇保险条款》或国内的《沿海内河船舶保险条款》。这两种主流条款各自具有鲜明的特点，且存在重大的差异，有必要进行一些对比和梳理。

1）法律依据

《协会游艇保险条款》在正文开始前明确要求，该保险以英国法律及惯例为依据。作为英国保险协会保险条款的组成部分，游艇保险条款的部分内容与《协会船舶定期保险条款》完全相同。

《沿海内河船舶保险条款》受中国法律管辖。该条款对保险合同双方的争议处理做出了相应规定，明确该条款适用中国法律，保险双方纠纷和争议的仲裁或诉讼地的选择按我国有关法律、法规执行。

广东某保险经纪公司的代理人表示，国内游艇投保需要提供所有权证书、船舶检验证书、船舶国籍证书、配员证书等材料。除此之外，外籍游艇必须符合更多特定条件才能在国内投保，如船东或经营管理者在国内。

这家公司引进、采用了国际上专为保障游艇安全设计的英国《协会游艇保险条款》，并向客户推荐使用这种保险方案，船主可以通过保险经纪联系境外保险公司，满足保险保障需求。

2）保险标的

在船体保障方面，英国《协会游艇保险条款》主要承保游艇船体本身（船壳、机具）遭遇灾变所致损毁或灭失。该条款全称为 Institute Yacht Clauses，“Yacht”一词表明了其专业游艇保险条款的性质。欧美国家游艇市场的成熟，离不开游艇保险体系的保障，而该条款提供了重要支撑。

英国《协会游艇保险条款》对游艇使用、停泊的阐述非常具体，如当游艇在海上时必须保证不被拖带，而且详细列出了各种例外的情形。在航行和租船保证方面，条款也规定，被保险人必须保证游艇只能用于私人娱乐，除非经保险人的特别同意，否则不得用于租船或用于获取报酬。

《沿海内河船舶保险条款》保险标的远不止涵盖游艇。该条款保险标的指在中华人民共和国境内合法登记注册从事沿海、内河航行的船舶，包括船体、机器、设备、仪器和索具。船上燃料、物料、给养、淡水等财产和渔船不属于本保险标的范围。

3）保险责任

在《沿海内河船舶保险条款》中，保险人的保险责任主要针对自然灾害和意外事故造成船舶本身损失及由此支出的合理费用、共同海损的分摊等。

该条款保险责任分为全损险和一切险。在全损险保险责任所列原因中，除碰撞、触碰、搁浅、触礁、火灾和爆炸外，其余九项为八级以上（含八级）大风、洪水、地震、海啸、雷击、崖崩、滑坡、泥石流、冰凌等各种自然灾害。而有条件地扩大保险责任范围的一切险，增加了保险船舶因碰撞他船或触碰他物产生对第三者依法承担赔偿责任的保险责任，并对保险船舶发生的共同海损、救助及施救等费用损失做出赔偿。

相比之下，英国《协会游艇保险条款》对游艇的保险责任范围要大得多，对游艇风险的保障较为全面。除了具有沿海内河船舶保险的保险责任，《协会游艇保险条款》还考虑到了游艇在停泊、使用、运输等各个环节的风险。

例如，在灭失或损害并非由被保险人、船东或管理人未谨慎处理所致的前提下，该条款对恶意行为、设备问题带来的损失承担保险责任，如偷窃舷外马达、船具等机器设备，船壳或机器的潜在缺陷、尾轴断裂或锅炉破裂。在实际赔付案例中，游艇机器、设备本身原因引起较多保险责任，是《协会游艇保险条款》的一大特点。

4）第三方保障

游艇保险内容很广，在整个游艇产业链中涵盖由最初的建造和交付，直至船体损失及第三者责任保险。游艇事故造成船员、乘客及其他第三方人员伤亡的损失，远不是游艇自身价值能够衡量的。

《沿海内河船舶保险条款》和《协会游艇保险条款》在第三者保障方面有较大差异。《协会游艇保险条款》保险对象为船体及其责任，包括船体保障和责任保障两部分。除通常所说的船壳险，该条款还可承担开展游艇活动发生事故时船上人员、乘客及第三方人员伤亡或财物的赔偿。在第三方责任项目中，对其他船舶或财产造成灭失或损害，人员伤亡、伤害或疾病，救助人命而支付的费用，都在保险责任之内。

《沿海内河船舶保险条款》本身不涉及第三者责任保险，通常需要附加的扩展条款，以船员责任险、旅客责任险及第三者人身伤亡责任险保障第三方权益。该条款除外责任中列明，对因保险事故引起本船及第三者的间接损失和费用及人员伤亡或由此引起的责任和费用，保险人不负赔偿责任。例如，保险船舶因碰撞或火灾引起本船和其他船舶上人员的伤亡，由此产生的所有费用概不负责赔偿。

目前，国内尚未强制要求游艇购买保险，第三者责任保险还是空白。沿海及内陆湖泊地区的游艇活动日益频繁，如何保障更多参与游艇活动人员的安全，是迫切需要解决的问题。

5）保险人权益

《沿海内河船舶保险条款》充分考虑了我国沿海内河运输船舶的实际情况，对风险责任限制比较严格，保险责任相对远洋船舶保险责任范围要小，主要原因是存在部分老旧沿海内河船舶，船员素质、船舶管理相对落后于远洋船舶，引发风险的潜在因素较多。

根据该条款，保险人对每次碰撞、触碰责任仅负责赔偿金额的四分之三，即被保险人对每次碰撞、触碰责任赔偿额自负四分之一。同时，保险人对第三者应付的赔偿责任仅限于直接损失，任何间接损失和费用均不属于保险的赔偿责任范围。

另外，针对共同海损、救助及施救的赔偿，该条款规定对于不足额投保的船舶，其共同海损、救助及施救费用应当按比例分摊。这是根据国内沿海、内河运输实行承运人负责制的有关规定，对保险人的权益采取的一项保护措施。

《沿海内河船舶保险条款》对保险人采取了合理的保护，显然更适用于沿海内河运输船舶。游艇和沿海内河船舶在用途、设备及装修标准等方面有很多区别，要参照这一条款承保游艇，保险机构还需要在方案设计上做很多工作。

《协会游艇保险条款》可以最大限度地保护船主的权益，但也将带来保费成本的提高，在游艇行业保险意识不强、游艇更多充当“面子”的现实下，并不利于游艇保险制度的完善。只有尽快推出符合中国市场特点的游艇保险条款，才能促进游艇保险市场走向规范。

2. 中国游艇保险业状况

目前为止，中国的海事部门并没有游艇的强制险，在游艇市场本身不大且没有强制法规的影响之下，中国游艇保险业还没有发展壮大。

然而，相较于前些年，中国游艇保险市场还是取得了不小的发展和进步，目前国内许多保险公司已经涉足游艇保险。中国人民保险集团股份有限公司、中国平安保险（集团）股份有限公司、中国太平洋保险（集团）股份有限公司等保险业巨头都有成功赔付的案例，游艇的理赔成本也确实很高。

虽然有所进步，但是中国游艇保险市场的不足仍旧十分明显。

第一，目前中国超级游艇的保险多数仍由国外的保险公司垄断，主要也是因为超级游艇一般从国外进口，一旦游艇出险，常常需要国外厂商配合，就会导致维修成本很高，所以国内的保险公司一般都谨慎承保。欧美发达的游艇市场伴随着完善的游艇保险体系和法律保障，甚至有许多专门以游艇保险为主的保险公司，如 Pantaenius Group、Crystal & Company 等，而中国没有发展出专门服务游艇的保险公司。

第二，游艇保险公估业的滞后也是游艇保险市场难以发展的原因之一，国内没有专业的游艇公估机构，难以对二手游艇的价值进行准确可信的评估。

第三，缺少专业的、覆盖游艇业全产业链的、符合国内游艇市场的游艇保险条例，目前游艇保险所参考的两个主要保险条款——《协会游艇保险条款》和《沿海内河船舶保险条款》都不太适合。就前者而言，其是专业的游艇保险条款，国际上实力雄厚的外资保险公司也都是据其进行承保。对超过一定长度和造价（1500万欧元以上）的超级游艇，该条款有专门的游艇风险解决方案，费率一般由游艇大小、使用年限、用途、航线、发动机及母港的风险敞口等因素综合考量，除了各类基本的风险保障外，还提供涵盖船上艺术品、医疗保障等多方面需求的保险产品。但该条款设计的保费为游艇价格的 10%，明显偏高。据了解，目前中国的保险公司设计的游艇保险费率一般为 1%。而《沿海内河船舶保险条款》不是专业的游艇保险条款。

除了法规制度方面有缺陷，船东的投保意识也是中国游艇保险市场落后的主因之一，中国游艇行业绝大部分游艇会和游艇都没有购买保险，因为游艇平时的利用率较低，多数船东抱着侥幸的心理，不愿意为保护游艇支付额外的费用，这样一旦遭受严重损失，船东将血本无归，如果不幸造成第三方人身伤亡或财物损失，那损失的就远远不是自身游艇的价值，甚至会引起法律诉讼，付出更大的代价。

6.3.2 游艇保险的投保与赔付

1. 游艇保险的投保过程

船东在给游艇投保时，要包括整套船用备件和一般随船销售的物品，可同时承保救生艇及其发动机等设备，但前提条件是客户需要向保险公司申报要求承保这些设备。一旦承保，这些财产在水面上、在陆地上、在陆运的过程中，或在装卸的过程中，全都承保风险造成的损失。

大多数的游艇保险适用于私人船东、企业和游艇俱乐部等，一般来说，具体投保流程如下。

（1）客户询价（询价需提供所有权证书、船舶检验证书、船舶国籍证书、配员证书、投保询价单、上年保单及赔付情况）。

（2）保险公司研究投保资料，如有需要保险公司进行现场查勘。

（3）向客户报价。

（4）客户投保。

（5）保险公司承保。

（6）向客户发出保险单和付款通知书。

（7）提交证件（船舶类型、年份、长度宽度、最大设计速度、保险价值、购买价值等信息的相关佐证资料；投保游艇的索赔记录；保险公司根据情况所需的其他资料，如维修保养记录等）。

（8）投保人签字盖章的投保单。

船东在投保时也应该注意，保险公司建议一个比较昂贵的保险计划时，请不要立即否定，因为一个称职的代理机构或个人并不应该为客户拣选最便宜的保险，而是应寻找一份最切合客户需要的保险计划。代理人也必须能够清楚解释不同条款的分别，让客户能够在最知情的情况下做出最明智的决定；市场上很多船东往往以保费作为唯一的考虑因素，以为每一个保险计划都是一样的，这是一个很大的误解，从长远上看，保险计划一定要综合考虑，而不是价格最低。

船东选择保险计划的时候，应注意该保险公司是否有实力和诚信。索偿是一个双向的过程，当灰色地带出现的时候，船东与保险公司之间的关系便起了重大的作用。

必须说明的是，一些自然灾害诸如台风、洪水引起的游艇损毁，一般不包括在游艇投保的基本条款中，这些都需要船东自行做出考量，追加投保条款，这对于某些具有特殊气候情况的地区，还是极有必要的。

2. 游艇保险的赔付情况

根据中国的《沿海内河船舶保险条款》，参加船舶保险的船舶，无论是铁壳和木壳轮船、机帆船、铁壳和木壳驳船、水泥船和钢板船，以及木船等各种结构的船舶，都在保险范围以内。

保险船舶下列原因造成的全部或部分损失，保险公司负赔偿责任。

（1）八级以上（含八级）大风、洪水、地震、海啸、雷击、崖崩、滑坡、泥石流、冰凌。

（2）火灾、爆炸。

（3）碰撞、触碰。

（4）搁浅、触礁。

（5）由于上述（1）至（4）款灾害或事故引起的倾覆、沉没。

（6）船舶失踪。

保险船舶在发生保险责任范围内的灾害事故时，为了抢救保险船舶而采取的施救、保护措施的费用，保险公司也负赔偿责任。

但是，保险船舶下列原因造成的损失，保险公司不负赔偿责任。

（1）船舶不适航、不适拖（包括船舶技术状态、配员、装载等，拖船的拖带行为引起的被拖船舶的损失、责任和费用，非拖轮的拖带行为所引起的一切损失、责任和费用）。

（2）船舶正常的维修保养、油漆，船体自然磨损、锈蚀、腐烂及机器本身发生的故障和舵、螺旋桨、桅、锚、锚链、橹及子船的单独损失。

（3）浪损、座浅。

（4）被保险人及其代表(包括船长)的故意行为或违法犯罪行为。

（5）清理航道、污染和防止或清除污染、水产养殖及设施、捕捞设施、水下设施、桥的损失和费用。

（6）因保险事故引起本船及第三者的间接损失和费用以及人员伤亡或由此引起的责任和费用。

（7）战争、军事行为、扣押、骚乱、罢工、哄抢和政府征用和没收。

（8）其他不属于保险责任范围内的损失。

保险责任已约定起保的当天零时起，到保险期满日的24时止。保险有效期（一年为限）期满续保需另办手续。保险船舶在保险有效期内，不论发生依次或多次属于保险责任范围的损失，保险公司都根据保险船舶的实际损失或实际支出的修理费用计算赔款，但每次以不超过保险金额为限。如果依次赔偿等于保险金额的总数，则保险单即行失效。

被保险人从获悉保险船舶遭受损失或发生事故的当天起，在两年内不向保险公司申请赔偿，不提出必要的单据、证件，或者不领取应得的赔款，即视为自愿放弃权益。

3. 游艇保险赔偿案例

中国游艇的第一个理赔案件是2008年厦门一艘Azimut 62豪华游艇（和木1号）因为船体刮擦受损，理赔金额约为8000元，这属于较小的事故。

在游艇理赔中，也有较大的理赔案件，如深圳某国际游艇俱乐部的Aicon 54豪华游艇，因为出海过程中被其他船只的缆绳刮到船底、发动机轴和螺旋桨，赔款金额超过50万元。游艇也有报废的风险，中国也发生过游艇的全损赔案。第四届2010年中国杯帆船赛2号船被另一艘赛船撞报废，保险公司除了全赔200万元船损外，还有近10万元船上水手的医药费①。

---

① 购艇须知：中国游艇保险业现状解析，https://buy.jyacht.com/daogou/j01201472107.shtml[2019-08-11]。

6.4 互联网游艇金融

6.4.1 互联网游艇众筹

1. 众筹模式的含义

众筹中的大众由于各自提供了少量的资金而联系在一起，与向少量的专业投资者寻求资金支持不同，众筹从大量的提供少量资金的大众那里获得外部资金，通过少量资金的积累在总量上达到所需金额。众筹的创新之处在于，通过网络平台这个媒介，用户可以发起一个项目并呼吁大众支持其项目。网络信息平台可以实现交易成本最小化，并将小额资金汇聚成大额资金。

众筹是 2008 年金融危机的产物，也是金融政策收紧和私人、公司资金减少的结果。自 2009 年第一个众筹平台 Kichstarter 上线以来，基于网络的众筹平台在实践中不断涌现。截至 2012 年 4 月共有 452 个众筹平台，这些众筹平台在 2011 年募集到了 15 亿美元的资金,超过 100 万个项目成功地在全球范围内筹得所需资金。

大多数众筹平台具有相同的运作模式，即项目发起人为使公众参与众筹项目，需要创建一个描述项目的网页，描述项目的方式可以是视频、文字描述或者展示创意的影像。此外，众筹平台通常会给定一个时间限制，如果在规定时间内已筹金额低于目标金额，筹资项目失败，已筹款项也将返还给出资者。

2. 游艇众筹消费模式的构建

游艇众筹即由多人合伙购买游艇。游艇众筹由项目发起人、公众和众筹平台三个相互关联的有机部分组成。项目发起人是游艇消费市场开发的引导者、策划者、实施者，负责规划游艇消费项目，引导消费者参与其中，并负责游艇的日常营运与维修保养。

游艇众筹的项目发起人可以是游艇俱乐部，其拥有的游艇服务范围包括生日联谊、同学聚餐、社交联谊、婚纱摄影、节日庆典、商务联谊、滑水训练活动、潜水训练活动等众多服务项目，广泛的游艇服务范围保证了项目的质量和成功率。游艇俱乐部拥有游艇的管理权与运营权，同时，游艇俱乐部也要履行以下义务：为船东配备船长和水手；负责游艇的保养与维护；组织、策划、执行商务出海活动；为船东发起各类海上活动及赛事；为船东出海配备专业的服务人员。

选择众筹对象是游艇众筹成功的关键。相对于传统的金融机构，众筹的参与者不止关心项目的期望收益率，还会关心项目所带来的附加价值。游艇作为兼顾休闲度假、健身旅游、户外运动的载体，可以满足公众提高生活品质、追求美好生活的需求。游艇众筹以更加经济灵活的方式连接消费、经营、旅游、休闲等各种资源和需求，可以实现多方共赢，吸引公众广泛参与。参与游艇众筹的对象需要履行出资义务，同时也享有很多权利，包括拥有游艇产权；成为游艇俱乐部会员；每年可免费使用游艇出海一段时间；免费使用完之后，可享受成本用艇，并每年额外享受分红；可参与游艇俱乐部组织的出海赛事活动，享有俱乐部人脉圈和平台资源。

众筹平台是实现游艇消费供给与需求匹配的平台，也是项目发起人的监督者和公众的利益维护者。众筹平台为游艇众筹提供网络技术支持，在项目上线之前对项目的价值和可执行性进行细致的审核，在筹资失败时退还款项给出资者，在项目筹资成功后监督项目的顺利开展。

3. 游艇众筹面临的制约因素

游艇众筹面临着政策约束、市场开发程度和平台诚信三个方面的制约。

第一，关于游艇使用的政策还未完全放开。首先，航行水域受限，中国的法律对私人游艇的航行范围做了严格的限制，规定其只能在少数区域航行，其中大部分为湖泊。而对广阔的海洋水域，我国采取了类似低空空域一般严格的控制措施，一般情况下不允许私人游艇使用。其次，行政配套服务滞后，开办游艇俱乐部牵涉的水上主管部门较多，包括海事局、港务局、税务局、水警、城管水上，有关职能部门审批手续烦琐，尚未开设相关的便民服务平台。最后，相关法规缺失，我国并没有针对游艇的完善法规，对游艇的设备和人员配备要求依照商船标准，游艇每次出航须报海事、边防等部门。

第二，游艇租赁市场有待开发。即使是在游艇使用相当成熟的国家，一艘私人游艇一年的使用时间平均也不超过 50 天，而在我国，这一数字将更低。要使游艇众筹可以给投资者带来更多的回报，就需要游艇俱乐部在游艇闲置时将游艇对外出租，而这有赖于游艇租赁市场的繁荣。目前，高门槛、高价格、高消费已成为我国游艇消费的主要特点，每小时游艇的租赁价格都在 1 万元左右，会员价在 6000～7000 元，而各大知名游艇会入会价格也非常高昂。游艇消费门槛已成为制约我国游艇租赁市场发展的瓶颈。

第三，缺乏专业的游艇众筹平台。当前，游艇作为一种奢侈品，有其特定的消费群体。目前，在企业、非营利机构和个人三类购买群体中，企业以压倒性优势占据了中国游艇市场 80%的份额。个人游艇消费群体仍主要集中在高净值人群中。游艇众筹需要聚焦于上述目标客户，综合性众筹网站并不是游艇众筹的最佳平台。以众筹网为例，截至2015年5月21日，该平台只进行过一次游艇众筹。因为技术类的众筹项目具有很强的专业性，而众筹需要的是普及性。

小案例：中海领投的游艇众筹

游艇众筹在国内已悄然兴起，但是目前游艇众筹都是基于租用方式，供人们分时度假。鉴于游艇业正在日益兴起的态势，国内首个专注于旅游产业的垂直众筹平台——中海领投则另辟蹊径，于日前推出了国内首个游艇物权众筹项目。

近年来，中国富裕群体激增，其蕴涵着巨大的消费欲望和消费潜力，游艇出海也成为越来越多精英人士的首选，同时也是高收入人士休闲娱乐、社会交往的一种绝佳载体。而海南省作为中国海洋资源丰富的区域，游艇的身影越来越多，也逐渐成为当地旅游业一道靓丽风景线。鉴于此，中海领投经过多方考察后，推出了位于有"阳光东海岸上的明珠"美誉的"九乡"之城——海南省文昌市高隆湾欢乐海岸的游艇众筹项目。

据中海领投创始人惠严介绍，作为火箭发射基地的文昌市以航天、椰林、侨乡为代表的特色旅游资源在海南省乃至全国都独树一帜，被誉为"阳光东海岸上的明珠"。2016年，文昌市全年接待过夜游客200.15万人次，旅游业实现总收入14亿元。而其中，高隆湾作为文昌市乃至海南省著名的旅游景区之一，也是文昌市2008～2020年规划的一线海景旅游区。欢乐海岸正好位于这个湾区的核心地带，既有历史积累，同时又做了很多创新，其投资潜力显而易见。

在经营方面，欢乐海岸项目运营方将本土文化与现代文化相结合，同时吸收了国际上海岛文化等精华，全力打造集东西方旅游精华于一体的海岛文化聚集地和文化高地、品牌标志地。围绕这个旅游景区，运营方设计了集海上娱乐项目、海上文化产业园（主要包括文昌市文化与生态保护、海上乐园、游客接待中心等项目）、高校军训、学生拓展、学术研究基地、企业培训总部基地、企业管理总部基地、会议会展中心、养老及养生示范基地、文昌市体育文化产业园、生态农业观光园、海上垂钓、千人啤酒节、休闲酒吧、烧烤广场、大型演出、激光沙滩影院、赶海拉网捕鱼等项目于一体的海洋沙滩文化生态圈。

运营方表示，此次游艇众筹将通过融资方与投资人共同出资的方式进行，双方共同拥有物权。众筹成功后所有款项均将用于购买游艇，交由融资方使用经营，在约定的周期内双方分享收益，使用周期结束后融资方将无条件按投资方出资本金回购物权。同时，中海领投也会引入第三方监管，确保投资人的资金安全，消除投资人的后顾之忧。

6.4.2 游艇共享经济

随着共享经济的兴起，也有公司开始尝试共享游艇的模式。Sailo 网站参照旅游共享网站 Airbnb 模式，运营船艇租赁业务，该网站可以为消费者提供一站式的游艇租赁服务，如从出租游艇、搜索和预订、寻找有航海执照的船长和船员，所有这些事情都可以在短短几分钟内完成。

Sailo 网站成立于 2014 年 9 月。创办人 Adrian Gradinaru 在希腊遭遇一次并不愉快的租船经历后有了创办自己的游艇租赁网站的想法。他迅速说服他的好朋友在美国硅谷工作的科技达人 Magda Marcu、工程师同事 Bogdan Batog 及毕业于哥伦比亚大学商学院的朋友 Delphine Braas，然后一起创办了这家公司。

Sailo 网站总部设在纽约和迈阿密，目前已经稳稳掌握了船艇行业的脉搏，在网站上共拥有 4000 多艘游艇可供过夜租赁或举办活动，包括 7.5 米的快艇、帆船、双体船和 45 米长的超级游艇。随着公司业务范围不断扩大，Sailo 网站现在还为客户提供横跨世界各地的船艇租赁服务，为船主提供一个从没有被充分使用的资产中获益的机会，也为船长提供了获得额外收入和工作的机会。

网站创始人 Gradinaru 说："Sailo 网站成立的主要目标是通过利用最新的科技和透明化的模式使船艇租赁变得更简易、更个性化，让每个人都可以租赁船艇。通过促进船主、船长和租船者之间的联系，我们为船主提供最安全的方式来通过他们的船艇获益，并帮助船长与新的客户接洽。"

其主要运营者 Braas 也说过："Sailo 网站为我们的客户提供实时的电话及线上客户服务，帮助他们创造一种独特的水上体验。不论是在郊远地区钓鱼，或是黄昏时间的聚会，或只是享受漂浮在大海的时光，Sailo 网站都能在整个过程中的每一步提供专业指导与帮助。"

对于有意愿购买游艇的客户，Sailo 网站所提供最强大和最有用的工具之一是"游艇计算器"（the sailboat calculator），这个工具能为买家计算与买船相关的费用、潜在的出租利润，同时也提供出租与购买的费用对比功能，让消费者了解相关知识，帮助他们做出明智的财务决策，这一个计算器工具充分展示出了 Sailo 网站强大的科技能力。对于这个财务工具，网站创始人 Gradinaru 评价道："透明度是关键。船艇不算是一种投资。当然，它可以成为一种投资，但通常来说，人们不会将其当作是一种投资。它是一种生活方式，我们认为消费者需要了解与之相关的财务方面的知识，通过我们研发的计算器，我们把决定权交到了消费者手中。"

Sailo 网站研发的计算器中还有一项功能，可以基于船艇的类型和大小、预计的功率和燃油消耗率来计算油耗，结合当前的平均燃油价格（可以进一步个性化设定）来预计某个特定旅程所需要的燃油费用而这正是经常被买家所忽视的一个重要费用项目。Sailo 网站还开发了一个 iOS 手机应用程序进军移动手机领域，同时使客户能更轻松地计划并预订他们的游艇之旅。

虽然游艇共享网站在近年来十分流行，但 Sailo 网站通过提供最佳的租户体验成为拥有最大规模、维护最好的游艇共享网站，为出租船艇提供综合性认证系统，从开始至结束的旅行保险及他们与世界各地最专业和可靠的船长的紧密联系。

Sailo 网站还提供了目的地指南，所以如果你对于正要前往的港口不太熟悉，他们已经为你挑选出最值得一游的景点。

目前，Sailo 网站的主要服务范围在美国和欧洲，中国市场还没有很突出的相同概念游艇租赁网站平台，当然中国的游艇市场也并没有欧美那么红火，不过发展的趋势显而易见，创建共享游艇网站，也不失为在游艇行业中的一种好的商业模式。

6.4.3 游艇基金

游艇基金本质上属于产业投资基金，其定位只专注投资游艇产业链相关企业。相比综合类投资机构，游艇产业专门基金的优势有以下几点。

（1）专业专注一个行业，聚焦资源和精力。可避免综合类投资机构对投后目标企业重视不够的现象。

（2）市场资源协同。游艇基金和目标企业都是面向高端客户提供服务。基金的投资人和相关客户是离游艇消费市场最近的客户，也都是目标企业最直接的潜在消费客户。

（3）志同道合。产业的理解和行业风格彼此熟悉，游艇基金和目标企业是没有竞争关系的同行，更具长期合作基础。

（4）投资和退出协同。只专注一个行业，游艇基金和目标企业互为投资退出渠道的可行性比综合类投资机构要大。目标企业未来可能受让游艇基金的游艇行业项目和资产，游艇基金可能受让目标企业未来的项目和资产。

小案例：德望资本设立游艇基金

广州德望投资管理有限公司（简称德望资本）是首家专注游艇行业的资本服务机构；垂直社交金融细分领域的推动者；“金融游艇会”社群创始人；社交金融玩家。德望资本通过对投资人社交数据+高端生活方式等相关资源整合，建立产品体系，为银行、基金、私募股权/风险投资、信托、投资平台提供金融社交、贵宾客户营销、大客户忠诚度计划解决方案，改良了传统金融和投资以产品销售为导向的服务模式，基于高端生活方式+金融社交去连接人与金融。

德望资本游艇基金自2010年发起的专注游艇行业创意投资的实验室，采用轻资产、重创意模式，经过六年在游艇行业的试错和纠偏，专注游艇行业精耕细作，形成自己独特的"游艇+金融+社群"的业务模式，成为跨界社交金融细分领域的开拓者。

德望资本发起的度假式投资人的社交社群，具有虚拟基金资管形式。通过网络社交+游艇社交+服务连接，关注投资人的生活品质提升和事业发展方式，帮助投资和金融高管资源匹配，创新和释放更多的金融社交红利，是为投资人提供财富服务、生活方式管理的社群式服务平台。

6.5 游艇地产金融

游艇地产的金融形式主要是游艇地产金融证券化。房地产证券化就是将房地产投资直接转变成有价证券形式。房地产证券化把投资者对房地产的直接物权转变为持有证券性质的权益凭证，即将直接房地产投资转化为证券投资。从理论上讲，房地产证券化是对传统房地产投资的变革。它的实现与发展，是因为房地产和有价证券可以有机结合。房地产证券化实质上是不同投资者获得房地产投资收益的一种权利分配，是以房地产这种有形资产做担保，将房地产股本投资权益予以证券化。其品种可以是股票、可转换债券、单位信托、受益凭证等。

游艇地产是围绕着游艇活动、港口等发展起来的地产形式，也适用于通过证券化的形式加强流动性，增加金融收益。

小案例：路桥小镇PPP项目

路桥小镇PPP项目——金清海岛渔民安居工程和游艇小镇花海景观工程位于金清镇金清新港入海口两岸，南起白沙岛南边界，北至台州农垦场，西至五洞闸，东临东海，项目面积共计3.5平方公里（不含水域），其中建设用地1.62平方公里。与省级特色小镇——沃尔沃小镇相距不到8公里，与金泉农庄旅游度假区和琅矾山——黄礁岛旅游风景区毗邻。

2017年6月17日，台州市路桥区人民政府和浙江利欧控股集团有限公司、中国民本控股集团有限公司共同签署台州游艇基地项目，建设台州游艇小镇，项目协议总投资达 20 亿元。

目前，台州游艇小镇项目已经完成总体规划，小镇将按照“一镇二港三园三乐”的理念规划建设，即一镇为台州游艇小镇；二港为金清渔港、台州游艇母港；三园为台州游艇产业园、渔港产业园、农业产业园；三乐为游艇乐、农家乐、渔家乐。该项目计划分别建设游艇、渔港、农业产业园及相关配套娱乐休闲园区，包括游艇展示交易、游艇驾校、游艇养护维修等配套产业，以及海产品贸易、渔具生产销售、渔业冷链、冷链物流、观光农业、海洋主题公园等渔业、综合服务业。

第7章 游艇设计与制造

7.1 游艇设计

7.1.1 游艇设计特点

1. 外形特点

产品的特征在造型设计和认知识别过程里都具有重要的意义。从形态构成的角度可以将造型特征分为整体特征和局部特征，从对于识别过程重要性的角度可以将特征分为主要特征和次要特征。对于整体特征和局部特征来讲其划分并不是绝对的，整体特征可以分为若干个局部特征，局部特征可以分为更为细致的局部特征，此时该局部特征相对于更为细致的局部特征就称为整体特征。这样一个造型实体就可以划分为多层次、上下紧密联系的造型特征系统。如一个游艇整体造型可以分为船壳特征和船室特征，而船壳特征可以分为船侧舷面特征和船壳底面特征。

造型的三要素是形、色、质，游艇的每一个造型特征都应该由这三要素组成。其中，色与质关联性较大，在造型过程中相对于形态变化较为简单，有研究从形态方面对游艇进行造型分析，将色、质看作一个属性。

游艇主要造型可以分为两大部分，即船壳和船室。这两大部分在功能、外观方面差异较大，制造过程也分开进行。除去这两个主要部分，游艇设计还包括很多附加特征，如游艇通常会设计有跳水板和扶手栏，飞桥艇设计有飞桥，它们对于游艇造型识别起到辅助作用，不能引导形成游艇主要意象特征，更多地起到个性化区别作用。

在游艇两大主要部分的基础上，其设计可进一步细分形成次级造型特征。船壳由船侧舷面和船壳底面构成，船室由船室侧面和顶面及上盖面构成。这些组成面成为游艇造型的主体，承载了游艇造型的主要造型信息，这些特征叫作主要造型特征，它们对于造型意象形成起到主要作用，是在生产过程中工作量最大、对游艇最后成型效果影响最大的特征。主要造型特征各个组成面彼此连接形成过渡面，这些过渡面对于游艇造型意象形成起到辅助作用。同时还有两大部分关系特征，关系特征可以继续分为大小比例关系和位置关系。

对以上两大主要造型特征部分的组成面可以进一步细分。为了给船室提供足够的采光，船室通常会设计有面积较大的侧舷窗和前窗，这些特征将以上组成面进行分割，在组成面形成分割特征。这些分割特征对于游艇造型影响不一，比如，船室侧舷窗因为轮廓较大且多与侧面轮廓形成呼应，其对于造型影响较大，而船壳侧舷窗相对而言影响较小。组成面分割特征有两个主要属性——轮廓和位置。轮廓决定着该特征的大小和部分的形面特征，位置是指该特征与其所分割面的位置关系，不同的位置形成了不同的造型风格。在此层级，上盖面还可以分为侧面和顶面，顶面与船室顶面相连，上盖侧面与船室侧面在设计上一般会设计成一体，成为一个曲面。

2. 使用特点

游艇设计的使用特点包括以下几个部分。

（1）实用性和时尚性兼顾是游艇作为高档休闲消费品的重要特性，游艇的艇型既要满足航速、抗风浪等航行实用方面的要求，又要体现出买主的身份和品位。有的客户对游艇的艇型要求很高，艇型实际上像一套时装，它的流行期短，但价值却很高。

（2）安全性要求高。游艇是高级消费品，游艇的买主对安全性的要求很高。因此，除时尚性和舒适性外，安全性是游艇设计中考虑的首要因素。由于游艇的航速较快，为了保证安全，游艇设计对稳定性的要求很高。

游艇的结构设计要有足够的纵向强度和扭转强度。为了使游艇能够以较快的速度在水上航行，游艇的整体重量不能太重，因而在设计中要充分考虑到所使用的材料和设备对游艇航速的影响。同时，为了在航行中不出意外，特别是游艇艏部在高速航行中要承受住波浪的强烈拍击，因此在设计中要充分考虑到材料的强度。

（3）充分考虑其经济性。虽然游艇是一种面向高端消费群体的消费品，但由于市场竞争的激烈和消费者购买心理的成熟，在设计中必须要考虑到游艇的经济性，既包括厂商建造游艇的经济性，也包括消费者购买和使用游艇的经济性。在当前的国际游艇市场，各个厂商之间的激烈竞争，游艇的成本对于提高游艇的价格竞争力十分重要，因此在设计中必须考虑到游艇的经济性因素。

7.1.2　游艇室内设计

1. 游艇室内设计的原则

游艇的室内设计是商业设计的艺术与技术的结合，需要在设计的美学与工程实践的可操作性中探寻相对平衡点。

1）和谐性原则

和谐性原则包含着艇与自然的和谐，以及人与艇的和谐。

艇与自然的和谐包括两个层面，即物质层面的和谐与精神层面的和谐。艇与自然的物质层面的和谐是指人艇系统在设计、制造和运营的整个过程中，尽可能减少对自然的索取和破坏。

人与艇的和谐首先是指艇的外部造型、室内风格传达出的文化韵味与船舶使用者的文化背景及个人品相相切合。这二者和谐与否，直接影响船舶使用者的心理状态舒适与否，人与艇的和谐也是个性化设计要求。其次船上设施要能给船舶使用者带来身体上的舒适与操作上的方便。

2）安全性原则

不论是在海上或是湖上，波浪都会影响人员在游艇上的平衡，在保护人员安全的前提下，通常运用皮革包墙或是选择用圆角的橱柜桌椅等家具，使游艇变得更加安全。

2. 游艇室内设计理念

游艇室内设计的理念是为客户创造完美的设计，并进行精细的施工，让客户拥有一个专属于自己的绝妙空间。众所周知，一个好的室内设计方案，不管是什么样的项目，最重要的是了解并最大限度诠释其使用功能，在全面认知项目后，才能够创造出符合该项目的完美设计。

3. 游艇室内设计要素

游艇室内设计是一项系统性工作，要兼具安全、功能和美感，在设计时要考虑空间、色彩、光影、变化、陈设等要素，具体表现为以下几点。

（1）空间要素。游艇的室内空间的合理化并给人们以美的感受是设计基本的要求，要勇于探索时代、技术赋予空间的新形象，不要拘泥于已经形成的空间形象。

（2）色彩要素。游艇的室内色彩至关重要，由于游艇的室内空间复杂，色彩除对视觉环境产生影响外，还直接影响人们的情绪、心理。科学的用色有利于工作，有助于健康。色彩处理得当既能符合功能要求又能取得美的效果。

（3）光影要素。阳光的引入、灯光的布置，游艇上更加讲究。游艇行驶在海面上，海面会反射阳光，将阳光引入室内，要考虑采光多少才合适。有限的空间在消除室内的黑暗感和封闭感的同时，要考虑柔和性，使游艇的室内空间更为亲切自然。

（4）变化要素。游艇室内整体空间中不可缺少的建筑构件结合功能需要加以装饰，可共同构成完美的室内环境。充分利用不同装饰材料的质地特征，可以获得千变万化和不同风格的游艇室内艺术效果，游艇室内设计还可以考虑不同地区的历史文化特征去设计。

（5）陈设要素。游艇室内家具、地毯、窗帘等，均为必需品，其造型往往具有陈设特征，大多数起着装饰作用。实用和装饰二者应互相协调，需求的功能和形式统一而有变化，使室内空间舒适得体，富有个性。

4. 游艇室内设计风格与流派

游艇室内风格的形成是结合不同的时代的思潮和地区特点，通过创作构思和表现，逐渐发展成为具有代表性的室内设计形式。一种典型风格的形成，通常与当地的人文因素和自然条件密切相关，但又要包含新颖的构思和造型特点。

游艇室内设计并没有固定的风格，主要是根据室内设计的风格，汲取精华，从中创新。当然，游艇的室内设计比较活跃，没有特定的限制，还依据购买者的个人追求、人文因素、教育背景、审美标准和价值取向等条件进行设计。

目前，较为流行的两种风格是新古典主义风格和简约主义风格。新古典主义作为一个独立的流派名称，最早出现于18世纪中叶欧洲的建筑装饰设计界，以及与之密切相关的家具设计界。从法国开始，革新派的设计师开始对传统的作品进行改良简化，运用了许多新的材料和工艺，但保留了古典主义作品典雅端庄的高贵气质。兼具欧式与美式游艇的特质，糅合时尚与古典双重审美视觉效果的新古典主义室内风格，其实就是对古典主义的改良和重新演绎。这一风格既与崇尚时尚前卫的简约主义形成剧烈的反差，又并不是对古典主义风格的生搬硬套，过分繁复的雕饰在经过适当简化后，掺入了部分现代元素，因而具备了古典与现代的双重审美效果。

简约主义是第二次世界大战之后20世纪60年代所兴起的一个艺术派系，作为对抽象表现主义的反动而走向极致，以最原初的物自身或形式展示于观者面前为表现方式，意图消弭作者借着作品对观者意识的压迫性，极少化作品作为文本或符号形式出现时的暴力感，开放作品自身在艺术概念上的意象空间，让观者自主参与对作品的建构。以简约主义为设计风格的游艇室内设计体现的是“少”和“精”的特色，即将华而不实的布置逐渐减去使得在性能和设计上更精细。游艇的室内有许多结构性的布置，包括电缆、电线和水管，外部有夹板、绞车、天线、圆顶和锚固系统，为了达到简约的效果可以通过设计将这些零件隐藏起来。同时，在选材、色彩搭配上都追崇单一的风格，整体简洁但不简陋。

7.1.3　游艇设计公司

国内从事游艇制造设计的公司一直在寻求国内与国际市场需求的异同，立足国内，展望海外。国内游艇以出口为主，中国制造的中小型游艇价格与欧美国家相比便宜 20%～30%，这使得中国游艇在国际上具有竞争力。中国游艇市场已经兴起，游艇的购买力在不断地提高。随着游艇市场的兴起，游艇设计和游艇室内设计成为游艇产业的产业链上的一大增长点。国内有一些设计公司在游艇设计和游艇室内设计领域已经取得了一些成绩。

因为游艇室内设计处于起步阶段，大部分游艇设计公司都会以国外设计公司和设计师作为借鉴和学习的对象。如厦门道恩建筑设计有限公司（简称道恩）是国内比较专业的游艇设计公司，该公司聘请意大利、法国等国外的著名设计师与国内设计师共同组成专业的设计团队，成为国内享誉盛名游艇设计公司。

道恩的核心是开放与融合。其团队充分共享创意资源和丰富项目经验。融合是设计成果的市场化，中外思维从碰撞到趋同，为作品面对市场考验注入强力。

道恩主要的设计对象是 40 英尺以上豪华定制游艇和双体超级游艇（含 120 英尺以下玻璃钢艇，120 英尺以上钢、玻璃钢及钢铝超级游艇），有丰富的整船设计经验，同时参与产品管理、工艺优化、营销策略等环节。现有水神（Aquitalia）95 英尺、85 英尺，希仕德徕（Sea Stella）63 英尺、53 英尺，毅宏 50 米双体超级游船等经典案例。合作过的世界著名游艇厂有：莫里纳里（Molinari）、阿兹姆（Azimut）、贝内迪（Benetti）等。其中道恩与毅宏游艇合作设计了希仕德徕，水神的多款不同艇型的游艇，销量喜人，备受好评。

珠海优帝雅游艇设计有限公司（简称优帝雅）是国内首家专门从事游艇设计和定制的公司，专注于 19～150 英尺动力游艇的总体设计，也拥有游艇内饰设计、游艇监造、游艇购买顾问、游艇设备、船舶送审等业务。优帝雅与意大利和英国的知名游艇设计师一起合作，力求能把最好的设计呈现给游艇制造者及船东。每一个优帝雅的游艇和游艇设计都彰显着其公司的经营哲学，即“好的创意、好的游艇”。

小案例：中国忠旺收购海外游艇企业

中国忠旺控股有限公司（简称中国忠旺）宣布收购以澳大利亚为生产基地的全铝合金超级游艇制造商 Silver Yachts 的控股权，并计划在中国开设工厂，生产全铝合金超级游艇等产品。

“如果只是普通游艇企业，就没有这笔交易。”中国忠旺总裁路长青介绍，全铝合金超级游艇对生产技术、工艺品质都有非常苛刻的要求，中国忠旺更看重与对方在技术、工艺、产品品质等方面的交流和学习，这种帮助和合作是全方位的。

据介绍，Silver Yachts 是世界级游艇制造商之一，有能力设计并生产 70 米以上大型全铝合金超级游艇。中国忠旺是全球第二大工业铝挤压产品研发制造商，总部位于辽宁省辽阳市，在香港上市。

此次并购是中国忠旺继此前收购德国乌纳铝业股份有限公司之后又一起海外并购，这也意味着该企业直接进入下游终端制造领域，实现了在航空、轨道交通、汽车、航海等多个交通轻量化领域的全方位、多层次覆盖。

Silver Yachts 方面表示，将在中国设立全铝合金超级游艇生产基地，规模要大于目前在澳大利亚的基地。新工厂不仅会生产全铝合金超级游艇，也会借助中国忠旺的实力开发一些量产产品。

7.2 游艇码头设计

随着我国经济的发展，人们生活水平不断提高，游艇作为一种新的水上休闲方式，已逐步在经济发达、生活富裕的沿海地区浮现或在相关产业的规划之中。游艇码头这一新的码头类型，与常规的货、客运码头有一定的区别。

游艇码头所系泊游艇主要用于所有人的旅游观光、休闲娱乐或整船租赁业务，与客、货运码头有着本质的区别，针对其建设所需技术要求，现行的港口工程技术规范基本未涉及。近年来随着游艇码头建设的高速发展，人们对游艇码头的建设、营运也有了更深入的认识。

7.2.1 游艇码头

游艇码头是码头的一种类型，是用于停靠游艇的水陆综合设施。游艇包括动力艇和无动力帆船。这里的游艇码头是指包括必要的港池和陆地配套设施能够提供游览船只上下旅客的水工建筑物，游艇码头是码头的一种类型。码头指能够为船舶提供安全停靠，驶离码头和转头的水域。港池要求具有足够的水深并且港池的风浪要小、水流要稳。陆地配套设施主要包括游艇陆上保管设施、陆上管理运营（包括游艇俱乐部）设施、码头服务设施、港区交通设施、人行栈道、下水坡道等。游艇码头具有为游艇提供停泊、清洗、维修和游人上下船等功能，游艇码头主要由堤岸、固定斜坡、活动梯、主通道浮码头、支通道浮码头、定位桩、供水、供电系统、船舶、上下水斜道、吊升装置等组成。

游艇码头与通常的海港码头有着本质的区别，除了要满足港内水域泊稳条件，还要便于操作人员上下游艇，旅游观光的特性更要求游艇码头追求景观效果，使游艇码头的设计需要达到娱乐性、景观性和安全性的三重标准。游艇码头在丰富城市公共活动、美化城市景观环境、提升城市品质等方面发挥着重要作用（王藏等，2009）。

小案例：我国游艇码头起源

我国深圳第一个游艇码头建成于 1998 年，为深圳浪骑游艇会所用，其后的十多年间，全国已先后建成游艇码头 50 多个。游艇码头的发展推动了相关立法监管工作，交通运输部、中国船级社和国家海事局等部委机构经过多年酝酿，先后颁布了多部针对游艇产业的管理规定。

2009 年 1 月，交通运输部《游艇安全管理规定》颁布实施，用于管理游艇、游艇操作人员和游艇俱乐部，并首次将游艇进行了定义，强调游艇主要用于游览观光、休闲娱乐等活动。

2012 年 6 月，中国船级社《游艇入级与建造规范》颁布实施，用于规范游艇的入级与建造工作，进一步完善了我国整个游艇技术检验标准体系。

2013 年 9 月，国家海事局《游艇法定检验暂行规定（2013）》颁布实施，用于规范游艇检验登记作业。此规定提出了游艇的检验要求，进一步完善了游艇管理相关法律法规体系。

2014 年 7 月，交通运输部《游艇码头设计规范》颁布实施首次针对游艇码头提出强制性设计要求，是规范游艇码头设计、建造的里程碑。

目前，全国沿海沿江城市都在发展游艇旅游业，兴建游艇工业园，建设游艇俱乐部等配套设施。随着高端旅游经济的稳步发展，游艇旅游将成为提升我国旅游业国际竞争力的重要旅游产品之一。

7.2.2　游艇码头设计规范

1. 建设标准

游艇码头通常为浮体结构，抗浪能力较弱，部分游艇需要长时间系泊于泊位，因此，游艇码头建设对港内水域系泊条件要求较高，应满足 50 年一遇 $H_{1\%}$波高不大于 1.1 米[①]的条件；风荷载应按 50 年一遇 10 分钟平均风速考虑，固定结构通常按寿命 50 年设计，活动构件或易更换部分可按寿命 20 年设计。

---

① Australia S. Guidelines for the design of marinas. Ports，2001.

2. 关注泥沙洄游问题

游艇码头港池水深多为3～5米，通常位于波浪破碎带附近，泥沙运动活跃，易出现港池淤积的情况，港址选择时应充分考虑泥沙运动对工程建设的影响。

此外，由于浮桥锚旋系统多为定位桩和锚链等结构，投入使用后系泊游艇不易清场或进行维护，疏浚困难。因此，游艇码头设计应充分注意泥沙淤积问题。

3. 平面布置

游艇码头的平面布置有以下要求。

（1）根据游艇码头的特点，系泊水域水深起算基准面应采用极端低水位，航行水域水深起算基准面可采用设计低水位。

（2）游艇大多配有侧推器，能够及时转向和调头，具有 1.75L（船长）的水域宽度可满足单船各项运动操作的要求。

（3）游艇码头航道通常应按双向航道考虑，6B[①]（船宽）是较合适。

（4）主浮桥宽度2.0～4.0米，支浮桥宽度1.0～2.0米，支浮桥长度不应小于0.8L。

（5）梳式单泊位布置有利于游艇的防台风系泊，因此，台风影响频繁的地区尽可能多布置。

（6）主、支浮桥沿泊位侧均应设置系船设施，系船设施间距可取 2～6 米，且每个泊位系船设施不应少于四个。

4. 水工结构

游艇码头的水工结构有以下要求。

（1）浮桥结构段长度通常可取8～24米，结构段内为单个浮桥框架或采用刚性连接的多个浮桥框架，结构段间的连接采用螺栓及缓冲橡胶垫结构。

（2）锚旋桩结构的控制荷载通常为风力作用，相邻的游艇可以考虑上风船对下风船的遮挡作用，下风船被完全遮挡时风作用力可取无遮挡时的30%。

（3）浮桥结构计算人群荷载应取3千帕，但浮力验算时人群荷载应进行适当折减，否则难以同时满足干舷高度和浮力要求。浮力的富余量通常取荷载的15%。

（4）独立浮箱应进行横向稳定性验算，最不利荷载作用应确保浮箱定倾高度大于0米，同时干舷不小于0.05米。为了满足上述要求，通常浮箱底部需要填充适当混凝土进行配重。

（5）为了确保浮箱出现裂缝后不至于立刻影响人员安全，要求浮箱内应填满泡沫塑料等吸水率小的轻质材料。

---

① USA，Task Committee on Marinas of the Coasts，Oceans，Ports，and Rivers. Planning and design guidelines for small craft harbors. Planning & Design Guidelines for Small Craft Harbors，2012.

5. 游艇上下水工艺

游艇码头的上下水工艺有以下要求。

（1）垂直升降工艺设备可采用门式起重机、悬臂式起重机、轮胎式起重机和叉车等。

（2）斜坡道作业设备有艇架拖车和液压艇架车等；斜坡道的坡度一般为12%～15%，单线斜坡道净宽不宜小于 6 米，斜坡道的一侧需设置船员上下艇的配套工作栈桥。

7.2.3　游艇码头的分类

1. 港口与游艇码头的区别

港口是指位于江河湖海沿岸，具有一定设备和条件，供船舶往来停靠、办理客货运和其他业务的地方，范围包括港内水域及紧接水域的陆地。对游艇码头的定义和分类遇到的一个概念性问题是港口与码头的区别。虽然游艇码头和港口的界定不是很清晰，但可归纳为：①大型港口包含各种码头，其中就包括游艇码头；②港口同时具有游艇码头的功能和其他功能；③游艇码头本身就是相对独立的港口。总之，游艇码头依附于港口存在，是港口的重要组成部分。港口内可以有多种类型的码头，停泊游艇的码头包含在兼容观光游赏等功能的港口内。

2. 按照停泊游艇的级别和规模分类

1）大型游艇港

大型游艇港可以停靠包括大型豪华游轮在内的各种游览船只，陆域配套设施完善，与陆域的商业体结合密切。大型游艇港的泊位规模一般为 600 个以上，是具有品牌效应的国际化港口，也是展示城市经济实力和对外形象的窗口。大型游艇港可以停泊国际邮轮、一般客运船只、大型游艇和帆船。

大型游艇港陆域包含的配套服务设施有：游客服务设施、游艇俱乐部、船舶修理设施、港口管理机构等。

大型游艇港辐射后方城市包括游艇旅馆、餐饮娱乐、文化展览、城市广场、交通枢纽及相关产业。

2）中型游艇码头

中型游艇码头依托城市的次中心，近郊居住区、海陆景区建设。主要停靠中型游艇及帆船，也可以停靠其他中小型船只作为临时使用。

中型游艇码头的陆域配套设施相对完善，辐射后方城市以居住、商业服务为主，泊位规模在 200～600 个。

3）小型游艇码头

传统的小型游艇码头主要为郊区高级住宅区及滨水豪宅服务，主要停靠运动休闲型游艇。陆域有较简单的配套服务设施，如休闲会所、商业设施等。泊位规模在 50～200 个，通常为船东个人长期买断服务。

4）独立游艇码头

独立游艇码头主要为滨水豪宅服务，在游艇运动普及、经济发展的地区，大多数地方，它们附属于私人豪宅，是滨水住宅的配套设施之一。同时，在有些国家，因为其建造简单、安全可靠、使用方便，拥有独立游艇码头正成为越来越多人们的追求。但在人口较多的发展中国家，因为人口、土地等因素，应该谨慎发展独立游艇码头。

3. 其他类型码头

1）离岸式泊位

离岸式泊位多位于景观优美的避风海湾，泊位不与陆地相连，设置浮筒供游艇系泊，游艇乘客往返泊位与陆地需通过摆渡艇实现，适用于各种水深建设且维护费用低，使用成本也非常低。

2）公共性码头

公共性主要指非会员制。公共性码头多位于城市附近的掩护水域，有宽阔的游艇活动水域，可建泊位数量较多，大小泊位齐全，适用于各个阶层使用，码头只有必要的配套设施，建设成本不高。此类游艇码头颇受大众欢迎，国外已有大量成功案例。

3）私人码头

位于度假村内滨水岸线的私人码头，常作为别墅的配套码头，包括受船闸控制的限制性水域和直通外海的非限制性水域。私人码头也即国内常见的高档地产配套码头，此类码头多由地产开发商主导建设，不但可以提供私人别墅泊位，还可以提供完善的游艇配套服务。

4）干式泊位

大多数游艇的利用率都不高，游艇不用时可系泊于泊位上，也可储存于陆上停放场或露天艇架、艇库内。可以设想，游艇使用时利用叉车、吊机或斜坡道下水，每次用完后及时通过游艇上下岸设施将游艇上岸及存放于陆上，也就是说可以不用到码头结构，这种陆上储存设施也有人称为干式泊位（邝向荣，2012）。该种形式只需要陆上设施和游艇上下岸设施，建设及维护成本非常低，适用任何环境条件，特别是水域系泊条件差，水位变化或潮差大、冰冻等地区，是推进中等收入阶层游艇业发展的基本设施。

7.2.4　游艇码头总体布置

1. 码头选址

一个地区开发游艇项目的适宜性取决于区域的社会经济发展水平、游艇的服务对象，拟建游艇码头的自然环境及交通条件。一般说来，只有区域的社会经济发展到一定的水平，才具备建设游艇码头的基础。否则，游艇码头只能成为一种点缀，难以发挥其效益。

此外，只要交通条件便利、私密性强的会员制游艇会宜选在自然景观优美、远离闹市的区域；普及型、大众化的游艇会即可选在公共交通比较发达的地区。

自然环境也是游艇基地选址时必须考虑的因素，如波浪条件和地质条件，它决定了建设的可行性及建设投资规模。游艇基地选址时也应考虑港内可利用的水域面积和港外活动水域是否适宜。内河游艇港通常比海岸游艇港造价便宜，因为海岸游艇港经常需建设昂贵的防波堤。

2. 游艇上下岸设施

游艇上下岸设施是指在港池与陆地之间对需要陆上保管或修理的游艇进行升降、移动的设施。除小型码头外，游艇码头应设有将船舶提升出入水的设备。游艇上下岸设施应根据陆上保管设施和临时系泊设施的位置合理布置，以保证游艇的升降和移动能顺利进行。其形式及规模应根据设计船舶的种类、船型、艘数和自身处理能力等确定。游艇上下岸设施一般采用坡道、游艇提升机等方式，也可采用特殊车辆、利用其他设备改造或独自开发的设备等。

1）坡道方式

坡道方式分为陆地岸坡方式和钢轨滑道方式。

在陆地岸坡方式中，游艇采用台车支承沿坡道移动，拉拽设备一般采用绞车或汽车，坡道坡度宜为 1/16～1/12。采用陆地岸坡方式一次投资较少，但操作较复杂，游艇上岸摩擦阻力较大，劳动量大，故坡道方式一般只适用于小型游艇的上下岸。

钢轨滑道方式一般供大型游艇在大中修上下岸时使用。滑道一般铺设两条钢轨，以减少上岸摩擦阻力。游艇用台车支承沿轨道移动，通过汽车或安装在滑道上端的绞车牵引，可以直接从斜坡部分拉拽到水平部分。滑道坡度一般取 1/20～1/8。钢轨间距约为船宽的 1/3，台车的宽度为船宽的 60%～80%。

2）游艇提升机

游艇提升机可分为固定式和流动式。固定式包括叉式提升机、台式提升机、固定式起重机、电动葫芦提升机。流动式包括正面叉车、侧面叉车、行走式起重机、汽车起重机和轮胎起重机。

3. 游艇陆上水平运输设施

游艇陆上水平运输设施可采用台车、叉车、行走式起重机等方式。其中叉车、行走式起重机在游艇基地使用广泛。

4. 游艇保管设施

游艇保管分水面保管和陆上保管。大型游艇基地一般同时具有两种保管方式。若是小型游艇，则可利用水上气浮装置或水上组装式浮箱将游艇托离水面，然后进行陆上保管。

陆上保管游艇的保管周期较水面保管长，陆上保管形式与规模依据设计船舶种类、船型、艘数等合理确定，通常包括游艇存放场、艇库、艇架。陆上保管设施作业机械采用叉车、行走式起重机、汽车起重机、天车等方式。

7.2.5 游艇码头建设对环境的影响

1. 对生态环境影响

游艇码头规划实施的过程中，港池及航道的疏浚将使海底表层泥沙搅动，产生大量的疏浚悬浮物，部分在潮流作用下迁移扩散，会对周围水产生局部影响。游艇项目实施时，施工车船、机械等会产生一定噪声污染，对周围居民的生活有一定影响。但这种影响是暂时的，会随着施工的完成而消失。

游艇码头建成运营期间所产生的废水、废气、废渣、噪声都会对港址周围的水域、大气和声环境质量有所影响。

游艇码头的建设会促进周边地区工业化和城市化的进程，相继带动一系列相关项目的出现，会使尚未开发的自然生态演变为港口城市生态系统，势必引起环境变化，因此应在港口建设的同时重视对周边地区环境的监测和控制。

2. 对水环境影响

游艇码头规划实施的过程中，主要包括的建设项目有码头陆域、泊位水域工程建设等，影响水环境的主要环节包括港池挖泥、陆域形成、码头建设等施工作业产生的水体混浊、施工人员生活污水及施工船舶生活污水、含油污水等。

游艇码头建成后运营期间影响水环境的主要污染源包括陆域生活污水机修含油污水、船舶生活污水、船舶油污水等。

3. 对空气环境的影响

游艇岸线规划实施的过程中，扬尘污染对周边的环境影响较大。游艇岸线建成运营期间，游艇停泊靠港口后游艇尾气的排出为空气的主要污染源。但随着游艇动力设计得越来越绿色化，对空气环境的负面影响将不断降低。

4. 对声环境的影响

游艇码头建设中，可能对规划码头附近声环境产生的影响，主要包括混凝土搅拌机、振捣器、打桩机及挖掘机等。

游艇码头建成运营期间，对周围声环境产生影响的主要环节为进出港车辆鸣笛噪声。

5. 对固体废弃物的影响

游艇码头规划实施的过程中，固体废弃物来自施工建筑垃圾和施工人员的生活垃圾。

游艇岸线建成运营期间，固体废弃物按产生来源可分为船舶垃圾、 港区陆域垃圾；按固废类型分生活垃圾、生产固体废弃物和危险固体废弃物。环境风险事故影响分析游艇岸线规划实施的过程中，主要的风险是施工船舶碰撞产生的溢油事故；游艇岸线建成运营期间，主要的风险是游艇碰撞产生的溢油事故。发生溢油事故时，岸线及水域的大部分资源都会受浮油的影响，敏感区及易受损资源主要包括自然保护区及各游艇码头本身。

7.3 游艇科技

7.3.1 艇体新型材料

碳纤维复合材料对军用船艇做出了巨大贡献。最知名就是 2000 年下水的第一艘 Visby 级巡逻舰，长 73 米、重 650 吨、速度达 40 节。该船在其真空灌注的夹层结构中采用了高延展率的碳纤维复合材料（Toray T700）和具有延展性的高密度芯材（Divinycell HD），这使得船具有更低的雷达和磁场信号，优化的重量使动力需求和燃油消耗远远低于金属或玻璃纤增强塑料制成的船艇。采用了真空灌注的先进复合材料的 Visby 展示了 21 世纪复合材料船艇结构的进步（吴良义，2011）。

一艘长 31 米、宽 15 米，以太阳能为动力，几乎全部采用轻质高强度碳纤维复合材料制成的 TuANOR PlanetSolar 号双体船已于 2010 年 9 月 27 日由 Raphael Domjan 和他的船员驾驶并开始了环球航行。

TuANOR PlanetSolar 号双体船的设计基于“穿浪”原理建成。也就是说双体船的两个船身会划过海洋中的波浪前进，从而帮助船艇在水中保持一个稳定的位置。因为船在环航过程中会遭遇险恶的气候条件，船艇可能受到的高应力所以要求船身必须采用高强度碳纤维复合材料。

7.3.2 游艇装配部件

1. 游艇发动机

进口游艇发动机以沃尔沃、洋马、康明斯为主，另外还有水星、斯太尔和 CAT，但所占份额较小。功率 100 马力以下的小型游艇（如钓鱼艇和帆船艇）以洋马发动机为主；功率在 100～500 马力的游艇，一般选择沃尔沃和洋马发动机；功率在 500～1000 马力的游艇，发动机以沃尔沃为主；大功率游艇发动机以沃尔沃、MAN 为主。游艇发动机在功率小于 500 马力时，洋马与沃尔沃发动机使用性能相差不大；但是大功率发动机，沃尔沃发动机功率覆盖范围更广，除应用在游艇上以外，还应用在政府公务艇，如巡逻艇等。发动机与推进系统集成舷内操作技术（采用前向的推进技术）有密切的关系。这种技术的应用使巡航范围提高 40%，最高转速提高 20%，综合油耗减小 30%，综合二氧化碳排放减少 30%，功率、重量比较大，各方面性能有较大的提升。目前客轮使用的发动机主要是 MTU，另外还有少量 CAT 和康明斯发动机。

2. 进行主流发动机

发动机如同游艇的“心脏”。体现发动机品质高低主要是动力和经济性，即发动机要具有较好的功率、良好的加速性和较低的燃料消耗量。当然，更为重要的是看它是否在所使用的地区有良好的服务网络，再好的发动机也离不开后期服务，下面将介绍几种主要的进口游艇发动机品牌，还有它们各自的优缺点。

1）瑞典沃尔沃发动机

瑞典沃尔沃发动机诞生于 1927 年，以优良的总体性能及燃油效率受到全球用户的欢迎。沃尔沃发动机有完备的动力系统，设计轻巧、噪声少、振动小、每一个原厂的沃尔沃零件都是与整机一起经设计和开发而成的，易于安装维护。沃尔沃发动机在全球都有售后服务网络，所生产的发动机功率范围为 10～2000 马力。

2005 年 1 月沃尔沃推出高效舷内推进系统（inboard propulsion system，IPS），是真正具有革命性意义的产品专利。该系统的研发团队荣获了第 18 届沃尔沃技术奖，是当时游艇界最先进的动力系统。沃尔沃 IPS 的优点是可以让发动机效率提高 35%、最高速度提高 20%、加速性能提高 15%，游艇具备更小的转弯半径和更好的转弯速度，实际测得要比传统推进方式转弯性能优越 50%以上，油耗降低 30%，噪声水平降低 50%，低废气排放，更环保。在中国地区拥有良好的服务网络。沃尔沃 IPS 目前适用于 40～100 英尺游艇。但由于 IPS 特殊的构架，相对于传统结构来说，在日后的维护保养中所产生的费用会更高，对于船东来说，使用起来会更加费心。

2）德国 MTU 发动机

德国 MTU 发动机于 1899 年由德国工程师发明，1960 年被梅赛德斯—奔驰（现为戴姆勒—奔驰集团的公司）收购，其发动机广泛用于舰船、重型汽车和工程机械、铁路机车、坦克。发动机及涡轮机联盟弗里德希哈芬股份有限公司（Motoren-und Turbinen-Union Friedrichshafen GmbH，MTU）不仅制造柴油发动机，其主营业务是制造面向最终用户的完整成套产品。

MTU 在中国有两大骨干公司：MTU 香港公司（MTU Hong Kong）和安特优发动机工程（苏州）有限公司（简称 MTU 苏州），这两大公司保证了 MTU 在中国的顺利运作。为了覆盖全中国市场，MTU 在北京、上海、青岛和湛江均设有分公司，以确保为中国的每个地区客户提供更为便捷的服务。这两家公司都是 MTU Asia（新加坡）的全资子公司，也是 MTU 的一部分。MTU 香港公司成立于 1993 年，当时主要为香港地区增量中的高速客船配备的 MTU 发动机提供售后服务。截至 2017 年，该公司已发展到拥有超过 50 名员工的规模。他们不仅敬业而且拥有非常丰富的经验，负责在中国（包括香港和澳门）MTU 产品的营销、应用工程和售后服务。

MTU 苏州最初作为“MTU 服务中心”，于 1996 年成立。它坐落于苏州工业园区，拥有为中国 MTU 客户提供服务的培训设施和维修车间。2006 年 3 月，为满足 MTU 在中国扩展柴油机组装业务的需要，公司搬迁到龙云路 9 号新工厂（仍位于苏州工业园区内）。这个新工厂主要生产用于发电机组的 MTU 2000 系列发动机，是 MTU 的第三个生产基地。该工厂配备了计算机控制发动机测试台、环保型油漆车间、质量控制部门和拥有来自德国经验丰富的专家，该工厂生产的柴油发动机严格遵循 MTU 严苛的生产和质量标准。目前，在 80 多个富有进取心和训练有素的员工，包括几个国外专家的努力下，MTU 苏州已发展成为中国地区的技术枢纽，支援 MTU 的所有业务运作。目前可以满足中国市场的售后质量。

MTU 的优点是作为陆用、水用和铁路推动系统及发电设备引擎的供应商，MTU 发动机一向以输出功率大、效率高、体积小并且经久耐用的产品在世界范围内享有盛誉。该发动机主要用于超级游艇及 70 英尺以上游艇。

MTU 虽然闻名于世，但其高昂的售价和售后成本也限制了 MTU 绝大部分的产品只应用在军舰、坦克、核电、运输船、铁路机车等要害领域。

3）德国 MAN 发动机

德国曼集团（Maschinenfabrik Augsburg Nürnberg，MAN）成立于 1758 年，是世界上第一台柴油发动机制造商。MAN 是欧洲机械与车辆制造业的领先企业之一，年销售额为 160 亿欧元。作为世界范围内的生产资料产业的产品与服务系统供应商，MAN 在柴油机、商用车辆、工业服务、印刷机械等核心领域和机械设备制造业的一些特殊领域，拥有大约 76 000 名工作人员。

MAN 发动机率先运用了各项最新技术。例如，通过多孔喷嘴进行高功率喷油；涡轮增压和空气中冷，与高压力一起确保低污染燃烧过程。MAN 柴油机设计轻巧、功率强大、持久耐用、耗电量低，可以待续处于工作就绪状态。

MAN 发动机的优点是结构紧凑、动力强劲、排放稍低、可靠性高，主要适用于中大型游艇。但其缺点是后续维护成本较高，船用发动机只占其市场份额的一小部分，使用的是传统的推进技术。目前在国内的售后网点少，维修保养周期长。

4）美国 CAT 发动机

美国卡特彼勒公司（Caterpillar，CAT）成立于 1925 年，公司总部位于美国伊利诺伊州，是世界上最大的工程机械和矿山设备、燃气发动机和工业用燃气轮机生产厂家。CAT 在中国投资建立了 17 家生产工厂，拥有先进的动力装置。

CAT 发动机的优点是转速可在负荷较小或无负荷时实现自动控制，自动降低发动机转速，减少能耗。在国内的售后服务网点较多，能够及时解决用户的售后需求，主要适用于中大型游艇。其缺点是虽然在其他领域的发动机设备有优秀的表现，但在船用发动机领域还是延续了传统的推进技术，油耗较高、噪声大、动力损耗大、市场占有率不高。

3. 游艇导航设备

导航设备是指用于航海、航空、天文、水文、陆上交通等方面的导航、制导装置，其终端类产品一般可分为：导航型、测量型、授时型、测向型等。卫星导航普遍应用于地理数据采集、测绘、车辆监控调度和导航服务、航空航海、军用、时间和同步、机械控制、大众消费应用等主要领域。

1）GPS 导航设备

全球定位系统（global positioning system，GPS）按精度的不同提供两种服务。一种叫标准定位服务（standard positioning service，SPS），利用粗码（C/A 码）定位，精度设计为 100 米左右，提供给民间用户使用，另一种叫精密定位服务（precise positioning service，PPS），利用精码（P 码）定位，精度设计可达 10 米。

GPS 从 1973 年美国国防部正式提出到 1993 年底建成，历时 20 年 GPS 的应用价值极高，所以成为美国政府继阿波罗登月计划和航天飞机计划之后的第三大空间计划，它解决了人类在地球上定位和导航的问题，目前 GPS 的应用已深入各个领域在航海方面，如船舶航行、海上交管、海洋测量、石油勘探、远洋捕捞、浮标建立、海底管道和电缆铺设、海岛和暗礁定位、船舶进出港引航等。在航空方面，如飞机进场着陆、飞行导航、空中加油、空中准确投掷、空中交管等普遍使用。在大地测量方面，由于精密定位的大地测量接收机的出现，给大地测量带来了革命性的变化，成为 GPS 应用的重要分支。此外，在军事上、在空间技术上、在陆地上甚至在人们的日常生活中，都无处不在。

2）GPS 在航海导航中的应用

卫星技术用于海上导航可以追溯到 20 世纪 60 年代的 Transit（子午仪）卫星导航系统，但这种卫星导航系统最初设计主要服务于极区，不能连续导航，其定位的时间间隔随纬度变化而变化，在南北纬度 70° 以上，平均定位间隔时间不超过 30 分钟，但在赤道附近则需要 90 分钟，20 世纪 80 年代发射的第二代和第三代 Transit 卫星导航系统 Navars 和 Oscars 弥补了这种不足，但仍需 10～15 分钟。此外，采用的多普勒测速技术也难以提高定位精度（需要准确知道船舶的速度），所以这种技术主要用于二维导航。

GPS 的出现克服了 Transit 卫星导航系统的局限性，不仅精度高、可连续导航、有很强的抗干扰能力，而且能提供七维的时空位置速度信息。在最初的实验性导航设备测试中，GPS 就展示了能代替 Transit 卫星导航系统和路基无线电导航系统的性能，在航海导航中发挥划时代的作用。今天很难想象哪一条船舶不装备 GPS 导航系统和设备，航海应用已名副其实成为 GPS 导航应用的最大用户，这是其他任何领域的用户都难以比拟的。

GPS 航海导航用户繁多，其分类标准也各不相同，若按照航路类型划分，GPS 航海导航可以分为五大类：远洋导航、海岸导航、港口导航、内河导航、湖泊导航。

3）GPS 在船舶航行中的应用

今天的航海已经十分依赖 GPS，不论是大洋航行、船舶转向、推算船位、对时、拨钟，甚至抛锚都要使用 GPS。

大洋航行中使用大圆航法，例如，从中国驶往美国西海岸航线，在 GPS 出现之前，船舶很难按照理论完成高纬度的大洋航行，因为大圆航法有几十个甚至几百个转向点，这在无 GPS 时代是非常困难的，也是非常烦琐的，多数是将大圆航线变成了几边形的航线。GPS 的出现可以改变这一切，多少个转向点都不再会成为困难，船舶转向时，必须确定准确的转向点，不然就会偏航，甚至搁浅，在大风浪及恶劣天气中，在茫茫大洋上要测出一个准确船位不是一件易事，GPS 的出现，解决了全天候的实时船位，船舶可随时记取 GPS 船位，船舶抛锚时，先选好锚位，量出锚位经纬度，朝着锚位开去，GPS 显示进入锚位，抛锚。现在 GPS 非常普及，有的游艇至少两台，此外，许多航海者有了自己的手提 GPS，航海的便利性已经增加了许多。

4）GPS 在船舶进出港中的应用

在进出港时，由于有限的航道和有限的时间，尤其是船只交汇的时候，可以选用差分 GPS 来保证导航的精度，避免搁浅和碰撞应用差分 GPS 导航进出港，必须考虑建立以下功能。

第一，应增加港口水域图显示系统将港口附近水域、地形、地貌等要素，以 1：50 万、1：10 万和 1：5000 的比例尺编成数字地图，存储在微机中，可以随时调用各种比例尺图，将船舶的位置显示在显示器上。

第二，在统一地心坐标系统和数据处理系统 GPS 接收机收到的卫星信号与差分信号后，输出地心坐标。必须统一地心坐标系统和数据处理系统，形成统一的航行图。

第三，预置航线和航路并根据港口与航道的划分，将港口分区、航道分线，标出航道编号由调度将准许航行的航线和进出港口泊位编号告知船舶，并在该船的航行图上显示出来。

第四，计算偏航值。由计算机计算出船舶所在位置与标准航线的偏离值，并给出校正航线的方位和大小。

第五，控制水深，避免搁浅、触礁。了解航道水下的状况，船舶均设有测深仪采用计算机控制测深仪的自动定标、开关量程转换，以及自动报警等功能，并将有关信息显示出来。

第六，记录存储。将以上各种信息全部存储起来，可进行事后调阅，显示该船舶的航迹图及航道线，这对分析港口航行事故并做出正确的判断有很大的帮助。

第七，监视系统将船位实时发送到调度监控室，从调度监控室的监视屏上查看船舶进出港的情景。

利用差分 GPS 进行船舶进出港口和航行管理是具有极大吸引力的技术，因为这种系统功能强大，可以在地形图上显示出高精度的船只位置，能根据需要选择不同的比例尺显示。这种系统直观方便，能准确知道本船的位置和航行趋势，在能见度很低的雾天条件下能正常工作，这是过去目视导标引航所不及的。

5）GPS 在测定船舶机动性能中的应用

在测定船舶机动性能中 GPS 可以应用在船舶航速测定、船舶回转半径测量、船舶舵角提前量的测量、船舶航向稳定性测量和船舶惯性测量。

6）GPS 在跟踪监视系统中的应用

这类系统主要用于海上巡逻艇、缉私艇及各种游艇，特别是私人游艇防盗，根据具体的使用对象，有些系统需要给出导航参量和双向数据/话音通信，如缉私艇，而有时则不需要给出导航参量，如用于私人游艇防盗，仅需要单向数据通信，一旦发生被盗，游艇上的导航系统不断把自己的位置和航向送到有关中心，以便于跟踪。

7.4　游艇制造

7.4.1　国内游艇制造业概况

1. 国内游艇生产状况

国内游艇生产企业一般年生产销售游艇约 20 艘，以帆船艇和钓鱼船为主，产能基本集中在中型艇（50～60 英尺），一般 10 艘左右；大型艇因生产周期较长，每年约生产 1～2 艘。游艇生产需由国内外游艇设计师先进行游艇图纸的设计，设计完成后由具体游艇生产企业完成图纸审阅，然后根据制造图纸进行游艇模具设计，待模具完成以后，进行游艇的生产。

受国内消费水平和政策的影响，游艇整体数量较 2012 年前略有下降。游艇产品的类型主要以公务艇和执法艇居多，这些艇的运行时间约 500～1000 小时。一般国内游艇因保养不及时，一般使用时间为 10～20 年，而国外游艇的最长使用时间可达 50 年左右。且国内的基础设施建设目前不够完善，每年泊位费用非常高，这也是制约游艇产能不能大幅度提升的一个因素。

游艇产业的发展战略需要建立在对游艇产业内外部的分析基础之上。据国家相关部门人员介绍，国内游艇主要是私人拥有并挂靠游艇俱乐部管理，为非营运性质，主要用于休闲娱乐。此外，有部分营运型游艇被用于客船。游艇与客船存在许多不同之处。例如，客船停靠码头时必须要有足够配额的船员值班，而游艇停靠码头时政策相对宽松无具体要求。游艇多用于私人休闲娱乐，考虑到个人隐私等问题，船东一般自己考取游艇驾照，但使用时间不会很多，年使用时间小于 300 小时。此外，国内游艇市场具有很多的限制因素，包括水域限制、政策限制、海洋文化等，目前还没有较好的发展，较国外相比市场占有量很低，且由于目前国家政策的限制和受国内海洋文化缺失的影响，游艇产业发展较慢（张健等，2017）。

2. 我国游艇制造业发展状况

我国游艇制造起步于 20 世纪 50 年代，经历了几十年缓慢的发展过程，直到 21 世纪初才出现游艇工业阔步发展的局面。最早的游艇制造是 20 世纪 50 年代至 20 世纪 70 年代生产供公园、人工湖及海边用的玻璃钢划桨艇、机动小艇和机动游览艇，玻璃钢建造技术的引进是这一阶段的主要标志，发展相对缓慢，还没有真正进入私家游艇领域。进入 20 世纪 80 年代，沿海和内陆一些游艇企业引进国外先进技术、来料加工与外商合资合作，以 OEM（original equipment manufacturer，贴牌生产）为主要形式，开始生产各种不同规格、不同型号的游艇，包括豪华型游艇。20 世纪 90 年代后期随着休闲经济的升温，大量世界游艇企业选择以独资、合资、合作的形式来华建立游艇制造企业，国内有实力的企业也看好游艇产业，进军游艇制造领域，在游艇生产能力、产品质量、产品类型方面都有了提升。2008 年短暂的金融危机对世界经济的发展产生了深远影响，游艇产业也未能幸免，国内的游艇制造业及时调整战略，转换思路，吸取经验，向更快、更好的方向迈进。

中国船舶工业行业协会船艇分会的统计数据显示，我国现有玻璃钢复合材料船艇制造企业 300 多家，按地域主要分布在南方广东、福建与海南岛珠三角地区，湖南、湖北、重庆等中西部的地区，大连、天津、威海、烟台等环渤海湾与北方地区，江浙沪的长三角地区。广州、深圳和常州是游艇制造企业最为密集的地区，其中，广州、深圳地区有知名游艇生产厂近 20 家，常州地区有知名企业 30 多家。目前，广东的珠海、深圳和东莞，江苏的常州、无锡、苏州，福建的厦门，山东的青岛，以及上海等地已初步成为我国游艇工业的重要基地。

从近几年我国游艇产业的销售收入、出口交货值、出口额等指标来看，60% 以上的游艇是直接出口的，由此可见，我国游艇产业同造船业一样也是外向型产业，其市场主要在国外。我国游艇出口到世界上 100 多个国家和地区，主要是北美洲、欧洲和亚洲地区，最集中的市场是美国和澳大利亚，还有英国、挪威、法国、俄罗斯、荷兰、德国和日本等发达国家。

7.4.2 游艇的艇体材料

游艇的艇体材料是创造产品实用价值与象征价值的主要要素，同时还是产品形式的载体，所以游艇材料与游艇成品相关程度远在其他设计要素之上，新型艇体材料更是对游艇的升级至关重要。

选用艇体的制造材料时，除了它的机械性能外，它的工艺性和经济性也是考虑的因素，随着环保意识的增强，使用材料及其废弃物对环境的影响需要进行评估。常用的艇体制造材料的性能如表 7-1 所示。

表 7-1 常用艇体制造材料性能

材料	密度/（吨/米^3）	抗拉强度/兆帕	抗压强度/兆帕	屈服应力/兆帕	弹性模量/吉帕	比强度	比刚度
钢	7.80	413.70	413.70	206.80	206.80	53.04	26.51
NP5 可焊铝合金	2.70	214	—	110	68.70	79.26	25.44
5086 铝合金	2.66	262	179.30	124	71.00	98.50	26.69

续表

材料	密度/（吨/米^3）	抗拉强度/兆帕	抗压强度/兆帕	屈服应力/兆帕	弹性模量/吉帕	比强度	比刚度
松木	0.55	92.20	—	—	11.80	167.6	21.54
硬枞木	0.54	—	51.03	—	11.70	—	21.67
硬桃花心木	0.54	—	44.82	—	8.96	—	16.59
桃花心木胶合板	0.59	45.50	27.60	—	6.21	77.12	10.53
毡布玻璃钢积层板	1.54	196.20	151.70	159	9.81	127.40	6.37
粗纱布玻璃钢积层板	1.65	206.80	179.30	—	13.80	125.30	8.36
碳纤维+玻璃纤维积层板	1.45	298.20	—	—	16.48	205.60	11.37

资料来源：范宝溪. 1984. 美国玻璃钢游艇的建造材料及其选用原则. 江苏船舶，2：19-25，29

1. 复合材料

复合材料是目前制造游艇的主要材料，中小型游艇几乎全部由复合材料制成。复合材料是指用经一定数量比两种或两种以上组元，通过人工复合，组成多相三维结合，且各相间有明显界面，具有特殊性能的材料。

与传统材料相比，复合材料有两个比较突出的特点：首先是复合材料的可设计性，复合材料可以通过调整材料组分结构和工艺参数来调节材料的性能。其次就是材料与构件成型一致性，传统材料需要先选用以板块棒管和型材等形式供应材料，再将这些材料制品加工成构件。与此不同的是，复合材料和复合材料构件同时成型，即在采用某种方法将增强材料渗入基体形成复合材料同时，也就形成了复合材料构件，这方法也就是复合材料成型方法。根据基体材料不同，复合材料可以分为聚合物基复合材料、陶瓷基复合材料和金属基复合材料。

目前用于游艇制造的复合材料是树脂基复合材料，即以树脂为基体，以纤维、织物等为增强体，基体多采用不饱和聚酯、酚醛树脂，增强基多采用玻璃纤维。目前国外游艇制造公司开始研究并制造出多种先进复合材料游艇，先进复合材料多是指在增强材料选择上选用碳纤维、凯夫拉纤维复合材料等制成的艇体材料。目前国内游艇制造仍多采用玻璃纤维增强复合材料也就是玻璃钢。

复合材料工艺性能较好能满足各种造型需要，而聚合物基复合材料成型工艺大体相仿，可采用手糊成型工艺、树脂传递模塑成型工艺（resin transfer moulding，RTM）、连续缠绕成型法等，其中前两者方法适用于游艇制造，尤其是手糊成型工艺是目前国内游艇制造最为普遍成型工艺。手糊成型工艺和 RTM 都可以制造出来造型复杂且曲面多变的游艇，也可以通过多种连接方式将几块游艇主体连接起来以适应复杂曲面造型方面的要求。另外复合材料具有优异综合力学性能，复合材料轻质高强，能在满足海浪冲击前提下减轻船壳和结构自重，密度较小，而其比强度超过多种结构材料。纤维增强聚合物复合材料密度是钢铁 1/5，铝的 1/2，其比强度和比模量都比两者高出许多。碳纤维和凯夫拉纤维复合材料具有更为优异力学性能，但价格较为昂贵，常常用于游艇某些对于力学要求较高的部位。复合材料游艇制造可设计性能优良，可根据船艇结构设计要求进行材料铺层和结构优化设计对力学要求较高部位进行特殊处理。复合材料具有良好耐腐蚀和耐候性，化学稳定性高，除氢氟酸和浓碱外，能耐各种介质腐蚀，耐海洋大气和气候变化。游艇制造可以在外面喷涂胶衣树脂以有效防止环境腐蚀。

2. 金属材料

钢铁金属材料多用于尺寸较大的豪华游艇，随着尺寸增大，在目前技术条件下，复合材料在超过一定尺寸情况下要达到相应力学要求就需要增加更多结构设计和更多铺层，反而增加游艇重量降低了航行性能，这个尺寸界限根据不同技术条件国内外各有不同，国外在超过 60 米游艇就必须采用钢铁材料制造，而国内也已经能制造出超过 40 米的复合材料游艇。

游艇制造用的金属材料多为钢铁和铝合金材料，对金属材料可以采用冷热弯曲变形、切削加工、焊接、锻压等加工工艺，钢铁材料历史悠久，钢铁材料成型工艺技术比较成熟，因此具有良好工艺性能，可制成各种所需形状。船用结构钢一般采用强度钢和高强度钢，它们具有不同级别强度、塑性和韧性，选择高强度钢可以减少材料使用和焊接消耗同时减轻游艇重量从而提高游艇航行性能，但价格较为昂贵，在游艇设计制造过程可以根据航行区域不同，所受冲击力度不同选择不同级别的钢铁材料，同时可以在不同游艇部位制造过程使用不同型号强度钢，配合使用，在综合力学性能和成本方面取得最佳效果。

造船用铝合金材料相对于钢铁材料具有更高塑性，具有更好工艺性，密度更小可以有效减轻游艇自重。为充分利用两者各自优点，在游艇设计过程中可以将两者配合使用。比如，德国乐顺游艇制造公司研制的 60 米长豪华游艇在船壳材料选用了力学性能更为优异的钢铁材料，而船室材料则选择铝合金材料以满足更多曲面的造型要求。游艇外观制造用金属材料在海水里具有较高耐腐蚀性能，而目前一般结构用钢和高强度结构用钢还不能完全符合要求，受海水腐蚀较厉害，游艇设计时必须考虑增放腐蚀余量，另外可以在材料外部涂覆油漆，干结的漆膜能够隔离空气、水分、日光和其他外界腐蚀，使游艇避免环境侵蚀，延长使用寿命。某些油漆还能使船底避免海生物寄生污染，油漆涂覆后还可以形成质感变化多样的漆膜，起到装饰作用。

复合材料和金属材料在成型工艺方法方面截然不同，都能满足航行环境的各方面力学和耐腐蚀要求。但相对而言，复合材料更适合制作尺寸较小游艇，采用复合材料进行中小尺寸游艇制造能节约更多材料，并能有效提高航行性能，复合材料能够保证船壳一体成型避免出现连接间隙，而且复合材料在表面处理方面更加具有质感表现力。在大尺寸游艇制造方面，采用复合材料制造需要更多技术支持，而将性能、成本等因素综合起来看可能不如选用金属材料更为合理，而且金属材料历史更为悠久，成型方法更为成熟。目前，世界上最长的个人豪华游艇就是俄罗斯富商阿布拉莫维奇拥有的“日蚀”号，长度达到 150 米，外观制造材料就是钢铁材料。

由于技术限制，国内能够用复合材料来制造的游艇尺寸更为有限。复合材料和金属材料在防腐方式上也各不相同，复合材料多用在表面涂覆胶衣树脂来进行防腐处理，金属材料用油漆涂覆来防止腐蚀。由于复合材料和钢铁材料在各个方面具有不同优势，可以在不同部位选择不同材料从而将两者优点结合起来，让具有不同特性的材料来满足不同部位功能需求。如珠海江龙船艇科技股份有限公司为 2010 年上海世界博览会制造的两艘游览用游艇全部为“钢质—玻璃钢”复合型构造，船壳采用船用钢板制作，船室部分采用玻璃钢制作成型，这种复合型造船工艺在中国尚属先进技术。这种船与钢质船相比，既保证了船舶的性能，又减轻了整船的重量，与玻璃钢船相比，不但有着游艇的表面与外观，更提高了游艇防碰撞性与平稳性，成功地避免了玻璃钢船壳怕碰撞的缺点，同时保留了玻璃钢船室美观、重量轻、航速快的优点，更具有豪华游艇的外观效果。随着以碳纤维和凯夫拉纤维为代表先进复合材料在游艇制造领域的有效利用，合理地铺层设计可以有效避免制造成本过高同时提高船壳力学性能，为复合材料在更大尺度游艇制造领域应用提供了可能。

7.4.3　游艇制造成型技术

1. 手糊成型工艺

就复合材料制造游艇而言，多采用手糊成型工艺，尤其在国内基本全部采用手糊成型工艺，手糊成型工艺是用于制造热固性树脂复合材料一种最原始、最简单的成型工艺。其工艺过程是在模具上涂刷含有固化剂树脂混合物，再在其上铺贴一层按要求剪裁好纤维织物，用刷子、压辊、刮刀挤压织物，使其均匀浸胶排除气泡后，再涂刷第二层纤维织物，反复重复上述步骤直到达到所需要厚度为止。然后在一定压力加热固化成型或利用树脂自身释放热量固化成型，最后脱模得到复合材料制品。从设计资料到产品制成共经历木模制作、阴模制作、产品糊制、脱模、修剪合成几个步骤。

木模制作第一步就是进行模具基础制作，为减小木质阳模变形，在制作阳模前一定要打好坚实基础。生产中一般采用工字钢作为基础的底座，在工字钢上表面固定木方以固定各部位的样板。模具基础制作完成后根据型线图制作各站位的木模样板，然后将样板牢牢固定在模具的基础上，调整使其基础面垂直。沿船长方向用木线条做好纵向接筋，组合成一个船壳框架。再用多层板在此框架上敷制木模外板，板缝之间的间隙不宜过大，敷制后要对整个船壳进行检查，主要检查木模的方正性及流线性。检查合格后，用原子灰将模具表面处理光顺。首先，进行初步光顺，主要处理板与板的接缝及木模表面的凹坑，然后用砂纸进行打磨，使其达到初步光顺。精处理后，喷涂胶衣树脂。木模制作是游艇制作过程最为复杂、耗时最多的工序，木模形状就是制成产品形状，木模表面光顺程度决定着产品表面质量。木模主要材料是木材，木材制品多为板材，虽然木材可以采用热压弯折等成型工艺进行曲面造型，但是在游艇木模生产过程里，更多的还是使用传统的钻刨磨等工艺，不能满足复杂曲面造型，更多的是进行一些边缘加工。

木模制作完成后就可以开始阴模制作，阴模材料选择根据模具使用次数不同，批量生产游艇采用玻璃钢材料进行模具制作，而单件游艇生产则采用木模、石膏模或木质与玻璃钢组合模。为保证阴模能够同木模顺利脱离，就需要在阴模制作前在木模表面涂抹脱模剂，然后在木模表面涂抹胶衣树脂，胶衣树脂颜色就是阴模颜色，因而其颜色应同木模和产品颜色具有较大差别可以在开模时更方便识别。涂抹后开始阴模主体糊制，糊制是指将纤维织物同树脂交替涂覆在木模表面胶衣，糊制过程应保证纤维同树脂具有良好浸润性，其中纤维织物包括布和毛毡两种制品，两者受力性质不同，价格不同，但可以混合使用。而基体树脂内含有促进剂、引发剂及固化剂保证阴模在糊制后快速固化。模具糊制完成后需要经过一段时间固化，固化完成后将阴模从木模上方脱出。为了减小模具在使用过程中的变形，应沿船长方向为模具设置连续纵骨，横向设置肋骨。游艇外观表面光顺要求较高，因此采用阴模生产，但是某些小艇因为没有船室，上方部分在生产过程里会将内部结构同时生产出来，这时就会采用阳模成型。

阴模制成后就开始产品制造，产品制造过程同阴模制造过程大体相似，经历涂抹脱模剂、涂抹胶衣、糊制、脱模等过程，具体材料用量配置、固化时间、环境温度会有差异。某些游艇为保证强度、减轻质量会在糊制结束后安置加强结构。脱模过程多用木楔沿边缘将制品与模具分开，接入空气或水，利用空气压力或水的压力使制品与模具分离，待产品从阴模里面脱模后进行边缘修理。

在船壳和船室都糊制完成固化后，将游艇上、下两部分用机械连接方式连接起来，对于一些较小造型可以采用胶连方式连接或者借助于组合模具来生成。

2. RTM

复合材料制造游艇工艺除了手糊成型工艺以外还有 RTM。RTM 制造过程是将增强纤维先置于模具中形成一定形状，再将树脂注射入模具、浸渍纤维并固化成型。RTM 模具制备和喷涂胶衣工序与手糊成型工艺相同，脱模后各工序也同手糊成型工艺相同。RTM 采用闭模操作，不污染环境，成型效率较高。

在游艇制造领域，RTM 有一个特别应用就是真空导流技术，真空导流技术是在模具上铺“干”增强材料（如玻璃纤维、芯材等），然后铺真空袋，并抽出体系中的真空，在模具型腔中形成一个负压，利用真空产生的压力把不饱和树脂通过预铺的管路压入纤维层中，让树脂浸润增强材料最后充满整个模具，制品固化后，揭去真空袋材料，从模具上的到所需的制品。

在钢铁材料游艇制造过程里，先要对材料进行处理，再用矫形机进行矫正、喷丸或抛丸、除锈、涂防护底漆，这也就是钢铁材料预处理，预处理完成后再应用样条、样板、板箱或草图等放样资料，将放样展开各零件图形及其加工、装配符号画到平直钢板或型钢上去，这就是号料过程。

钢铁材料游艇建造多采用分段进行，在船壳曲面变化较缓和部分采用较少分段，而在曲面变化较复杂部分则分成较多部分进行建造。经过号料工序后的钢材利用辊、压、折等工艺塑造出所需形状再利用切割、剪切、刨边等边缘加工工艺进行边缘处理，将加工成型的船壳分段如底部分段、舷侧分段、船室分段焊接装配起来，形成整个游艇成品。

3. 连续缠绕成型法

连续缠绕成型法是一种制造筒状复合材料制品的特殊成形法。连续缠绕成型法也是一种连续纤维增强复合材料的制造方法，它需要的基本设备是连续缠绕机，类似于机械加工的车床。纤维的树脂浸渍方法主要有两大类：一类是通过树脂浸渍过的辊子，另一类是直接通过液体的树脂。

4. 注射成型

模具也需要对模，且要耐压并具有良好的密闭性。注射成型需要两个模具，成本高，所以只适合体积小、生产批量大的产品，如高精度的船艇配件，很少用于制作船艇壳体。在注射成型的基础上又派生出真空辅助成型，近年来在高档船艇制造中得到推广。

5. 真空辅助成型

真空辅助成型又称真空导入工艺，它与注射成型的不同之处是只需要一个单面模具（就像通常的手糊和喷射模具），上面覆以真空袋，建立一个闭合系统，所以它更适合船艇壳体的制作（孙卫东和朱清，2011）。

真空辅助成型是一种利用真空袋建立真空系统，大型复合材料成型工艺法，利用真空状态下树脂的流动达到浸润材料的一种方法，更适合游艇船壳的制造。

传统意义上的手糊成型工艺具有生产效率低下、产品质量和稳定性低、不能满足高端游艇和大型游艇的生产需要等缺点，在此基础上提出了真空辅助成型。

真空芯材导流工艺将夹芯复合材料的所有优点与闭式压模在工艺、性能及卫生保健与安全保障方面的优势出色地结合在一起。采用夹芯结构在保持强度的同时明显减轻了重量、增加了刚度，在重量不增加的情况下，通过增加芯材的厚度，获得更高的强度和刚度。同时，闭孔夹芯材料可以起到吸振缓冲、隔音绝热的作用。采用夹芯结构，给设计带来更大的自由度，实现了出众的强重比，提供了船艇工作的更高速、更远程、更大的载荷能力及相应的降低功率需求量。

7.4.4 新能源游艇制造投资趋势

随着人们环保意识的提高及能源价格的上涨，新能源动力艇越来越受到消费者的青睐，游艇产业也将掀起一场能源大变革。绿色造船将成为游艇产业的发展方向，用洁净能源来代替燃油、燃煤来作为游艇的主动力是业内人士共同关注的焦点。绿色游艇产业的发展也将促进游艇环保节能技术的进步，如游艇太阳能和游艇风能设备制造、游艇污水厨余垃圾的生物降解技术、游艇的蓄电池技术、游艇的机油净化技术。

环保游艇的发展离不开环保政策和立法的支持。美国就十分重视可再生能源和节能技术的研发并按照可再生能源和节能技术成熟程度，对技术研发项目给予持续的资金补助，以降低私人企业投资的风险，提高其技术研发的积极性。在项目最初的可行性研究阶段，美国政府一般给予全额资金补助。

在 2011 年第 50 届巴黎国际船舶展上，以风力、电力、太阳能为动力的新能源游艇成人们关注焦点。瑞士楚格公司提出了太阳能计划（planet solar project），该计划的主旨是要坚定地服务人类和环境，发展和推广可再生能源的应用，取代传统的石化能源。同时，一系列命名为 PlanetSolar Village 的太阳能源和可持续发展的展览与推广活动会召开，该计划还设计出目前全球最大的太阳能游艇，该革新性游艇长 30 米，船上覆盖 470 平方米的太阳能光电板为自航动力，计划以平均船速 10 里进行环球之旅。

上海海事大学研制成功的游艇“天翔 1 号”，提出了燃料电池电力推进的新思路，并设计了燃料电池发动机，这是一种将氢和氧的化学反应直接转换成电能的装置。这种装置的最大特点是反应过程中不涉及燃烧，因此，能量转换率为 60%～80%，而且具有排气干净、无噪声、可靠性极好等特点。设计显示出了它无污染、无噪声和采用氢能为动力等不同一般特性。

全世界都在关注新能源在各个游艇产业投资领域的发展。同时也可以看到，游艇产业的新能源选择方向是由混合动力到多种洁净能源提供动力，再到太阳能提供动力，一步一步迈向新能源替代燃油等污染能源成为游艇产业的主要动力来源这个目标。

第8章　游艇展会与教育

8.1　游艇展会与游艇交易

8.1.1　游艇展会的综合效益

游艇展会的意义不仅在于其商务意义，还在于主办者是否能通过展会活动引入游艇休闲的概念。如果当地政府和商界能借助游艇展会积极完善游艇消费的相关设施、政策，游艇经济就会得到较快发展，也会给游艇企业带来新的市场机会。游艇展会即使不能立即让游艇经济壮大，也将成为游艇经济发展的重要里程碑。游艇展会的综合效益主要体现在以下几个方面。

1. 游艇展会对游艇产业的推动作用

首先，游艇展会对游艇市场交易有较大的推动作用。参与游艇展会的观众有不少是买主或潜在买主，消费者青睐于游艇展会，因为游艇展会提供的产品和价格选择范围更广，同时也免去了与游艇经销商交易的复杂过程。

对于游艇经销商来说，游艇展会也是一个重要的市场契机，部分游艇经销商在各游艇展上的销售达年销售额的1/3。如2012年4月在上海世博展览馆举办的中国（上海）国际游艇展促成22亿元交易额，年增长120%。其中，展会现场实际成交额近10亿元，意向成交额近12亿元。三亚2012年的“海天盛筵”也创下了10个亿的交易额。

其次，游艇展会对于游艇制造商的生产有一定推动作用。游艇制造商的设计人员可以通过游艇展，了解世界最新的游艇类型，并在现场进行市场调研。游艇展会不仅是游艇展览本身，更有效整合了公务机、奢侈品、国际休闲产业展（Expo Leisure）三大展会。这三大展会既有效结合又相互补充，构成了全产业链的“金三角”格局。国际休闲产业展竭力打造“全运动”展概念，分为水上休闲、户外休闲和休闲健身三大展区。

最后，游艇展会对游艇行业的可持续发展有积极的推动作用。游艇展会是游艇制造商、经销商和游艇消费者（游艇爱好者）交流的平台。很多新产品、新技术及游艇生活方式都会在展会上首次推出，对游艇行业专业人员来说，游艇展会是不可多得的了解行业新动态的机会，便于他们在今后的设计、生产、发展与销售做科学的调整，适应整个市场行情，实现长远持续发展。

2. 游艇展会对地方文旅品牌建设的作用

近几年的游艇展会引起了全中国和全世界的关注，如 2013 年世界游艇盛典的嘉宾有来自 14 个国家的 16 个游艇行业协会、30 多位国际著名游艇企业首席执行官、9 位中国各省市游艇行业协会代表、8 个滨水城市政府代表团、近 400 位中国游艇企业代表和专家学者、20 多家中国投资机构代表参展参会。高社会关注度为游艇展会举办城市树立了一个新的形象，让大家认识到这些城市不仅是普通的旅游目的地城市，更是适合发展海洋文化、水上运动和游艇产业的城市，进一步使这些城市营销推介活动获得了新契机。

游艇展会往往会带来大量人流，参会人员对吃住行游购娱的需求较大，而且游艇展会带来的游艇客源具有较高的消费能力，属于游艇业当中消费较大的高端客户，他们的消费会产生巨大的经济效益。例如，第三届三亚国际游艇展暨海洋文化节共有 25 家参展商，参观人数达 15 000 人，其中专业观众近 3000 人。第四届三亚国际游艇展暨海洋文化节共有 35 家参展商，近 6000 名观众到场参观。第五届三亚国际游艇博览会共有 55 家国内外知名企业参展，三天半时间吸引了 5000 名观众参观，有近 5000 位游艇潜在消费者参观展览，现场成交 5 艘不同型号的游艇。三亚游艇展会吸引了来自全世界的参展商、游艇行业人士及参展观众等，他们在三亚停留期间的消费及游艇活动给三亚带来了直接和间接的综合收益，并让更多国内外高端消费人士了解三亚，为海南国际游艇岛建设的形象宣传再添推力。

3. 游艇展会对中国会展业发展的作用

游艇展会是展会的一个重要形式，其对会展业的发展主要有如下作用：第一，游艇展会属于高端的奢侈品展，相对于其他的普通展会所租用的场馆面积和搭建成本都要高，有力地增加了中国会展供应商及会展服务人员的收益；第二，游艇展会大部分属于国际性的盛会，给会展人才提供了一个很好的交流平台，有利于中国本地会展业学习借鉴国外的展会的思想、经验和技术；第三，游艇展会有利于多个国家和地区的展会人才了解中国，认识到中国得天独厚的自然条件、经济条件和社会条件，推动中国会展业的规模化发展；第四，游艇展会丰富和补充了中国展会的形式，游艇展会在海洋上的举办使中国展会从陆地延伸到水上，从普通展会发展到高端展会，形成了水陆结合、大众高端展会齐头并进的局面。

4. 游艇展会有利于推进海洋文化的传播

游艇展会不只是展览，还包含了丰富多彩的海洋主题文化生活，如第四届三亚国际游艇展暨海洋文化节就同期举办了“第二届三亚国际水上摩托车大赛”“首届三亚帆板公开赛”“首届三亚国际海钓比赛”等一系列活动，展会同期举办的还有海洋文化论坛系列讲座。总之，游艇展会能通过各类海洋文化活动来潜移默化地影响人们的生活方式，将多样的海洋生活方式用活动的形式呈现给大家，让人们用观赏、体验的方式来享受大自然赐予我们的别样风情，进一步了解海洋，感受海洋的文化和魅力。

5. 推动了游艇俱乐部的发展

通过游艇展会的方式来进行俱乐部宣传有着极大的优点：首先是大量媒体的引入，可以通过大众媒体的报道提高俱乐部的知名度和信任程度，增加产品宣传面，进而可以吸引到更多的消费群体的参与。其次，游艇展会是一种比较高端的展览方式，因此在举办展会的同时可以吸引大量的高端消费群体，进而可以进行其他高端产品的销售和宣传工作，获得范围经济效益。然而，新的游艇俱乐部展会的举办并不是很容易的，需要多种资源的整合，包括政府支持、资金来源、媒体宣传、公众参与等，并且举办展会时间越长，才能获得展商更多的信任。大连星海湾国际游艇俱乐部已经举办了多届大型的游艇展会，并且不断改进自己的商业模式，实行游艇的代销工作，并且为其他的游艇俱乐部的经营管理提供指导性质的工作。其不断发展集“会展—培训—销售代理—活动”为一体的“星海湾模式”，拟为其他游艇俱乐部提供专业的管理咨询服务。

小案例：游艇展会——游艇俱乐部的市场营销利器

游艇俱乐部以举办游艇展会为市场营销的利器，在通过船展吸引全国媒体关注的同时，也把这场秀变身成华丽的聚会活动，成为高端消费人士最佳的商务社交场所。热闹、炫目的船展秀带来的荣耀，在极大地提高俱乐部社会关注度的同时，也刺激了潜在客户的向往心理。虽然中国（上海）国际游艇展受到国内外业内人士的高度认可，但作为一场“主角不能在主场”的秀——游艇不在水里，无疑是中国（上海）国际游艇展最大的短板，还好自2009年起开始设置水上展区，不过是在距离主展区10公里之外的黄浦江，从2012年起，中国（上海）国际游艇展整体移到上海世博展览馆，才获得3000平方米的水上展区，使情况有所改善。因此，打造自身带有水上展区的船展就成为各游艇俱乐部突出重围的一扇窗口。

可以看出，游艇展会是一种很好的宣传和吸引顾客的方式，然而，展会要选择合适的场地是一项极为重要的工作，只有良好的场地及合理的配套设施的配合下，游艇展览才能更好地实现自身的价值。这一模式中做得比较好的就是深圳大梅沙湾游艇会。公司以 8 万平方米的天然湖泊为依托，通过提供泊位、举办水上游艇展览等活动，来加强自身的宣传工作，吸引了世界各大游艇品牌。

8.1.2　游艇展会发展的不足

近年来，伴随游艇业兴起，游艇展会层出不穷，至 2014 年更是达到了巅峰，如从 3 月的“海天盛筵”到 12 月海口世界游艇盛典，从南国的三亚到北国的大庆将近 30 场，仅华南地区就有十几场。但是，在热闹的表象下，真正能搭起参展商与现实及潜在买家互通平台的展会却不多。因此，从深层挖掘问题根源，探究完善游艇展会的办会机制，增强展商的选择力，使两者真正达到共赢的目标，是业界每个人的应有责任。游艇展会的迅速发展给游艇产业及游艇等行业带来了巨大的良机，然而，快速发展使得展会在管理及品牌建设方面还存在着不足，主要表现在以下几个方面。

1. 展会虚假行为

为了聚集人气，推销展位，拉到更多展商和观众，实现自己的利益，不少展会承办方玩起了数据“游戏”，不管是参展规模、人数，还是成交额或者其他正面影响如何，都一概对外宣称收获满满，或用“现场签约”造势，或对外宣称“意向成交额”多少个亿，给人以一种极具诱惑的震撼。其实，真正成交的并不多，有的甚至一单都没做成。虽然地方政府撑足了“面子”，承办方也赚到了“票子”，但真正损害的是费心、费力、费钱的众多参展商，造成这种情况的深层原因是游艇行业发展还不成熟。所以，各地不乏打着推广游艇生活、推动游艇产业旗号者，不加选择地一窝蜂寻机抢夺各个城市的展会资源，就连地处高原的西藏也要举行国际性游艇展会。这种不符合行业发展的游艇展会，完全无法给参展商任何帮助。

从游艇展会本身的功能作用与新业态推广的需求来说，游艇展会的盛行并非坏事，因为游艇展会确实可以促进销售业绩、提升品牌知名度和推广游艇生活及水上文化等。但问题是在逐利动机下，承办方只要有利可图，不管条件是否成熟、专业能力是否具备，组织游艇展会，这样的结果必然是良莠不分、参差不齐，势必影响与损毁展会行业的声誉和形象。纵观整个行业，除了中国（上海）国际游艇展、三亚国际游艇展、中国（深圳）国际游艇及设备展出会等几个展会做得相对成功外，大多数都没有做出影响力和成交量。另外，还有些展会承办方为了凑人气，把游艇展办成了无所不包的“花招”展，如招募机器人、以日用品充数、用美女模特等吸引眼球，但通过这些吸引来的人群都不是游艇展商的目标客户。这对参展商和消费者都是莫大的伤害，让参展商费时、费力、费钱，却换来一个没有任何效用、效益体现的结果，使他们越来越不愿意参展。

2. 游艇展会效益不足以吸引商家

在游艇市场尚未完全成熟的现阶段，游艇展会的确是一种相对成熟的营销渠道。许多从游艇展会走过来的厂商对此深有体会。目前，我国游艇消费还处于启动阶段，大家还没有找到更好的营销办法和策略，希望通过展会来提高品牌知名度，来拉高消费份额的心态可以理解。可是，很多游艇展会都不甚理想，参展商感觉很失落，也很纠结和犹豫。参展效果微乎其微，投资和付出基本是打水漂；不参展又怕同行抢去先机。这其实就是一种从众和侥幸心理，一旦没有业绩发生，参展商就会平添许多怨气和失望。当下，由于期望值降低，成本控制力度加大，许多厂家和代理商都慢慢淡出展会。从众多展会也可以看出端倪，跨地区、大规模的参展商已不复存在，无论是在三亚、上海、大连，还是在青岛、威海，参展商都基本以本地企业为主，长途跋涉参展的企业越来越少。

3. 游艇主题不够鲜明

游艇展会的主题应该围绕着游艇开展，但由于承办方追求一些短期的商业利益，会冲淡游艇主题。以 2013 年世界游艇盛典为例，这是一个国际性的展会，有来自 14 个国家的 16 个游艇行业协会主席、30 多位国际著名游艇企业首席执行官等出席。展会共设 5 个展区：水上游艇展区、陆地游艇及游艇设备展区、游艇相关服务展区、各国游艇协会国家馆展区、游艇开发区及游艇地产项目展区。

其中，水上游艇展区规划 250 个游艇泊位，陆地展区近 5 万平方米。参展产品大类包括游艇、帆船、海钓船、摩托艇、充气船等各类海洋休闲运动船艇及码头开发服务商、维修服务商、培训机构、游艇经销商等。

但因微小的经济利益，展会的承办方还将一些与海洋游艇不相匹配的产品，如丝绸、字画、小吃等也加入了展会。这些展品的存在严重影响了展会的水平和质量，还造成了展会的主题模糊。

4. 展会管理不完善

游艇展会基于其特殊的展品（游艇）、特殊的展场（水上和陆地）和特殊的展出形式（水陆联展），涉及游艇航行、停泊、出入境、交易、保税、海域开放等方面。因此，展会的举办及管理相对其他展会更为复杂，给展会的管理带来了更大的压力。中国游艇展会的历史偏短，缺乏展会的管理经验，这也成为游艇展会进一步发展的瓶颈。

还有一个造成管理不够完善的原因是缺乏游艇展会的专业人才。游艇展会行业作为一个新兴的交叉融合型行业，专业人才匮乏。目前，中国游艇的船长和船员有相当一部分是由渔船转到游艇上工作，虽然航海经验丰富但游艇相关专业知识缺乏，特别是维护保养方面，随船客服人员的专业服务水平也很有限，相关销售人员对游艇也不够深入了解，这样不便于为顾客找到真正适合自身需求的游艇，而游艇高级管理人才更是欠缺。

8.1.3　游艇展会成效提升策略

游艇展会是游艇生产商和参展商之间的合作平台，双方的合作模式是游艇行业的一个重大问题，而如何消除目前展会存在的不足，还展会的本来面目，并通过不断创新和完善，使游艇展会更好地为参展商服务，为游艇行业的快速发展发挥应有的作用，都是整个游艇展会行业需要严肃考虑的问题。只有解决了这些问题，双方互利共赢，合作才会走得更远，游艇展会才能实现预期的效益。

1. 参展商要以战略的眼光对待展会

展会与参展商息息相关，既互惠互利，又利益捆绑，两者互利共赢，才是合作发展的方向。

作为展会，除了加强专业度、推广度、策划执行力外，在一定的辐射区域内，办展时间交叉与相关资源的整合同样重要。如三亚国际游艇展，广州莲花山海陆空盛筵暨中国（广州）国际游艇、房车、通用航空博览交易会，中国（深圳）国际游艇及设备展览会等，参展的展品要来回往返，既增加长途转运成本，又耗费奔波精力。各承办方完全可以通过全国性及省市协会之间的协调，使展会冬春季尽量往南展开，夏秋季往北展开，形成一个以区域性企业参与为主，邀请部分外省市特定企业与特色产品顺路参展的巡回展格局。另外，由于目前游艇展会多而杂，像目前三亚就有 4～5 个，广州有 3 个，深圳也有 3～4 个。这既不利于提高办展水平，也会增加展商成本，造成资源的浪费。

展会承办方可以通过资源对接，统一规划，尽量实现一个城市只办一个有特色的游艇展会，这样参与企业的选择性会更强，参与性会更高。许多厂家都把参展当作唯一市场推广渠道，这是营销渠道缺失所致，也注定了它要被展会承办方绑架的命运。游艇企业不能只有“华山一条道”，要有一种战略眼光与对应的实施策略，拥有属于自己包括电商在内的更多营销推广办法，如规模性制造企业要提升企业的内在能力，把团队做强，把品牌做好。中小型企业应更多地采用灵活的方式，与经销商、委托分销商、特定客户群、众筹合作体等形成互动。届时，卖方企业就无须依赖展会。至于是否需要参展，在复杂的大环境中卖方企业要擦亮眼睛，学会考量、选择怎样的展会才能给自己带来预期的效果。

2. 满足行业发展人才需求

游艇市场的发展依赖区域，但这个区域不一定有足够的人才支撑游艇行业的发展。一个行业需要人才支撑，所以要发展游艇产业的地方政府应出台相关政策宏观调控就业环境，降低外地人才落户难度，加强本地环境的包容性，吸引并留住人才。

以非常适合游艇产业发展的三亚为例，该地区在吸引着大量的资本，但仍无法吸引到足够的行业人才。当地政府不仅应该从外因引智，也应帮助有意愿的渔民平稳地过渡到游艇产业，满足行业发展的人才需求。对于游艇相关培训企业可以考虑给予相应的政策或税收优惠，保障人才培养的有效激励。

3. 创意鲜明的主题活动

无论是游艇厂家、代理商，还是游艇展会商，归根到底，目的都是希望有成交量，能签下交易合同。换句话说，就是希望有市场，但我国目前的游艇业还处于培育阶段，市场的总体消费量还很有限。这需要整个游艇行业共同来推广普及大众化的亲水生活方式，让大众接受海洋文化的熏陶，让人们有亲水、爱水的观念，从而爱上游艇、享受游艇生活，进而全面拉动游艇消费。只有游艇能进入大众休闲需求的视线，大市场才会形成，才会从根本上推动游艇展会业和整个游艇业的进一步发展。因此，作为直接连接文化认知与生活消费桥梁的游艇展会，更多地要发挥它的生活推广、产品推介、产业推动的应有作用，通过多组织一些趣味性、知识性、时尚性俱佳的生活体验活动，使游艇及其文化更加深入人心。

例如，举行 VIP 海上试乘体验，让观众更好地体验海上生活和游艇生活的魅力，促进交易的达成；举行游艇宝贝选美大赛，它是一场时尚与美的专业赛事，结合了游艇高端休闲工具的特点，用美丽的游艇宝贝凸显游艇之美，吸引潜在顾客，并给游艇展会注入新的活力和生命；举行颁奖晚宴，它既是产业精英的聚会，也是对产业发展的盘点，是集颁奖、晚宴、商务交流为一体的高级商务社交活动；举行游艇摄影大赛，借助镜头、影视资料更好地传播游艇文化，提升游艇在人们认可的休闲活动中的地位。

4. 优化展会举办机制

政府应该主导投资展馆设施建设，制定配套政策，由主导型向支持型转变。国外许多国家的展馆所有权与经营权是分离的，政府是展馆的所有者，具体的经营交给专业的展会公司，实现展会的专业化、商业化、市场化运作。由专业会展公司负责展会项目运营，实行市场化运作。注重对专业展会公司办展能力的培养。如上海在最初办展时，政府积极动员展会公司参与，从展会的具体布展到组织安排均交由展会公司管理。经过几年的发展，参展商的结构不断优化，参展企业的产品质量也不断提高，展览公司提供的专业化服务提高了顾客的满意度和忠诚度，保证了稳定的客源和参展商，初步实现了市场化运作，解决了展会经费问题。

5. 加强展会现场管理

游艇展会涉及水陆两地，其展位搭建、商品展出、人员参观等更为复杂，必须加强展会现场管理，做好展会现场服务，为展会带来更大的效益。现场管理应注意以下几个方面：①应找出游艇展会可能出现的问题并做精密分析；②努力在不确定因素里尽量找出确定的因素；③备有预案和预备力量；④尽量利用服务链外包服务，进行监控；⑤指定专人在专门时间负责专项工作，明确分工，分清职责，责任到人；⑥重点工作实行双重核查制度，重要环节实时监督；⑦重视对临时人员的短期培训。虽然当前游艇展会行业普遍水平不高、效果不好，但不能因此就断定该行业已无发展前途。恰好相反，这个行业的主体是游艇制造及其消费，而游艇业又是一个充满希望的新兴产业，关键是在新的转型要求态势下不能走传统道路，而要创新，办出具有区域特征、专业水准和富有地方文化个性的游艇展会。这样的展会才会被展商所接受，也才会有持续发展的动力。

8.2　游艇嘉年华活动

8.2.1　游艇嘉年华活动状况

根据客户的不同需要或游艇俱乐部自身的特色服务，游艇活动主题及活动通常由游艇俱乐部策划承办。游艇及相关的一系列休闲活动的经营，主要依托于专业的游艇俱乐部展开。游艇俱乐部是游艇活动最重要的场所。现代游艇俱乐部已经发展成集餐饮、住宿、娱乐、商务、停泊、驾驶训练、补给、保养维修等多功能于一体的大型场所和经营机构。

游艇俱乐部所提供的游艇综合服务包括游艇维护、游艇租赁、泊位销售、特色服务、驾驶训练等。游艇活动主题包含于游艇俱乐部所提供的游艇特色服务中。目前，我国不同地区具有代表性的游艇俱乐部所提供的特色服务具体包括海上婚礼、商务活动、海上垂钓、游艇观光度假、赛事活动、各种游艇派对、游艇酒会、游艇驾驶、特色卖场、影视拍摄、海岛探险、海底观光、展会、宴会、晚会。

由于我国游艇产业还处于起步阶段，游艇主题活动也存在一些问题，具体可以概括为创新少、移植多，缺少主题及表现手段，雷同多、特色少，内秀多、传播少，具体表现如下。

（1）缺乏深入和丰富的主题。游艇俱乐部所提供的特色服务主题单一，多数以休闲为主，其他主题如商务主题、家庭主题、公益主题涉及较少，产品线深度明显不足。目前我国游艇主题活动产品仅局限于游艇观光、餐饮、会议等，产品种类单一，依旧局限于传统形式，并没有充分利用游艇的特色元素充实活动内容。如商务活动，仅局限于酒会、展会、宴会，其他涉及商务主题的活动较少。游艇俱乐部所提供的服务产品，只停留在产品物质属性层面，产品所具备的精神属性——主题性，体现较弱。现存的各种游艇活动主题具体内容总体上趋于一致，观光、餐饮为多数活动的主要内容，而能体现本活动主题的专属活动较少；同时，多数游艇活动主题并没有体现出游艇和海洋文明的特色，也就是说，很多在游艇举办的活动，在陆地也同样可以举办，而且没有太多的差异性，游艇和海洋主题性没有太多的涉及和体现。

多数能体现游艇和海洋元素的活动主题也只是简单地停留在借助大海及游艇元素层面，如乘坐游艇观光、在游艇饮食等，只是简单利用了游艇作为活动载体而已，与海洋文化及游艇深度结合的活动主题较少。

（2）缺乏与消费者的联结。游艇活动主题的设计和组织者必须非常了解游艇消费者的需要，从而设计基于顾客的游艇活动主题和服务。目前，我国游艇活动主题设计者没有充分考虑到我国消费者对于游艇异质性体验的需求。游艇消费时代在我国刚刚兴起，消费者心理接受程度具有阶段性，设计者并没有根据消费者对于游艇消费的不同心理阶段设计活动主题产品。

游艇消费属于一种高级的休闲活动，顾客消费的主要目的在于追求异质别样的体验，从而达到放松身心、缓解压力、追求自我的目的，而目前游艇俱乐部所提供的产品和服务过于程序化和死板，不能满足游艇消费者个性的需求。

（3）传播创新性及宣传力度不足。我们这样一个熟悉并习惯于陆地文明的国家，对于游艇及相应的活动主题还很陌生，需要一个过程去逐步了解与接受。因此，传播问题不在于是否要传播，而在传播的对象、内容和成果。现阶段我国游艇活动主题在传播环节存在的主要问题在于组织者的传播策略不够科学和新颖，活动主题宣传力度不够。传播环节没有充分利用活动主题对于消费者的吸引力，同时，在发掘消费者需求方面的工作也不够全面和深入。

8.2.2 游艇嘉年华活动策划

1. 确定活动目标

嘉年华活动的目标要依据活动组织者自身的实际情况与活动要实现的预期目标两个方面综合考虑之后，才能加以确立。

在活动组织者评估企业的实际情况时，应该重点考察以下几个方面，包括企业在行业中的地位及影响力；产品特性；产品在市场上的占有率；知名度；产品与竞争商品相比的优劣；产品所处的市场阶段及产品的市场目标；企业所能调用的各种资源，如资金、公共关系、媒体等。

活动一般所要实现的预期目标多种多样，企业需要考虑清楚究竟通过活动需要达到什么目标。比较常见的活动预期目标有：提升企业形象；提高产品的知名度与美誉度；提高产品的销量；提升产品的影响力；新产品的招商和市场推广。

在评估活动参与者——消费者自身的实际情况时，应该重点考察以下几个方面，包括消费者的支出意愿、消费者的性格特征、消费者的年龄及家庭、消费者的相互关系。

就消费者而言，其参与游艇嘉年华活动的目标总体上来说属于休闲活动，但又可具体划分为娱乐、求新、航海、探险、社交、求知、度假等。

2. 确定嘉年华活动主题创意

主题（theme）是一个外来词，源于德语，最初是一个音乐术语，指乐曲中最具特征并处于优越地位的旋律，即主旋律。后来用于文学作品的创作之中，现已广泛用于一般文章的写作。主题是指作者在文章中通过各种材料所表达的中心思想，主题贯穿于文章的全部内容，体现作者的写作意图和文章的基本观点。

确定活动的主题创意就是要寻找能实现活动目标的支撑点。主题创意作为活动主题，一般会具有以下几个特点。

第一，主题应具有客观性，主题是对全部材料和活动所蕴含意义及特色的深入挖掘与正确概括。主题总是蕴含在材料和活动之中，需要对材料和活动进行深入挖掘，反复提炼，才能发现具有吸引力的主题。同时，材料和活动往往蕴含多种特色，需要反复比较分析，找到最深刻的为主题。

第二，主题应具有时代性，任何活动的主题都必须反映着特定时代背景人们独特的处境，体现着他们对时代的独特感悟和理解。从传播学的角度来看，有热点的主题也更易于传播。

第三，主题应具有纯一性。一般情况下，一次活动最好只有一个主题，也就是说只能有一个特色。《艺概・经义概》一书中写道："主意要纯一而贯摄。"意思是说，要做到主题突出，必须"纯一"和"贯摄"。"纯一"就是在文章中只能有一个主题。主题"纯一"无疑会增强主题的鲜明性，使人一看就通，留下不可磨灭的印象。倘若主题是个大杂烩，混杂交错，很难使人看出其中的道道，还会走进"迷宫"，无疑会让人产生截然相悖的效果。所以说，主题的纯一性是很重要的。"贯摄"就是主题贯穿宣传的始终。首先，活动宣传主题要贯穿首尾，使主题得到具体、深入和全面的反映，达到"一线到底，变而不离其宗"的目的。其次，活动宣传主题犹如贯串珍珠的一根红线。用主题来"贯摄"，就形成了科学统一的有机整体，这样就可以避免多方面内容成为断线的珍珠。

第四，主题应具有浓缩性。在一场活动中，往往掌握和存在着许多素材，而其中每一个素材都有各自的具体思想，或反映具体问题，或反映具体事物。事实上，每一个素材都是主题的具体体现。

第五，主题应具有鲜明性和简洁性。鲜明性就是宣传主题的特色要明显，使其易于为受众在众多的信息中注意并识别，简洁性就是宣传主题要易于理解。

第六，主题应有新颖性。在信息社会网络时代迅猛发展的今天，新颖的活动主题才有价值。创新不仅推动主题活动的发展，而且会使受众受到启发、诱导和教育，同时也是吸引受众的重要因素之一。新颖的东西一般都有一种神奇的力量，新的东西就是新的信息。策划活动过程中提炼出的新主题，犹如一块金光闪闪的金子，它能引起人的注目，使其兴奋，产生一种非看一下不可的欲望。新颖的东西才能流芳千古，同时新颖的东西也是开拓新知识的钥匙。人类社会是在不断前进的，特定时期的新颖东西将为我们开拓新的知识打下基础，提供一把新的钥匙。值得注意的是，追求主题新颖、创新还要受内容的制约，不能为新而新。追求主题新颖，不是说只在旧事物上贴上一枚形式的标签，就算达到创新的目的了。主题新颖是属于内容性质的东西，不能从形式上去判断。

3. *确定活动名称*

名称是主题内涵的集中表现，人们总是从名称开始认识对象，因此，给活动确定一个名称就如同给人起名一样重要。

一个好的名字就好比一个人的着装，一个人对另一个人的认识，首先是从对方的着装开始的，得体的、适合自己的打扮会给人留下美好的印象。名字也好比一个人的谈吐，在审读一个陌生人的时候，要听他的语言表述能力，从而判断这个人的生活阅历、文化修养。名字也好比一个人的形体，健美的体形、大方的举止总会给人留下良好的感觉。因此，可以说，名字体现了一个人外在的精神面貌。

由此推及，一个好的名称能对活动的有效宣传起到极大的促进作用，一个好的名称一般含有三个基本特征：第一，能够吸引人的关注，至少是目标群体的关注；第二，能够体现活动所要宣传的企业、品牌或产品；第三，便于记忆、利于传播。

4. *选择活动内容和形式*

活动内容即活动主题的具体展开，或者说是主题的各个层次、细节、说明或证据。

如为使参与者体验到探险（主题）的乐趣，就要选择探险的对象，这个对象就是活动内容，这个对象可以是一个，可以是几个，可以是一个层次的，也可以是几个层次的，它们构成了探险主题的主要活动内容。除此之外，为使主题活动更为丰富多彩，一般还可以设置一些辅助活动，如探险工具、探险技巧等的展示和介绍。

活动形式即活动内容的表现方式，它们可能是报告、演说、游戏、舞蹈、卡拉 OK、冷餐会等。有时，活动内容和活动形式密不可分，内容即形式，形式即内容，如潜水、摄影等。

可见，活动内容和活动形式是活动策划的主体。活动内容和活动形式的设计应紧扣活动的目的和主题创意。

5. 设定活动流程

活动流程是指活动的各项内容实施的先后顺序，主题活动内容的顺序没有严格的成规，一般按如下原则性的顺序展开。

首先是导入性活动。导入性活动的目的在于使参与者相互认识，同时对活动有一定的了解，做好心理准备，并产生某种期待。所以，导入性活动的内容主要是参与者出场、介绍，主题的引入等，导入性活动的关键在于氛围的营造和渲染，如现代或古典、激情或悠闲、活泼或严肃等。

其次是表演性活动。表演性活动是指那些表演者和观众截然分开的活动，对游艇主题活动来说，表演性活动属于热身活动，其目的在于调动参与者的情绪，使其渐渐融入活动之中，以逐步消除表演者和参与者的界限，让参与者和表演者都变成体验者，以引出参与性活动，从自觉体验的必然王国过渡到不自觉体验的自由王国。

再次是参与性活动。在参与性活动中，非但活动的主持者、表演者和参与者的界限消失，而且主持者和表演者还应该退居次要的辅助性地位，活动的参与者成为主体。此时，主题活动达到高潮，参与者获得最好的、最深刻的体验，进而领悟主题。

实际上，表演性活动和参与性活动存在反复和交叉，也正是在这种反复和交叉中，活动才有跌宕，参与者的心理、情绪随之起伏，并从中获得反复体验，回味无穷。

最后是回顾和结束活动。在活动的尾声阶段，恰当的回顾有助于深化主题，强化主题在参与者心中的印象。议论、点评、表演者对参与者的模仿应该是结束阶段的主要活动内容。

6. 选择合作媒体

对企业或大多数社会团体来说，一场活动的传播范围仅仅限于参与者是远远不够的，甚至不是主要的。从这个意义上说，所有的活动参与者其实都是表演者。更重要的是活动，尤其是活动所要传递的主题在更大的范围内获得传播，获得更多目标受众的理解和支持。这需要加强和媒体的合作，通过媒体对活动进行推广，使活动在更大的范围内产生影响。

活动的成功离不开媒体的宣传。选择恰当的媒体、制定正确的媒体组合和投放计划，可以为策划的活动减少投入的成本和扩大传媒的效力。

媒体一般分为三大类：视觉媒体、听觉媒体和视听两用媒体。随着经济的发展和科技的进步，媒体日趋复杂，按照不同的标准可以分为不同的媒体，例如，按媒体的物质自然属性可分为：印刷品媒体（报纸、杂志、书籍、传单等）、电子媒体（电视、广播、国际互联网等）、邮政媒体（通过邮寄方式送达消费者的产品目录、价目表、说明书等）、销售现场媒体（店头广告、实物演示、店内灯箱等）、纪念品媒体（年历、手册、小工艺品等）。从接受者感受角度分为：视觉广告媒体、听觉广告媒体及视听觉媒体。

选择合作媒体的时候主要考虑以下四个方面的因素。

第一，市场因素。从市场方面看，首先要考虑消费者的属性，人们总依其个人品位来选择适合的阅读媒体，不同教育或职业的消费者，对媒体的接触习惯都不相同。一般地说，教育程度较高者，偏重印刷品媒体；教育程度较低者，偏重电子媒体，因此要配合消费者的性别、年龄、教育程度、职业及地域性等来决定应用何种媒体。其次要考虑产品的特性，各种产品的特性不一样，应该按产品特性来考虑媒体。例如，生活用品广告和工业用品广告的媒体策略完全不同，前者面对的是全体消费大众，后者是特定的企业、老板、董事或职业经理人，很显然，千万元的别墅广告和普通公寓广告的媒体使用应当有所不同。最后要考虑产品的销售范围，产品市场究竟是全国性的销售，或是限于地方区域性市场的销售，这关系到宣传接触者的范围大小，由此才可决定选择何种较经济有效的媒体，以免使用不适当的宣传媒体而产生毫无传播的效果，或无端地增加传播成本。

第二，媒体因素。主要是考虑媒体本身的覆盖域、收视率、到达率等指标所反映的流通性、时间性和表现力等。覆盖域是指传播媒体发挥影响的范围或领域，或是媒体的普及状况。例如，北京电视台的覆盖域主要是北京地区，《农民日报》主要面对全国的农村读者。覆盖域是考察传播媒体的一个重要指标，传播者在选择宣传媒体时，首先就要考虑媒体是否能够影响目标市场的消费者。收视率是指为专门收视收听某一特定电视广播节目的人数或户数的百分比。通常以 100 个家庭为基数，然后测定收视（听）节目的家庭所占的比率。广告主和广告公司往往以此来决定是否购买这一时段的广告，而电台和电视台也以此作为制定广告价格的一个依据。到达率是表示在一定时期内，不同的人或家庭接触某一媒体广告的比例。例如，计算电视节目的到达率以 100 为基数，如收视一定节目或广告一次及以上的家庭（不重复计算）为 20，则有 20%的到达率。印刷品媒体的到达率与发行量有关。发行量越大，被读者触及的可能性就越大，发挥的影响就可能越大。同时，还要考虑传阅率。传阅率高的，信息被接触的机会也越多。触及率是信息经某一媒体传播后，触及的人数与覆盖域内总人数的比率。这里，触及的人数是指接触到媒体或可能接触到信息的人数，但不可重复计算。触及率不能准确地表明触及广告信息人数与媒体受众之间的关系，但触及率高的，媒体的可用性也高。此外，毛感点是指信息通过媒体传播后所获得的总效果，是各次广告传播触及人数比例的总和。电子媒体一般用总收视（听）率来表示，就是把一段时期的各收视（听）率相加得出的。因为电子媒体往往多次反复播出同一信息，观（听）众往往会多次接触到该信息，即频度，频度是表示收看一次及以上该信息的家庭（人）的次数。把媒体的到达率乘以频度，就可以知道总收视（听）率。印刷品媒体的接触频度一般只有一次。毛感点是可以重复计算的，经过累加后可能超过 100%。这一指标能够比较清楚地表明一则信息通过媒体所取得的总的传播效果。然后，还要考虑媒体的权威性。这主要是衡量媒体的影响力，是对媒体的传播效果在质的方面的考察。信息对消费者产生影响，一是信息作品本身产生的作用，二是信息推出后所产生的连带效用。不同媒体的权威性不同，如一家体育类报纸刊登体育用品的广告可能更有说服力，一个娱乐性的节目插播文化娱乐类的广告可能更有效果。一种资信较高的媒体所发送的广告可能更令人信服。从媒体本身来说，也会因其空间和时间的不同，使权威性有所差别。例如，在报纸要闻版刊登的内容，要比其他版面刊出的更具权威性。在电视台黄金时间播出的节目，要比其他时间播送的权威性强。媒体的权威性也不是绝对的，媒体受众与目标消费者越接近，权威性才会越高。美国的女性杂志权威性较高，因为在美国家庭消费的主要支出者是妇女，广告主更愿意选择女性杂志刊载广告。电视台在黄金时间播出电视连续剧，具有较高的收视率，但绝大部分观众并不是片告主的目标对象，其权威性就相对弱些。而在另外的一般时段，节目的收视率虽然低一些，但针对性很强，影响力就大，广告价格也会低很多。

第三，传播者因素。首先，要考虑传播者的销售方法特征，如销售方式究竟以推销员为主还是以零售商为主。其次，要考虑传播者的促销战略，如计划一个赠送样品的广告活动，就要用能配合赠送活动的媒体。最后，要考虑传播者活动的基本目的及传播预算的分配额和传播者的经济能力。此外对于同行竞争者使用传播媒体的情况与战略也应列入媒体考虑范围，以达“知己知彼”之效。

第四，媒体成本。不同媒体费用不同，同一媒体不同时间、位置费用也会不同。传播主在选择时要根据自身财力和对宣传效果预期慎重考虑各媒体的成本费用，不仅要考虑绝对成本，即媒体的实际支付费用，同时应考虑相对成本，如用印刷品媒体的每天读者数，或电子媒体的每分钟每千人的视听成本或网络媒体的日点击成本等。

8.2.3 游艇嘉年华活动实施

最终，活动的成效必定取决于实施，良好的组织是活动成功的关键，活动执行的好坏决定着活动的成败，充足的预算、及时评估、发现问题并反馈调整是活动成功的保障。主办方应该随着活动的进展和变化，对活动进行及时的调整和有效的控制，保证活动向预定的目标前进。

1. 活动执行

在活动具体执行的过程中，活动组织者需要特别注意以下几个方面。

1）及时收集反馈信息

在执行过程中，执行者会碰到各种各样的问题，甚至发现更好的解决方案。对这些信息，要建立一个反馈的渠道进行收集。对收集到的问题，提出解决办法，及时处理；对执行者提出的好的建议，积极采纳。需要注意的是，领导通过下属汇报得到的信息，是经过了过滤的。信息收集人员会根据自己的理解忽略某些事情，负责人最好深入活动现场，亲自了解情况。

2）注重与具体活动执行者之间的沟通

良好的沟通是执行的基础。有效地提高执行力，在一般情况下首先要进行充分的沟通，对完成目标任务取得较为一致的认同。否则，决策就会无法执行到位。一位策划经理曾说："如果执行的方向错了，后果只有一个：你不是在计划怎么成功而是计划怎么失败。"如果说有什么可以让每个具体的活动执行者更清楚执行的方向，那就是良好的沟通。将决策传递给各个活动执行者，帮助他们理解需要完成的目标，取得他们的支持，这是成功的保证。

在活动的执行过程中，沟通的作用十分重要。假设执行者遇到困难，他又不能通过方便、快捷的渠道和主管沟通，只好按照自己的理解和方式去解决问题。俗话说，失之毫厘，差以千里。执行者处理问题的方式，也许和上层的想法大相径庭，最后执行走样，就是不可避免的。

3）注重奖罚分明

分明的奖罚措施也是保证执行的重要条件，否则人们就没有动力做出更大的贡献。唯有分明的奖惩才是最基础、最有效的保证。只有在此基础上，再加上其他因素的贡献，才能使执行力强上加强。

2. 编制活动预算

活动预算是指为了保证整个活动的顺利实施必须支出的财力和物力。编制活动预算就是对整个活动所要支出的费用进行分类列项，合计总的支出。例如，一场大型会议、节会活动的经费预算支出包含办公费、印刷费、租赁费、交通费、住宿费、餐饮费、培训费、娱乐费用、电话费、礼品、布置费及其他相关费用。

活动经费的预算方法往往会根据活动目标的差异而有所不同。如较为常见的活动预算方法有以下四种。

1）营业额百分比法

根据年度营业目标的一定比例来确定活动预算总额，再按各月的营业目标按比例分配至各月。其优点为：简单、明确、易控制。其缺点为：将营业额（促销效果）和活动预算的比例关系固化，而这在根本上就是缺乏依据的，一个好的活动方案可以四两拨千斤，而一个差的活动方案虽然花了很多钱，但却不产生什么效果。

2）量入为出法

根据传播者的财力来确定活动预算，就是有多少剩余的财力就搞多少活动。这是一种将活动视为可有可无的方法，没有意识到活动是可以创造效益的，因而从根本上就是错误的。简单地说，低于阈值的活动，花再少的钱也是浪费。

3）竞争对等法

企业按竞争对手的大致费用来决定自己的活动预算。其优点为：能借助他人的预算经验并有助于维持本企业的市场份额。其缺点为：情报未必准确且每家公司的情况不同。

4）目标任务法

根据活动目的和任务而确定促销预算。这是一种最为合理的预算方法，因为确定活动是否开展，开展什么样的活动是依据市场需求、企业发展需要而定，这就确保了活动本身的必要性和合理性。而且一旦活动的规模、内容和形式确定下来后，预算也就可以建立在具体、可靠的费用预测和核算的基础上，而不再仅仅是经验和设想。

8.3　游艇培训

8.3.1　游艇驾驶员的资格要求

游艇是一种水上交通工具，也有发生事故的风险。有数据显示，在整个欧盟范围内，游艇的事故率处在偏高的状态。影响游艇安全的因素主要可以分为游艇操作人员的素质、游艇状况、公司安全管理、通航密度、安全监督、自然条件等，其中，游艇操作人员的素质和安全监管是对游艇安全影响的最大因素。

保证游艇安全航行很重要的一点就是加强游艇操作人员的培训使其适任，从而降低人为因素造成的事故风险。规范游艇操作人员的培训和发证是确保游艇安全和防止污染的重要保障之一，也是游艇业实现健康、快速发展的必经之路。

我国游艇操作人员培训和发证有着较为严格的规定。

1. 法律规定的沿革

游艇作为一种私人性质、非营运用的休闲船舶，属于非公约船的范畴。由于大多数国际海事公约对游艇并不适用，各个国家均按照本国国情，对游艇的安全和防止污染，以及游艇操作人员的资格要求做出规定。

2006 年 8 月交通运输部出台了《关于加强游艇管理的通知》(简称《通知》)，该《通知》的内容涉及游艇的检验、登记、游艇驾驶人员培训和发证，以及防治游艇污染水域环境等诸多方面。在 2011 年《中华人民共和国游艇操作人员培训、考试和发证办法》(简称《办法》) 出台之前，没有全国统一的游艇操作人员培训发证规定。一些海事部门针对辖区内的游艇制定了游艇操作人员培训和发证办法，规范游艇操作人员的培训和发证。但是持有各地海事部门颁发的操作人员资格证书，只能在该海事部门所辖水域航行。

2. 《游艇安全管理规定》的出台

以往我国水上交通安全监管的法规主要是针对营运船舶制定的，很多规定对游艇安全监管并不适用。随着游艇在我国的增多，迫切需要根据游艇的特点，制定包括游艇的登记、检验、航行规则和游艇操作人员的培训、考试及游艇俱乐部的运作模式等内容的管理制度。

2009 年 1 月 1 日起正式实施的《游艇安全管理规定》，首先对我国游艇进行了定义，"本规定所称游艇，是指仅限于游艇所有人自身用于游览观光、休闲娱乐等活动的具备机械推进动力装置的船舶，乘员定额 12 人以下"。《游艇安全管理规定》的内容包括游艇的检验、登记，游艇操作人员培训、考试和发证，游艇航行、停泊，游艇的监督检查及相应的法律责任等。该《游艇安全管理规定》第三章内容是对游艇操作人员培训、考试和发证，以及游艇培训机构提出了要求。主要内容有：游艇操作人员申请适任证书应符合必要的条件，需经过专门的培训，具备相应的知识和技能，参加海事部门组织的考试，取得适任证书。适任证书分为海上游艇操作人员适任证书和内河游艇操作人员适任证书。游艇操作人员培训机构应具备相应的条件。《游艇安全管理规定》对我国游艇业的规范发展起到了非常积极的促进作用。

3. 《游艇安全管理工作实施意见》的出台

2010 年，中华人民共和国海事局出台了《游艇安全管理工作实施意见》，其中包含了对于境外游艇驾驶员证书认可的规定：持有境外海事主管当局或其授权机构颁发的游艇操作人员适任证书的境外居民，可允许我管辖水域短期内（7 日）驾驶游艇，无需换证。对于拟长期在我管辖水域驾驶游艇的上述境外居民，如我与该境外海事主管当局签有证书互认协议，可直接向直属或地方海事局申请换发游艇操作人员适任证书；如我与该境外海事主管当局未签有证书互认协议，则需由直属或地方海事局进行补充培训后换发游艇操作人员适任证书。

4. 《办法》的出台

为了进一步规范游艇操作人员的培训、考试和发证，中华人民共和国海事局于 2011 年 5 月 18 日发布并实施了《办法》，对全国游艇驾照的考试及发证进行统一规范，使得游艇在我国国内跨区域航行成为可能。

1）适任证书的基本情况

《办法》要求游艇操作人员在我国管辖水域内应持证驾驶，适任证书除了持证人的一些基本信息、证书有效期外，签注的类型按游艇的类别分为：海上或内河；海上按能操作游艇的长度分为一等或二等，内河按水域情况分为一等或二等。按推进装置动力来源分为：机械推进动力装置、机械和风帆推进混合动力装置。

2）游艇操作人员培训

游艇培训机构应按《中华人民共和国船员培训管理规则》规定，取得相应的培训资质。对游艇操作人员的培训应按《游艇操作人员理论培训与考试大纲》和《游艇操作人员实际操作培训与评估大纲》的要求进行。

3）游艇操作人员考试

适任证书考试分为理论考试和实际操作评估两部分，单独计分，合格后由海事管理机构颁发相应类别的证书。考试成绩有效期为 3 年。

4）适任证书的申请

申请适任证书的条件包括身体条件和年龄限制，以及在海事部门认可的培训机构完成规定的培训、并通过海事机构举行的考试。

5）适任证书的签发

海事管理机关对经考试合格的符合条件者，签发相应的适任证书《中华人民共和国游艇操作人员适任证书》（简称《游艇驾驶证》）。《游艇驾驶证》有效期最长不超过五年。此外，《办法》还规定了驾驶证使用范围的变更，持有其他船员证书人员申请游艇驾驶证的要求等方面的内容。

8.3.2 游艇培训机构及培训项目

1. 培训机构

游艇操作人员培训机构的批准条件如下：有符合船员培训要求的场地、设施和设备；有与船员培训相适应的教学人员、管理人员；有健全的船员培训管理制度、安全防护制度；有符合国务院交通主管部门规定的船员培训质量控制体系。根据海事部门提供的信息，我国共有 24 家经海事部门批准的培训机构，其中包括游艇操作人员及摩托艇驾驶员培训。这些机构主要集中在沿海发达省份，以下选取几个较有代表性的培训机构。

1）亚诺帆船培训中心

法国亚诺（Jeanneau）是全球规模最大的船艇制造公司之一，1957 年由亨利·亚诺（Henri Jeanneau）创建于法国西部旺代省一个名为莱塞比耶（Les Herbiers）的城市，这里如今依然是船厂总部所在地。品牌创立几十年来，亚诺始终秉持着最初的对航海精神的信仰和价值观，这一理念不仅渗透在船艇设计和生产的整个过程中，还体现在为客户提供的卓越服务及人性化航海体验活动中。从 1987 年至今，亚诺已有超过 350 位中国船东。近年来，随着亚诺中国大家庭的不断壮大，亚诺船东对亲自驾船，带着家人和朋友一起扬帆出海产生了日益高涨的渴望和激情。为了帮助航海爱好者实现这个梦想，亚诺帆船培训中心应运而生。

亚诺帆船培训中心有为中国航海爱好者度身定制的航海体验项目，使用亚诺性能版帆船 Sun Fast 3200 作为训练船，与半山半岛国际帆船学校合作，定制了一系列培训课程，课程设计实用性强，覆盖面广，从最基本技能的初级课程到帆船比赛水平的高级课程一应俱全。由法国前世界冠军并担任过中国国家队教练的劳伦斯·尼古拉斯担任总教官，率领由专业教员组成的团队进行小班授课。课程安排主要包括特别课程、开始航海（初级课程）、基本技巧（初级课程）、进阶级航行（中级课程）、积极自主地航行（中级课程）、基本的比赛技巧（高级课程）。

2）华洋海事（厦门）游艇培训有限公司

华洋海事（厦门）游艇培训有限公司成立于 2009 年 12 月，是全国首家按照交通运输部《中华人民共和国船员培训管理规则》要求、通过海事局资质核验的游艇培训机构，也是可以从事海上一等《游艇驾驶证》（A1E、A1F 证书）培训的游艇驾校。2010 年 9 月开业，至今开展过 63 期培训、培训学员 1200 多人。

公司也是全国首家引进游艇操纵模拟系统的培训机构，并设有备套终端，该系统依据游艇实际操作设计，可为学员提供逼真的实操训练。理论教室 160 多平方米，配备液晶投影机、中央控制系统、投影屏幕、音响设备等多种现代教学设备；同时设置了基安、急救、消防和游艇设备及海图陈列室。有可供游艇安全靠泊的码头，训练海域面积70多平方公里，有足够水域面积和多样性水体，培训游艇帆船船员独具地理气象优势。

3）亚太游艇俱乐部

亚太游艇俱乐部由中山大学MBA（master of business administration，工商管理专业型硕士研究生）和游艇行业资深人士联合创立，专注于游艇培训与服务。可提供游艇驾照培训、游艇活动策划、游艇运营托管租赁和船长管理派遣等服务。该俱乐部独家开设游艇总裁班，为有意购艇的学员对接国内外各游艇厂家和代理商，建立了亚太游艇总裁微信群，不定期组织学员之间交流聚会、企业互访，组团参观船厂和游艇展。

亚太游艇俱乐部联合海事局认可的海事船员学校，由资深行业专家执教。授课老师均有丰富的理论知识和航海经验，培训质量有保证，游艇驾照考试由海事局主考，《游艇驾驶证》全国通用。为方便学员学习，安排专职班主任全程跟进，并根据学员的个性化需要，开设有总裁班和精英班，学员可根据自身情况和需求进行选报。

游艇培训不仅是考驾驶证，也是汇聚人脉资源、进入游艇圈的重要渠道。截至2018年1月，亚太游艇俱乐部已联合组织了40多期游艇培训班，培训学员近千人，其中有私营企业主、游艇船东、上市公司老板，也有企业白领、在校大学生和海上运动爱好者等，共同怀揣着对海洋生活的向往与驾驶游艇遨游大海的热情，参加了培训课程。

4）青岛银海游艇帆船驾驶培训学校

青岛银海国际游艇俱乐部下设的青岛银海游艇帆船驾驶培训学校，该学校为学员提供游艇常识、航行基础知识、港口情况、航行安全、故障处理等方面知识的系统培训，培训合格后向学员颁发证书。青岛银海游艇帆船驾驶培训学校教学设备齐全，拥有各类海上教学船艇30多艘，自2003年成立到2011年8月，共培训了16期、500多名学员。2011年7月，青岛银海游艇帆船驾驶培训学校成为自2011年5月国家海事局颁布实施《办法》后山东省唯一通过验收的游艇驾校，标志着其游艇驾驶适应证书将可以适应于全国范围。游艇驾驶每年培训2～3期，每期20人，每人1.2万元培训费，学员有拥有游艇的玩家，也有有志于将来从事这项工作的游艇驾驶员。因而，在为俱乐部带来可观收益的同时，也产生了广泛和长远的社会影响。

2. 培训项目

综合来看，目前市场上的培训机构安排的培训科目分为两大类——理论课和实操课。理论课内容包括游艇概述、法律法规、港口航道介绍、航海理论、避碰规则、游艇安全、潮汐表雷达海图使用等；实操课内容包括游艇操纵与航行、靠离码头、系离浮筒、蛇航绕标、锚泊作业、海上救助、常用绳结打法等。学员范围覆盖较广，个人条件上需年满 18 周岁，学历不限，户籍不限，国籍不限。

8.3.3 游艇操作人员考试情况及培训

1. 游艇操作人员的考试和证书发放情况

1）游艇操作人员考试

游艇操作人员的考试分理论考试和实际操作评估两部分，理论考试总分为 100 分，60 分及以上为合格，实际操作评估分合格和不合格。理论考试和实际操作评估均合格后视为考试合格。理论考试和（或）实际操作评估不合格者，海事管理机构允许其在 3 个月内补考一次，仍然不合格者，必须重新参加培训和考试。考试成绩有效期为 3 年。理论考试和实际操作评估应按照《游艇操作人员理论培训与考试大纲》和《游艇操作人员实际操作培训与评估大纲》的要求进行。

游艇操作人员的类别分为海上游艇操作人员和内河游艇操作人员。海上游艇操作人员按照游艇的长度分为两个等级，其中一等游艇操作人员可以驾驶所有长度的海上游艇；二等游艇操作人员仅限于驾驶 20 米及以下长度的海上游艇。内河游艇操作人员按照是否封闭水域分为两个等级，其中一等游艇操作人员可以驾驶内河任何适航水域游艇；二等游艇操作人员仅限于驾驶内河封闭水域的游艇。

2）游艇操作人员的证书发放

按《办法》规定，对年龄、身体条件符合要求，完成规定的培训并通过海事部门举行的考试的申请人，由海事管理机关签发具有相应签注的《游艇驾驶证》。

在国家海事局出台《办法》之前，一些直属海事部门曾出台游艇操作人员的培训与发证管理办法，例如，辽宁省在 2003 年发布《中华人民共和国辽宁海事局游艇驾驶员考试、评估和发证管理办法》；福建省在 2009 年发布《福建沿海游艇操作人员培训、考试和发证管理办法（试行）》等。为了解决在《办法》发布前海事管理机构已签发的《游艇驾驶证》换发工作，在发布《办法》通知中要求新版《游艇驾驶证》的换发工作由原签发机关负责，并于 2012 年 12 月 31 日前完成。新证书换发之前应对操作人员进行补差培训（即原来各省自己的培训规定中没有的内容）。从 2013 年 1 月 1 日开始，游艇操作人员均需持新版《游艇驾驶证》方可操作游艇。

3）游艇操作人员换证及补办

《游艇驾驶证》有效期届满之日前 6 个月内，持证人可向其《游艇驾驶证》档案所在地的海事管理机构申请办理《游艇驾驶证》的到期换证，并提交规定的材料。

《游艇驾驶证》失效，需通过《游艇操作人员实际操作培训与评估大纲》规定的实际操作评估，方可申请《游艇驾驶证》再有效。《游艇驾驶证》如有污损或遗失的，持证人可向其适任证书档案所在地的海事管理机构递交《游艇驾驶证申请表》和身份证明，申请污损或遗失补办。《游艇驾驶证》的初次申领由游艇操作人员培训机构或游艇俱乐部统一办理；到期换证、再有效、变更适用范围、污损和遗失补办及境外《游艇驾驶证》换发等，由本人申请办理。

2. 培训建议

随着游艇业的飞速发展，我国的游艇业正在朝着大型化、高速化和多样化方向迈进。一些豪华游艇和商船在长度、吨位、功率和速度，以及航区上已经相差无几，仅仅是载客人数和载货上的区别。为使游艇操作人员的培训适应这种变化趋势，需要对我国游艇操作人员培训相关的法律规定、培训内容做出相应的调整。

1）对大型游艇（超级游艇）的配员要求

和小型游艇不同，大型游艇显然不能靠一个人独立操作，而且有的还需要甲板部和轮机部共同操作。大型游艇上各职位的工作内容要求不同且专业性很强，甲板部负责操纵船舶、甲板及其设备的使用和保养，而轮机部负责全船机器设备的正常运转和保养。

为了游艇航行安全，对于大型游艇需要有配员要求，甚至可以针对甲板、轮机部分别做出配员要求。在游艇运动发展较为成熟的英国就对大型游艇的配员有详细的规定，英国海事与海岸警卫署（Maritime Coastguard Agency，MCA）颁布的《适任证书：游艇驾驶员培训和发证指南-A7 部分》[MSN1802（M）]对长度等于或大于 24 米的大型游艇，按距避风港的位置，以及不同吨位对游艇甲板部提出了具体的操作人员配员要求。

虽然我国的《办法》中对不同水域航行、不同类型游艇和不同长度的游艇操作人员的证书签注有所不同，但因为我国没有对游艇配员提出要求，也就没有针对不同职位的培训内容；而且从已有的培训内容上看，一等和二等《游艇驾驶证》理论和实际操作部分各自只有四个学时的差别，培训内容几乎相同。在改进游艇管理法规的时候，我国相关部门也应该考虑对大型游艇的配员做出规定，按不同的配员职位规定不同的理论培训、实际操作内容，并应注重对海上资历的要求。

2）兼顾技能培训与职业培训

游艇业发达的国家很早就开始培养职业操作人员，如国际游艇培训协会（International Yacht Training）就针对专职的游艇从业人员推出了一系列的职业游艇操作证书的课程。英国除了有专门的游艇学校培养职业游艇操作人员（学历和非学历）之外，在很多航海院校也设置了游艇操作专业。

我国现阶段对于游艇操作人员只注重技能培训，然而，随着我国游艇保有量的增加，以及游艇大型化的趋势，会越来越需要职业游艇操作人员和培训人员。培养职业游艇操作人员是游艇业发展面临的新任务。

作为职业游艇操作人员，除了必须具备能够操作大型游艇进行远洋航行的技能外，还需要掌握较为丰富的航海知识，了解国家及国际海事法规，了解游艇的设计及保养常识，同时具备职业游艇操作人员应具有的素养和意识。作为游艇职业培训人员除了需要良好的游艇操作技能外，还能够教授航海、法律及游艇保养等方面的知识，并能够帮助学员掌握包括游艇操作、游艇维护等技能。因此，职业培训和职业教育并不局限于游艇操作的技能培训，而是包括职业意识、素养、技能和专业教育等多方面的内容。

鉴于游艇业的特点和未来发展趋势，我国的游艇培训应采取“双轨制”，兼顾技能培训与职业教育。在技能培训教育的基础上，各层次的院校应该考虑开展一定规模的职业教育，培养游艇职业的从业人员，以适应我国游艇未来的发展。

现代的游艇都由复杂的设备组成，因此专业知识和精细的技术后备支援是必要的。根据香港统计相关部门统计，道路上每天发生 800 件交通事故，而海上仅有 1 件，所以证明海上活动还是很安全的。

游艇出行前，船东应做好缜密的计划，要确认人员及装备的妥善性、事前气象信息的搜集还要向家人或朋友告知活动计划。只要能够确实做到上述步骤，再有不要酒后驾船或是危险驾驶，每个船东一定可以拥有愉快的旅程。另外，扎实的训练与经验，也可使游艇安全多一分保障。所以每个初学者千万不要刚拿到《游艇驾驶证》就贸然出海，而是需要有资深经验的专业游艇船长指导，相信每个学员一定可以得到更多务实的航海训练。航海爱好者可以在安全保证的状态下，有绝对自信的从事各人喜爱的各种游艇休闲活动。

8.4 游艇业人才培养

8.4.1 游艇业对人才的要求

国内游艇专业人才一般是由其他专业转行而来，知识不系统，成长较缓慢，很难跟上游艇行业迅猛发展的步伐。业内人士普遍认为“游艇设计制造明显区别于船舶设计制造，游艇从业人员不仅要掌握船舶基础理论知识，还需具备较高的美学素养，熟悉复合材料的性能与加工工艺。”拥有单一船舶专业背景，并不完全适合游艇行业。

1. 游艇业要求培养跨行业的人才

游艇业涉及多个行业，因此要求人才具有跨行业的复合知识体系，注重素养教育，注重基础理论的教育，使学生能适应未来多个行业工作的需求。

2. 人才培养多元化

游艇业要求学校培养游艇人才的主体更加多元化，既有正规高校培养，又有成人教育、开放大学、在职培训的培养，正规院校中，游艇院系和相关院系共同培养跨专业人才；培养的课程也要多元化，既有游艇专业的课程，又有相关专业的课程；培养的对象多元化，既有游艇专业的学生还包括游艇业相关专业的学生。

3. 人才要更加符合社会的实际需求

院校在培养人才时要结合游艇业需求，与企业共同合作。对于一些企业特别要求某方面技能而且需求较大时，可以与其深度合作，邀请其全程介入，在制订培养方案、设计课程体系、课程教学、定岗实习、就业推荐方面全程指导参与。

4. 游艇业所需人才的知识技能复合性强

游艇人才要求具备海洋知识、安全急救知识、航海技能、游艇管理知识、游艇俱乐部服务技能、游艇产品策划能力、游艇驾驶技能、游艇服务能力、游艇港务码头服务技能、游艇市场营销能力、游艇维修保养技能等。因此，游艇人才是需要掌握跨学科知识，是既懂理论又重技能的复合型人才。

5. 人才需求类型复杂多样

游艇业对人才需求的类型复杂多样，具体包括游艇设计人才、游艇建造人才、游艇销售人才、游艇俱乐部人才、游艇维护人才、保养人才、相关产业人才，包括沿海远洋船期租赁、内河艇租赁、水上运动零售、帆船培训、交易商务、商业咨询、金融、保险、法律等方面的人才。

8.4.2　游艇业人才培养状况

游艇产业是一项高端的产业，产业链的每一个环节都需要大量的高端的人才。游艇的制造和设计需要有专业化的人才才能完成，这是我国目前的劳动力所不能满足的。虽然近年来国家对高校的船舶专业进行了大量的扶持工作，然而我国的游艇制造业仍然局限于简单的加工整合，游艇的核心制造和设计部分都必须依托美国等科技发达的国家才能完成。因此，我国急需游艇专业的高精技术人才，来促进游艇俱乐部的发展。

1. 游艇专业人才的数量与质量不足

游艇行业是一个朝阳行业，中国游艇业潜力巨大，对相关人才需求量越来越大，然而供给不足，缺口巨大。目前来看，游艇专业人才在供给上存在数量和质量不足。从事游艇行业的员工，有的缺乏游艇知识基础，有的缺乏游艇素养，有的缺乏综合素质，缺乏融合性知识体系，不能满足游艇行业发展的需求。游艇专业人才的素质较低，极大地限制了中国游艇行业的发展。游艇专业人才数量与质量的缺失，让中国游艇行业的发展举步维艰。

2. 高技能人才尤为紧缺

据粗略估计，目前我国游艇产品策划、游艇俱乐部管理、游艇设计与制造、游艇市场营销、售后服务、游艇俱乐部经营服务、教育培训、维修保养等相关领域人才缺口多达 20 万，其中，最急需三类高端人才，首先是技能类人才，我国游艇设计修造、游艇产品策划人才、游艇码头管理人才都比较紧缺；其次是服务、后勤保障类人才，如游艇俱乐部管理人才、游艇驾驶员、维修员等；最后是游艇营销类人才，随着中国居民的可自由支配收入不断增强，市场潜力越来越大，我国越来越需要市场人才。

3. 缺少游艇专业，人才供给不足

由于游艇行业在国内刚刚兴起，人才培养的滞后性使游艇设计、制造方面的高端人才极其匮乏。到目前为止，我国还没有一所高校开设游艇设计与制造的本科专业。因此，国内游艇设计与制造专业人才一般是由其他专业转行而来，成才过程比较缓慢且游艇专业知识不系统，很难跟上游艇行业快速发展的步伐。

游艇设计制造区别于船舶设计制造，游艇设计人员不仅要掌握船舶设计制造的理论知识，还要懂得工业设计、工艺美学、复合材料等更广阔领域的知识，是技术、工艺与艺术的统一。所以，拥有单一船舶专业或艺术设计专业背景并不适合做游艇设计制造，培养适应游艇行业发展实际需要的应用型高层次专门人才迫在眉睫。

4. 缺少专门的教材和培训书籍

高校在开展游艇相关课程的教学中缺乏专门的教材和培训书籍，公开的资料较少，相关理论研究薄弱，对人才学习游艇知识产生了极大的限制。目前的教材仅限于游艇驾驶培训、游艇概括介绍，还没有专门的游艇综合知识的教材。

5. 校企联系少，教师技能弱

目前，中国的高校游艇专业与企业联系较少，企业培养人才意识不足，所需人员多来自渔民转岗、社会其他专业的人员，这些人没经过专业培养，综合素质较差，校企合作较少。学校教师动手能力弱，缺少行业学习锻炼，缺少理论与实践的结合。纵观我国目前几百家游艇制造企业，可以看出中国游艇制造业的状况、特点是各自为战，品牌意识薄弱，代工企业多，各类高级游艇人才奇缺，创新能力严重不足，核心竞争力不强。

随着行业的发展，一旦我们的人力成本优势不再且技术创新能力不足，那么很大一部分国内游艇制造企业必将被竞争所淘汰。只有注重人才的培养及品牌创立的企业才能在激烈的市场竞争中立于不败之地。可喜的是目前国内的一些游艇制造企业已经意识到这个问题，并在着手努力去解决。曾获中国游艇业创投第一单的太阳鸟董事长李跃先在被采访中说道："现在国内所有的大学都没有开办真正的游艇专业，没有此类专业就没有此类人才，这是天然瓶颈。"对此，太阳鸟不得不采取"先引进，后吸收，再创造"的策略，先把合适的人招进来，再派到国外去学习，学成回来后编写游艇教材，并与武汉船舶职业技术船院、长沙交通学院等大专院校合作培养游艇方向的专业人才。从现在状况来看，人才培养的速度还是有点慢。目前返工率比较高的问题还是存在，如果专业技术人员和生产人员能更充足的话，成本将进一步降低，同时与国际一流品牌工艺上的差距还会缩小。

为了适应我国游艇产业的发展及满足游艇企业管理的需求，河海大学于 2010 年 12 月 18 至 19 日在中国南京隆重召开了第一届"游艇产业发展与游艇管理"圆桌研讨会，此举在游艇行业中获得了高度赞赏。2010 年，河海大学商学院联合深圳湾游艇会培养了中国第一批游艇管理 MBA 高级人才，并成立了游艇管理研究中心。2011 年，河海大学在深圳湾游艇会筹建博士后工作站，致力于整合大学与企业的资源以促进中国游艇产业发展。

小案例：河海大学游艇人才培养

2011 年 10 月 16 日，第二届"游艇产业发展与游艇管理"圆桌研讨会由河海大学、深圳市海洋局、深圳湾游艇会主办，河海大学商学院、游艇管理研究中心承办，深圳市邮轮游艇专业委员会、深圳市游艇帆船行业协会、深圳市帆船帆板运动协会协办。会议以"中国游艇产业发展与游艇管理人才开发"为主题，围绕"游艇产业研发与教育基地设想""游艇管理人才的多层次、多维开发""游艇俱乐部经营""游艇主题活动策划""河海大学游艇管理 MBA"等中国游艇产业发展中面临的相关热点、难点问题展开自由、平等的讨论与交流。届时，出席大会的将有游艇产业相关的政府管理人员、游艇管理研究专家学者、游艇行业协会、游艇俱乐部等。

此外，会议还研讨了"深圳如何做中国游艇产业的窗口"，亚洲乃至全世界的"排头兵""如何推动游艇人才的培养及游艇教育的产业化"和"不同产业链的企业是如何实践、推动产业发展”等三个子议题展开讨论。这三个子议题具有较强的相关性。

此次圆桌研讨会邀请了全国游艇发展专家指导委员会、国家发展和改革委员会中国交通运输协会邮轮游艇分会、深圳市发展和改革委员会、深圳市文体游艇局、深圳市人民政府口岸办公室等政府部门、行业协会、游艇企业及媒体等近50家单位的参与，吸引了来自英国、日本、澳大利亚、新加坡、马来西亚、中国香港等近10个国家和地区的游艇行业代表的参与。

会议期间，河海大学王乘校长、深圳市海洋局何永志局长分别进行致辞，深圳湾游艇会刘德辉董事长发表了题为《世界级游艇产业园》的演讲。河海大学商学院张阳院长发表了《游艇产业研发与教育基地设想》的主题演讲。深圳邮轮游艇专业委员会、中水珠江规划勘测设计有限公司等代表也进行了相关主旨演讲。同时与会嘉宾就游艇产业发展的相关问题进行了热烈而广泛的讨论，积极地为游艇产业的发展出谋划策。

近年来，国家及各级地方政府均十分重视游艇产业的发展。《国务院关于加快发展旅游业的意见》和《国务院关于推进海南国际旅游岛建设发展的若干意见》两个文件中明确提出要发展游艇产业。全国已有17个省市和80多个中心城市正在规划和布局水系景观的开发及游艇俱乐部的建设。深圳也于2009年出台了《深圳市加快邮轮游艇产业发展若干措施》。发展游艇产业对促进海洋经济发展，优化城市功能，发展高端服务，加快产业结构优化升级，建设具有滨海特色的国际化城市具有非常积极的意义。

游艇产业的发展涉及诸多政府管理部门，如海洋局、海事、口岸部门、游艇部门等，加之游艇产业是一条完整的产业链，包括研发、制造、销售、运营等诸多环节，使得游艇管理面临着“多头管理”、资源难以得到有效整合的难题。目前，对于“如何引导这一产业的发展，怎么发展这一产业，怎么扶持这一产业”，仍然缺乏相应的标准与有力的扶持政策，如粤港澳游艇自由行无法实施、游艇上牌手续烦琐、游艇航行管理复杂等。如何真正让发展游艇产业从一个规划、口号变成一个可操作的方案、统一常态可行的行政管理机构，这成为目前游艇行业面临的一个重要课题。为此，深圳湾游艇会作为游艇产业的先行者、推动者与实践者，特联合河海大学、深圳市海洋局召开此次圆桌研讨会。

深圳是一个海滨城市，海上游艇资源丰富，具有毗邻港澳、濒临南海和良好的港口物流设施与消费能力，已经具备了很好的发展游艇产业条件，但实际发展情况是不容乐观的，较青岛、厦门、海南、上海的发展仍有一定的差距，未来如何做中国游艇产业的“窗口”，亚洲乃至全世界的“排头兵”，仍然是深圳游艇产业各方需要思考的问题。游艇产业是一个集研发设计，新材料、仪表仪器、装备制造、仓储，俱乐部、展览、金融服务等为一体的综合性产业链。根据深圳本地的实际情况，适合发展两端的产业。

深圳要做中国游艇产业的“窗口”，推动游艇产业的发展，就离不开游艇人才的培育。而河海大学在游艇中高端教育方面已经先行一步，包括培养了中国第一批游艇 MBA，在深圳湾游艇会设立博士后工作流动等。与此同时，游艇中低端的教育就留给了企业，如游艇驾驶培训、游艇维修保养等专业技能，这也为游艇教育的产业化留下了广阔的发展空间。

人才的培育是整个游艇产业发展的一部分，处于产业链不同环节的企业都在努力推动整个产业的发展。如深圳湾游艇会一方面与河海大学共同成立游艇管理研究中心，推动游艇教育与研发设计，另一方面与深圳机场集团合作，建立游艇产业园、游艇保税仓；联合政府相关部门，整合资源，做中国最大的游艇展览，从整个产业链的角度推动产业的发展。

8.4.3　游艇业人才培养对策

中国游艇产业的发展需要人才，培养高端应用型人才以满足游艇行业发展需求，是一项迫在眉睫的重要任务。学校应当基于面向“双需求”的人才培养思路，不断完善校企联合培养模式，加强教学团队建设，通过应用型人才培养改革，为我国游艇行业的健康、快速发展提供有力的人才支持。

1. 人才培养贴合实际需求

面向游艇行业发展需求，调研游艇产业链，包括设计、制造、销售、服务等。明确游艇专业的人才培养目标，经过对多家游艇业主、游艇设计单位、游艇制造企业、游艇俱乐部等进行调研，根据市场人才需求，结合学校或培训机构相关专业的实际情况，确定游艇专业的人才培养目标为：培养适应社会主义现代化建设发展需要的德、智、体全面发展，具备现代游艇设计、研究、建造、维护、检验的基本技能和管理基础知识的高级工程技术人才。

分析游艇岗位群，包括产品设计、生产管理、市场销售、技术服务等，明确人才定位为游艇行业一线有成长力的工程师和管理者。面向大学生成长需求，立足船舶与海洋工程专业，突出游艇特色，按照不同学生的学习能力、兴趣爱好、未来就业定位，因材施教，精致化培养。

游艇专业的培养方案需要符合相关企业的用人要求，只有这样，才能让高校培养出的人才可以满足社会发展的需求。课程体系应该包含游艇课程、游艇俱乐部管理、游艇驾驶、游艇港务管理、游艇产品策划、游艇市场营销等内容，根据学生的就业方向，重点讲授游艇的某一专业方向内容。在教学中，教师要深入行业企业挂职锻炼学习，搜集行业一手资料，使教学符合行业需求。

2. 高校内可设置游艇本科专业

高校若要设置培养游艇设计与制造本科专业，须经一定程序，获国家教育部批准。据悉，有几家高校申报过该专业，但一直未获得教育部的批准。其原因可能是：该专业为目录外专业，与教育部“大专业”理念相违背。游艇设计与制造在不能获得教育部批准的背景下，高校根据市场人才需求，在相关专业的基础上开设专业方向，如船舶与海洋工程专业开设游艇设计与制造方向、在传播设计专业开设游艇设计与制造方向。为了更好地培养游艇设计与制造专业人才，应将船舶与海洋工程、工业设计、艺术设计等相关专业进行整合，构建游艇设计与制造专业教研室。

3. 实施校企合作的人才培养模式

国内的各高等院校及科研院所应该积极与企业合作，为游艇制造业培养、培训急需的技术、技能型人才，全力为企业发展提供人才支持和智力支撑。同时也可减轻我国当前高校毕业生的就业压力。企业也应依托相关高校的游艇、航海等相关专业，开设游艇管理专业，建立全面系统的游艇人才培养体系，培养游艇服务与管理、游艇驾驶、游艇维修等相关专业人才，同时依托高校建立培训中心，面向企业行业培训在职人员，以提高游艇在职人员的综合素质。与游艇制造企业紧密合作，运用“教、学、作”一体化教学和生产性实训教学。实训采取校内实训与校外实训相结合，有针对性地为企业培养“高层次应用型人才”。

4. 理论学习与实践结合

当前游艇制造企业对人才的渴求已经到了十分急迫的地步，人才的缺乏制约着企业的发展。企业需要的是一批在生产、建设、管理、服务第一线下得去、留得住、用得上的高层次应用型人才。所以学生除了拿到毕业证外，还应取得相关的能力证书或职业资格证书。特别是学生在校期间，可以有针对性地与企业开展合作，承担生产项目开发，增强企业与学生间的互动与了解。

学校在教学过程中不必过分要求学生完全掌握系统的理论知识，只掌握本专业必要的理论基础知识即可，应该强调本专业技能的实用性、针对性和所学理论基础知识在实际中的适用性。例如，学生在前三学年主要进行理论学习和综合实践，第四学年在联合培养单位进行完整的项目实施或系统设计，全面提高生产管理、科研开发等职业能力和素质。将以培养工程能力为导向的课堂教育和以生产实践为载体的实践教育相结合，使学生毕业后既能掌握扎实的理论基础，又具有一定的实践经验。从而减少学生毕业后与企业的磨合期，尽快融入企业的研发生产中去，最终达到学生觉得“有所为”，企业觉得“有所用”的目的。按照互利互惠的合作原则，高校与游艇企业合作，共建模拟实训室，形成一批集教学、培训、职业技能鉴定为一体的公共服务平台和重点实训中心。拓宽实习与就业渠道，积极拓展校外实习基地，积极引入订单班，打造一批深度合作的企业。

5. 提高游艇教学团队能力

在校企联合培养计划中，相应的高校应按照“数量保证、结构合理、素质过硬、整体优化”的方针，通过深化改革和制度创新促进教师资源的结构优化及合理配置，组建跨学科教学团队。教师应具有较高的专业技术应用能力和组织管理能力，较强的社会活动能力和知识创新能力。实行引进与培养并重的原则，重点引进高层次的学科带头人，加大科研教研力度。充分利用校外实践基地的人才资源，聘请在科研和工程实践等方面具有丰富经验的兼职教授。

教师要定期到游艇制造企业的生产和管理第一线去，必要时可以去国外一些游艇产业发展比较成熟的国家进行考察调研，学习和掌握现代生产技术，不断更新知识，丰富实践经验，提高教学水平。随时根据市场的变化和企业的需求来调整教学内容。由于我国游艇产业刚刚兴起，专业的师资几乎没有。多数教师由船舶工程、工业设计、艺术设计、装潢设计等专业转行。建议采取“送出去、请进来、项目合作”等措施，培养游艇设计与制造专业师资。“送出去”即把教师委派到游艇设计公司、游艇俱乐部、游艇生产企业等进行半年或一年的实践培训，掌握相应的专业知识，定期参观游艇生产企业及各地举办的游艇展览，参加各类游艇研讨会。“请进来”即聘请高层次的游艇设计师、游艇生产企业的生产技术人员、游艇俱乐部管理人员等来校进行指导讲座，增加专业知识面，了解游艇设计与制造的新技术、新材料、新工艺，拓展知识面。“项目合作”即与游艇设计公司、生产企业进行科研项目合作，参与游艇设计研发、工艺创新，更好地服务教学。

小案例：深圳麦斯特游艇服务有限公司

注册于 2014 年 1 月，因为一次偶然的机遇孕育并创立了这个公司。这要感谢海口世界游艇盛典让我们了解到国际游艇联合会（International Council of Marine Industry Associations，ICOMIA），让我们看到游艇行业新的领域——国际资格培训和标准的推广。我们深知学习游艇文化的重要性，目前公司已经成为澳大利亚游艇码头行业协会指定的注册游艇码头资格培训的中国区总代理，可提供国际游艇码头管理培训、游艇会顾问和品牌运营。整个注册资格的培训程序严格复杂，要经过四个阶段：入门、初级、中级、高级，并且要和工作经验挂钩，在完成了所有学习后，才能向全球码头学院申请注册码头运营者、注册码头管理者、注册码头专业人士证书，截至目前，全球仅有 170 人获得注册码头管理者证书，而中国只有 2 人。拥有这一证书，就意味着真正具备了管理国际游艇会总经理的能力。在过去的一年里，我们怀抱普及教育的理念，在不同的城市、不同的游艇会广泛开展游艇文化推广。为了保证学习质量，澳大利亚学习委员会要求我们对职业人士的招生数量不能超过 30 人，并且要求让他们的老师（有游艇码头注册资格证书的老师）到中国亲自授课。基于打造高质量培训的出发点，公司对此予以大力配合。虽然我们为此增加了课程的成本，但无论有多大困难，我们始终坚持不放弃。学生们对我们的服务质量和教学模式反馈很好。一年来，我们在深圳浪骑游艇会和三亚半山半岛游艇会等分别举行了初级国际游艇码头培训班，培养了 55 个学员。展望 2015 年，我们不仅有很高的期待，而且会赋予更大的行动。经过努力，公司于 2015 年 2 月 6 日在深圳七星湾游艇会举行第三期初级游艇码头管理班。此外，我们将进一步拓宽普及面，让游艇行业的培训普及深入到学校中去，让学生们接触这个新行业，了解和掌握相关知识，为游艇会能输送游艇码头管理专才。

第 9 章　游艇产业园与游艇小镇建设

9.1　游艇产业园

游艇作为生活休闲工具主要分布在欧美的发达国家，特别是美国、加拿大、瑞典、意大利等沿海国家。这些国家将游艇作为一种文化，享受游艇带给人们精神上的愉悦感，同时游艇销售和游艇服务消费有效地刺激了当地经济增长。中国游艇产业相对比较落后，但是随着经济快速发展，人们对高端娱乐消费要求不断增加，游艇产业得到了政府政策的支持并获得了前所未有的高速发展。游艇俱乐部大部分集中在长三角、珠三角和环渤海地区，以运动型和商务型为主，较少以休闲型为主要业务。据中国交通运输协会邮轮游艇分会不完全统计，2017 年我国制造游艇企业有近 400 家，有 30 家制造游艇企业年产值超千万元，发展的势头良好。

游艇市场发展潜力很大，尤其是随着收入的提高，舒适型、健康型、参与型、时尚型休闲度假旅游的加速发展，白领阶层的规模扩大，具有亲水、休闲、时尚、运动、健身等特点的游艇产业逐渐升温，其蕴涵的商机越来越引起各方面的重视。国内一些成功人士逐渐把拥有游艇作为财富的象征，客观上推动了游艇产业的发展。随着游艇产业的发展，也出现游艇产业园这样的集群。

产业园是指由政府或企业为实现产业发展目标而创立的特殊区位环境，类型十分丰富，包括高新技术开发区、经济技术开发区、科技园、工业区、金融后台、文化创意产业园区、物流产业园区等及近来各地陆续提出的产业新城、科技新城等。游艇产业园是指依据游艇产业聚集理论，由政府或企业为实现游艇产业发展目标而创立的特殊区位环境。新时代，中国作为“海上丝绸之路”的发起者，也将为游艇产业的发展带来巨大的发展机遇。凭借沿海拥有得天独厚的海域，以及天时地利人和的优势，非常适合发展游艇经济、游艇产业，国务院在 2014 年就出台《国务院关于促进旅游业改革发展的若干意见》，其中提到积极促进发展邮轮游艇旅游。相比欧美国家，中国游艇产业尽管起步晚，但发展迅速。大力发展游艇经济的政策促进了游艇制造业的蓬勃发展，而游艇产业园将成为海滨城市发展的新契机。

9.1.1 游艇产业园理论基础：产业集群

根据哈佛商学院战略管理学家迈克尔·波特教授的观点，产业集群模式是国家在特定产业领域获得全球竞争优势的前提。产业集群能够给产业发展创造无可比拟的竞争优势，这是由于在集群中的企业可以在邻近的地理空间获得充分的信息资源、知识的共享、交易的便利及创新机会等一系列有利于产业发展的条件。

游艇产业集群的发展模式能够解决我国游艇工业起步晚、缺乏规范标准、行业恶性竞争严重、信任机制缺失等制约产业发展的一系列关键性问题。与世界发达国家游艇产业的发展相比，我国具有劳动力成本低廉、水域资源丰富、原材料充裕等许多方面的比较竞争优势。在发挥这种比较优势的基础上，我国应积极探索集群发展经验，通过政策支持建立以一大批优秀企业为核心的游艇产业集群基地，增强我国游艇产业竞争力，推动游艇经济快速发展。

1. 产业集群概述

自 20 世纪 80 年代以来，新的产业集群原理对经济发展的重大意义得到了国际学术界、商界和政界的空前重视。产业集群是指地理上相对集中的、业务上横向相关或纵向相关的、交易机制上遵循市场法则的多个企业集聚体。产业集群实际上是把产业发展与区域经济，通过分工专业化与交易的便利性，有效地结合起来，从而形成一种有效的生产组织方式。产业集群不是指一个区域同类企业的总和，也不是多个关联度低的企业在一个地理区位上的集聚，更不是一个企业内部沿产业链向上下延伸或横向发展，形成的多个分厂。因为形成产业集群很重要的因素是有上下游的需求关系，可以就地取材，降低生产成本。产业集群的重要性体现在以下七个方面。

第一，产业集群是工业园竞争力的重要源泉。工业园竞争力决定于其高科技产业竞争力，而高科技产业竞争力决定于高科技产业集群。我国目前的劳动密集型产业的竞争力，主要来自珠三角、长三角、闽南三角和环渤海地区劳动密集型产业群。这些区域工业园的产业集群不仅数量大，而且质量上在全国首屈一指，甚至在全国排名前茅。

第二，产业集群是工业园经济增长的源泉。改革开放以来，广东东莞、江苏苏州、浙江绍兴等产业集群集中的地方，工业园的经济增长大多以 30%左右的速度迅猛发展。

第三，产业集群是地方时政收入和居民收入增长的来源。产业集群发达的城市，一个城市的财政收入高于中西部地区全省的财政收入，一个镇的财政收入高于中西部一个地级市的财政收入。

第四，产业集群是新型工业化和结构升级的重要动力。产业集群的发展有利于工业园工业化，有利于调整产业布局，促进产业结构升级。

第五，产业集群是城市化和工业化发展的重要动力。产业集群和城市化、工业化发展是互动的关系，通过对比显示，产业集群发达工业园的城市化和工业化是推进得最快的地方。

第六，产业集群是节约能源、集中治理污染的有效方式。相对而言，产业集群发展，一方面可以实现能源的充分或循环利益，另一方面可以集中治理污染，通过规模发展降低经济成本。

第七，产业集群有利于构建工业园创新系统，促进技术创新。产业集群既促进了交流，也强化了竞争，因而为创新创造了条件，也创造了需求。事实上，几乎所有的产业集群都推动了一定范围内的技术进步。

2. 中国游艇产业集群形成要素分析

中国游艇产业集群的形成要素可分为企业地域空间上的集中性、游艇产业集群企业内部的关联性、游艇产业在文化制度方面的支撑性、游艇产业在资源要素方面的共享性、产业价值链上的企业竞争合作关系上的有效性和游艇产业价值链上企业间的结网性六个维度，本节将在此基础上探讨影响游艇产业集群的形成。

1）产业集群地域空间上的集中性

游艇产业集群实际上是一种空间集群现象，产业集群现象的形成通常以地域空间上的靠近为前提、以产业链上的企业相互关联为基础、以产业文化为连接纽带、以环境中配套基础设施为支持而形成的网络。关于产业的地域空间集中性的研究最早是马歇尔的产业地域空间集群因素的研究，此后韦伯和胡佛等都重点分析研究了集群经济及其产生的规模经济效应。

相关研究结果表明，特定的地域空间形成产业集群的关键在于地域空间上产业的集中程度。此外，这种地域空间上的集中性还造就了游艇产业集群形成的初始规模、集群的发展速度、路径的各自鲜明的特点。因产业集群的专业化分工与合作及规模经济效应产生了竞争优势集群，其包括隐性知识外显、信息与知识竞争优势。产业集群的内涵远非相关产业地理上的简单集中，还应包括地理区位的影响及市场接近程度，但产业集群的形成的初始因素是价值链上相关联的地域空间上的集中。

2）集群企业间的关联性

游艇产业集群形成主要取决于处于这一区域的参与者之间关联的程度。集群的产生要求企业位于游艇产业链的不同环节，专门从事特定的技术研发、原材料的供应、成品的制造及渠道销售、配套服务等活动，形成专业化分工与合作体系。

集群内部企业之间的专业化分工的程度和集群产品存在技术可分性引起的价值链上的协同与互补性、企业间交易的规模是游艇产业集群产生的必要条件之一。研究表明，当产业价值链条增长，导致专业化程度加深时，技术分解的可能性就越大，所以吸引游艇设计、游艇制造、游艇消费及关联产业集群的可能性越大。值得一提的是完整的游艇产业链包括游艇设计、游艇制造、游艇消费及关联产业。游艇设计包括游艇的整体规划、内外布局等方面，主要涵盖了科研设计和游艇制造技术设计；游艇制造包括原材料、艇体制造、游艇装配三个方面；游艇消费是游艇产业链重要部分，其服务的核心是游艇产业园，主要业务范畴包括星级酒店功能、休闲度假功能等；游艇业的关联产业包括游艇产品展会、游艇报税仓库、专用下水码头、专属试航区及一些教育咨询会等。在游艇产业分散的价值创造体系中，集群企业间的关联性增强了彼此合作的可能性，促使游艇产业集群体稳定的形成。

3）资源要素上的共享性

作为社会财富的来源，资源可分为自然资源和社会资源。新古典国际贸易理论认为资源禀赋是资源型产业集群的形成和发展过程中起根本性作用的因素，资源的匮乏在一定程度上会成为产业集群形成及发展的瓶颈。但越来越多的研究表明，自然资源对游艇产业集群形成的作用并非关键性的因素，波特认为社会资源代替自然资源逐渐成为集群形成的关键性因素。

实践证明，自然资源只是基础性因素，产业集群与各种社会资源要素的丰富程度、资源要素的可替代程度、资源要素的共享程度存在着复杂而广泛的互动关系。有形社会资源的共享如对基础设施及配套服务设施的共享，降低了供应链上企业间的交易成本。对信息、知识和技术等的共享属于无形社会资源的共享，此类资源共享扩展了可利用的资源边界，使得交易成本和搜寻成本大幅降低，在一定程度上促进了知识外溢与技术扩散。有形和无形社会资源的丰富性、资源要素的可替代性、资源要素的共享增强了集群企业的创新能力和竞争能力。

4）竞争合作关系上的有效性

游艇产业企业之间不只有竞争关系，还存在合作关系。在不断出现的技术创新过程中，产业集群不仅没有排斥合作，而且还加深了游艇企业间的协同发展。研究表明，群聚区提升了竞争的同时也提升了合作，竞争与合作发生的范围及参与者不同。而且游艇产业集群企业间有效的竞争合作关系减少了过度竞争情形的发生，提供有效的激励手段，构成核心竞争力的重要组成部分。游艇产业专业技术的可分性使得企业分工与合作成为可能。集群企业为获取共同的利益，在此基础上采取统一的经济行为，构建行动联合体，应对外部竞争。合作能力是企业在集群中获得生存机会所必须具备的素质和潜力。从这种意义上看，产业集群的自我约束是集群企业借助外部资源而建立的合作优势或联盟能力。

5）制度和文化上的支撑性

制度和文化相对其他资源来说具有更大的不可复制性和不可替代性。作为植根于当地的社会资源，文化和制度在游艇产业集群的形成时所起的作用，具体表现为以下几个方面。

第一个方面是制度支撑。西方新制度经济学派认为，经济发展的关键取决于制度安排具有的效率水平的高低，无效率的制度安排会阻碍经济的增长；与之相反，有效率则会促进经济增长。所以，产业集群的发展需要完善的硬件设施、良好的社会诚信开放和开放的社会环境。首先提供一个稳定的、可预见的经济和政治环境，政府通过建立融资服务体系、信息服务体系、物流仓储服务体系、技术服务体系来实现；其次，政府还要为企业提供各种优惠条件吸引投资，一系列的扶持政策包括在融资、税收等方面，使得产业集群具有一定的开放度，降低集群的进入与退出壁垒，防止集群成为孤立的、内向的系统，不断完善产业服务体系，为产业集群提供制度支持和制度保证。

第二个方面是文化支撑。为增强集群内企业之间的认同感和信任水平及加强企业间的交流与合作，产业群内企业文化及价值观念逐渐趋同。与此同时，企业间产生区域根植性促进了知识外溢和技术扩散，深化了企业间的专业化分工，提高产业集群整体的竞争力。集群的形成是相关企业所在地方文化和传统长期建立信任及承诺的结果，所以，文化背景及价值观念也是稳定的产业集群产生的不可或缺的条件。

6）相关企业间的结网性

从企业网络的角度来看，产业集群通常是通过企业间的专业分工、资源互补，以契约或者通过承诺与信任来建立的长期非特定合作关系的现象，知识网络的整合程度、区域创新与学习能力和网络协调的程度是其最重要的特征。结网性进一步促进了隐性知识在集群内部的传播与流动，加速了价值链条上的技术扩散及知识外溢，最终提高了区域创新与学习能力。由此可见，产业集群形成的分工与协作网络、市场共享必然会带来网络协调的程度及区域内的劳动生产率的提高，所有集群企业共享技术进步和创新引发的外部经济效益，并且形成良性循环，最终提升集群产业竞争力和经济运行的质量。

9.1.2　游艇产业园概况

游艇产业主要包括游艇制造、上游配套零配件制造、专用码头建设、俱乐部经营与管理、游艇驾照培训和考核、游艇维修保养及游艇保险、酒店餐饮、休闲旅游等相关行业在内的经济产业链。游艇产业链中各相关行业之间的关联效应能够产生巨大的经济效益，这种综合的经济效应被称为游艇经济。近年来，游艇产业高附加值的经济效应引起了我国各沿海城市的一致重视。

厦门的游艇行业就在开始成形并且迅速发展。放眼厦门，其发展游艇产业步伐已渐行渐稳，由于拥有得天独厚的港口优势，故吸引了不少的民营企业家在厦门进行投资。近年来，游艇业的巨头屡屡光顾厦门，意大利玛诺玛尼公司游艇生产基地落户晋江，哈德森游艇有限公司也已在南安市石井镇西南海岸选址，而中国最大的游艇工业联合企业的厦门船舶配套产业园选址位于惠安斗尾港。《2014—2019 年中国游艇业行业前景预测与投资风险评估报告》指出，福建海洋经济发展势头迅猛，尤其是厦门的游艇产业市场前景被看好。近年来，全世界的游艇建造产值增高。随着目前我国国内经济水平的提高，我国的一些发达地区也将进入游艇的高消费阶段。虽然厦门的船舶工业和游艇产业都刚起步，但厦门拥有优良的地理优势和港口优势，能因地制宜发展游艇业，为发展海洋经济提供了便捷的交通条件，为充分开发利用海洋资源带来了便利。特别值得一提的是作为国内较富裕的地区,2019 年厦门的人均 GDP 首次突破 2 万美元,完全有条件发展家用游艇、游艇俱乐部等产业，也给游艇码头的发展带来了可能。

由此，我们可以断言游艇业将为厦门蓝色经济及旅游经济的快速发展带来新的篇章。游艇产业、游艇消费的齐头并进，能够刺激厦门的旅游业，也有望为厦门创造出庞大而健康的游艇经济。2014 年已建成投产码头 32 座、泊位 54 个，其中，万吨级以上泊位就有 10 个，年设计吞吐能力可达 1921 万吨，包括集装箱 16 万国际标准箱，形成了以厦门湾为中心、大中小码头泊位优势相互弥补、配套设施比较齐全、功能完善的港口体系。

再如珠海（澳洲）游艇产业园。珠海金围游艇俱乐部有限公司于 2010 年 12 月经珠海市科技工贸和信息化局批准，2011 年 1 月在珠海市工商局登记注册中外合作公司，合作公司主要是负责对珠海（澳洲）游艇产业园项目的开发建设，项目位于珠海市金湾区红旗镇木乃南，以木乃南国为中心，北至木乃山，南临南海，东至大门水道，西至鸡啼门，规划用海区域面积约为 7.04 平方公里。该产业园建有游艇综合生产制造、园区生态旅游、游艇运动休闲度假、酒店综合会展服务、游艇（邮轮）码头、世界游艇配件物流中心等功能。最终把产业园建设成为游艇休闲和海洋运动体验、风尚度假区；既有游艇生产经济功能，又有游艇旅游文化社会功能和城区形态，拥有相当一部分从事产业人口的、现代化的、宜居的珠海旅游新城区。其中珠海（澳洲）游艇产业园总体规划布局为生态岛的概念与功能分区结合形成四个片区：酒店与会展区是景观和功能核心区，包括会议会展、酒店、商务办公、商业服务等功能。运动休闲区是游艇码头和主题公园区，包括游艇泊位、游艇俱乐部、游艇维护保养、游艇驾驶培训、运动公园等功能。高档配套生活区包括滨海别墅和滨海高档住宅区。综合生产区是游艇研发、生产区及配套服务区。游艇产业园建设已取得用海权并完成围填海工程后，按项目布局实施。

不仅如此，园区当前建设前景涵盖了以下几点。

第一，产业发展目标。力争建设成为国内一流的游艇产业园。建成国际一流的水陆两栖游艇制造、销售、陆路配套和游艇物流配件中心及码头设施，配套相应服务设施和客户服务产业区，成为广东和珠海新的经济增长点及经济社会发展的重要支柱。按游艇产业园的规划建设，到完成园区项目建设投产，该园区将成为创新发展基地及出口创汇基地，成为具有国内、国际影响的滨海风景旅游胜地。

第二，产业园区建设前景。珠海是中国南海边的一座现代化新城，具有中国旅游名城、最佳居住环境城市、浪漫之城之称。珠海土地面积 1736.46 平方公里，海域辽阔，海岛众多，领海基线内海域面积 6050 平方千米，大陆岸线 224.5 千米，大小海岛 262 个。《珠江三角洲地区改革发展规划纲要（2008—2020 年）》的公布标志着珠海的发展已经上升到国家战略。珠海作为珠江口岸核心城市，将国际商务休闲旅游业和游艇产业确定为重点发展产业。因此，随着中国对外开放的加深，中国人的生活观念和消费观念正在发生改变，游艇消费市场开始由沿海发达城市向内地城市扩张，中国的游艇制造及其消费产业将迎来广阔的发展前景。

第三，珠海凭借独特的自然条件、比邻香港和澳门区位优势，其游艇文化已有一定基础，游艇制造及消费产业拥有广阔的市场空间，多年的游艇产业建设已使珠海在游艇产业链形成和专业人才培训及高端技术掌握方面优势突出，非常适合成为区域游艇研发、生产、维修、游艇俱乐部、度假别墅和休闲等，珠海（澳洲）游艇产业园的开发肩负重要角色，园区预计将在 5～10 年建设成为一座集游艇文化、水上运动、水岸休闲活动、商务旅游、宜生态居住于一体的现代化新城。

9.1.3　游艇产业园的功能区分布

产业园的功能区分布应包含一个综合区、一个基地、一个平台、一种生活方式。如珠海（澳洲）游艇产业园主要包括以下各功能区的建设布局：打造一个世界一流的游艇生产、贸易、消费综合区，创建一个国际化的海上休闲运动的基地，营造一个体验和享受海洋运动的平台，形成一种健康的生活方式。再有推广游艇发展的品牌塑造和文化，可以迅速提升城市产业的知名度，加快普及海洋和游艇文化，助力产业持续快速发展。如在非常适合发展游艇产业的厦门地理环境和气候条件，当地政府在城市东部和西部海域建立了六个海湾分布区，分别是马銮湾、杏林湾、同安湾、东坑湾、五缘湾和香山中国湾。

其中在马銮湾发展时尚动感游艇项目，包括高档居住小区、休闲中心、商业与购物中心、金融中心、水上运动中心、行政中心及娱乐中心等项目；马銮湾是过去几年楼市最火爆的板块，2013 年 8 月泰禾集团股份有限公司以 40 亿 5200 万元竞得位于马銮湾的 H2013P04 地块（泰禾院子/泰禾首玺），成为总价的“地王”，溢价率达 185%。随后的 1 年多时间里开始了马銮湾“地王”的征战史：2013 年 12 月 5 日，厦门海投房地产有限公司（简称海投）竞得 H2013P07 地块（海投第一湾），楼面价 14 306 元/米^2，溢价率 148.43%；2013 年 12 月 5 日，海投竞得 H2013P08 地块（海投第一湾），楼面价 14 310 元/米^2，溢价率 139.02%；2014 年 10 月 29 日，融侨集团竞得 H2014P04 地块，楼面价 14 114 元/米^2，溢价率 66.05%；2014 年 10 月 29 日，海智房地产开发有限公司联合绿苑商城房地产有限公司联合竞得 H2014P05 地块，楼面价 15 228 元/米^2，溢价率 79.53%。短短 1 年左右的时间里，楼面地价被三次刷新，“地王”与“高溢价”成为马銮湾在土地市场的标签。海沧南部新城出现土地断供，在售项目已基本去化完成，房企大鳄们在马銮湾开始新一轮几近疯狂地“攻城略地”，使得该片区成为岛外楼面价最贵的区域。在成交量上，随着海沧南部新城的饱和及马銮湾的崛起，成交主力逐渐转向马銮湾，泰禾院子、泰禾首玺、海沧万科城、海投青春海岸等成为绝对的供货主力。在价格上，据新景祥的数据统计，截止到 2014 年 12 月 31 日海沧区价格均价约 1.9 万元/米^{2}为岛外各区之首，全年同比涨幅增长 50%，涨幅领跑全市，这主要得益于马銮湾新城的崛起，高地价助涨房价，2014 年马銮湾片区的住宅均价约 1.7 万元/米^2，而 2013 年初的时候仅为万元出头。

杏林湾因其水域面积比较小，适合面向家庭大众消费，杏林湾生态环境优良，环杏林湾景观工程总投资超过 5 亿元，该项目规划面积 1.11 平方公里，总长度为 20.6 公里，分为新城东岸段、滨水西岸段、滨水东岸段、水上运动中心段、园博苑西地块段、九天湖段、官任营运中心段、集杏海堤段、第三营运中心端等九个区段分期建设。其中，滨水东岸段和园博苑西地块段已先期开建，和该项目相关联的环杏林湾清淤护岸工程也已先行实施。建成后，工程将衔接集杏海堤长达 26 公里的杏林湾沿岸。未来，杏林湾将成为一个活力、生态的魅力绿湾。沿湾区将规划各种多功能的场地和设施，承载市民和游人游览、休闲、娱乐、健身等多种活动的需求；环湾岸线将创造自然的、可持续的绿色生态廊道，建立湾区多种地方植物的栖息地，实现人与自然的和谐共生；充分展现地域特征，营造轻松大气、舒缓开放的大型水岸公园，并通过景观建设带动周边城市开发，成为新城开发的助推器。根据规划，环杏林湾沿线将布局“六带、两环、多点”。六带即在环湾区域设置滨水景观走廊东段、滨水景观走廊北段、滨水景观走廊西段、生态保育区、生态湿地区和林荫大道区。两环即沿湾建设两条连续的自行车道和步行道，形成主要的交通线和游览线。多点即在区域内设置多个景观节点和活动场地，是景观设施和市民活动集中的场所。特别值得一提的是，沿着湾区岸线布局的自行车道和步行道是一个连续的路线，将形成完整的交通、观光回路。一系列互动、参与性强的运动娱乐场所和设施穿插其间，包括极限运动场、篮球场、沙滩排球场、儿童游戏场、垂钓堤等。作为整个项目的示范区段，已动工的滨水西岸段将建成长达 3 公里的步行道、自行车道及配套景观，一期工程在 2011 年建成。

此外，项目和位于杏林湾东岸的水上运动中心相结合，据项目建设单位住宅集团相关负责人介绍，将来，赛艇、皮划艇的赛道都位于杏林湾区内，沿岸规划有赛艇看台。据悉，已于 2010 年开工建设的水上运动中心，用地面积 1.24 万平方米，建筑面积 7896 平方米，总投资 2938 万元，拥有皮划艇、赛艇等训练基地，是重点培养水上运动项目后备人才的场所，建成后有能力承接单项国际级赛事。据了解，杏林湾水域生态资源十分丰富，仅园博苑片区乔木种类就近 2000 种，鸟类达 89 种。以环保为理念，环湾景观工程将充分利用湾区原有的湿地景观，构建以自然演替为主、人为管理为辅的生态保育区。生态小径、湿地水花园、科普广场……这些生态主题的分区节点将散落于景观带的各处，是市民游客体验湿地环境、观测湿地生物的“户外课堂”。此外，环杏林湾的景观设施将十分亲水，除了设置于近岸浅水之上的亲水栈道之外，还设有水剧场、观景平台等丰富多变的观景系统。将大大方便游客与水上动植物的亲密接触，体验变化丰富的滨水环境。景观方面的另一个特点是，环杏林湾景观带将与园博苑互相“借景”。因此，在设计观景平台时将选择恰当的位置，为市民远眺园博苑提供良好的视线；沿线的雕塑小品也将和园博苑的“月光环”等景点遥相呼应；分期建设多处游船码头，码头广场富有高差变化的多层台地设计将方便游客远眺整个湾区美景。

珠海（澳洲）游艇产业园中涵盖了高档住宅区、生态港湾、运动休闲区、运动港湾、酒店会展区及综合生产区等六大区域。

高档住宅区：珠海（澳洲）游艇产业园项目里，重头戏落在高端游艇制造业上，而一切的配套设施都是应该为此服务，在园区打造高档住宅区，提升游艇产业园的整体价值。

生态港湾：陆地呈指状深入港湾，为居住用地提供最大的滨水空间。每栋别墅都临水，配有私人游艇码头。生态岸线的设计里采用最新生态建筑技术为生态港湾的居民和动植物共同营造一个健康的家园。

运动休闲区：园区娱乐包括潜水、皮划艇、海上垂钓、摩托艇等运动项目。

运动港湾：水上休闲运动的首要港口、私人游艇停靠的港湾、海洋运动爱好者的家园、短途航行初学者的校园将为帆船、钓鱼船、潜水及其他多种水上项目提供私人和群体课程及设备租借。

酒店会展区：酒店会展区承纳世界各地的贸易展览会、商务会议、国际展览和游艇国际比赛，是整个产业园区片区的核心，是最有价值的地段，是最有活力的地方。引领产业园向世界一流游艇生产消费区前进。

综合生产区：珠海（澳洲）游艇产业园的游艇综合生产区，总用地面积为 142.4 公顷，用于游艇、邮轮整船制造。其分别涵盖了创意研发区：总用地面积为 6.8 公顷，为游艇生产提供技术创新。物流中心区：总用地面积为 16.5 公顷，为游艇生产提供物流配送。配套居住区：总用地面积为 2.0 公顷，为整个园区的员工提供居住配套。配套商业区：总用地面积为 4.8 公顷，为片区提供商业服务业设施。管理办公区：总用地面积为 4.7 公顷，为整个园区提供管理服务。

9.1.4 游艇产业园投资指南

为促进游艇产业园的快速发展，进一步鼓励和促进投资者在游艇产业园投资项目，园区应对政策环境和市场环境都做了详细分析。

1. 政策环境分析

游艇产业园是提高国内消费的有效途径。近年来国家的产业政策对于新型船艇制造业有重大的利好和指导作用。由国务院于 2006 年 9 月制定的《船舶工业中长期发展规划（2006—2015）》中指出：鼓励发展先进的造船工艺技术与造船模式；鼓励发展环保、节能、舒适、高速性、智能化的新型船舶；鼓励企业开拓国际市场，并重点扶持企业自主开发和优化设计新型船舶，引进、消化、吸收高技术、高附加值船舶，并鼓励外资投资经营游艇制造业；鼓励发展用于水上安全、管理、旅游休闲的高性能船舶及个性化游艇。《“十二五”国家战略性新兴产业发展规划》中再次提出，面向我国产业转型升级和战略性新兴产业发展的迫切需求，大力发展现代航空装备、卫星及应用产业，加快发展海洋工程装备，把高端装备制造业培育成为国民经济的支柱产业，促进制造业更加智能环保发展。《国民经济和社会发展第十二个五年规划纲要》中强调：改造和提升传统产业，发展特色优势产业；鼓励中小企业进入生产性服务业和战略性新兴产业领域，着力培育一批特色产业生产基地，引导基地走品牌化发展道路，推进各省区域优势经济发展；以工业园区为载体，建立特色产业生产基地，培育中小企业产业集群。国家支持游艇行业发展的其他政策。2009 年，《国务院关于加快发展旅游业的意见》中指出，把旅游业培育成国民经济的战略性支柱产业；要培育新的旅游消费热点，支持有条件的地区发展邮轮、游艇等新兴旅游；把邮轮游艇等旅游装备制造业纳入国家鼓励类产业目录。

2009 年，国务院办公厅颁布的《船舶工业调整和振兴规划》中提出，要将船舶的研发水平提高，制定《船舶工业技术改造项目及产品目录》，支持高技术高附加值船舶和海洋工程装备专用生产设施项目建设，支持填补国内空白、节能环保效果显著以及产能不能满足市场需求的船舶和海洋工程装备及配套产品的技术改造。2012 年，《广东省滨海旅游发展规划（2011—2020 年）》提出，要打造以广州、深圳、珠海为核心，汕头、中山、东莞、江门、茂名、惠州等游艇俱乐部群为支撑的滨海游艇旅游黄金海岸带。广东将结合滨海旅游业发展现状，打造蓝色滨海产业带。2013 年，国务院办公厅发布的《国民旅游休闲纲要（2013—2020 年）》中，将游艇旅游定位为国民旅游休闲产品开发与活动组织的重点之一，支持游艇码头等旅游休闲基础设施建设，积极开发游艇旅游等旅游休闲产品。国家和地区上述的产业政策，对于快速发展中小企业经济，引导社会资金投入船艇及相关行业，提高复合材料船艇行业的整体水平有很大的推动作用。

2. 市场环境分析

据 ICOMIA 的数据，如果把全球现有游艇总数量平均分配到世界所有人口上，平均每 171 人拥有一艘游艇；把美国游艇数量分配到美国人口上，美国 16 人拥有一艘游艇；同样按照这种方式来计算，挪威、荷兰、新西兰等国则是 6 到 10 人拥有一艘游艇。2003 年世界游艇产业总产值约为 400 亿美元，截至 2010 年，游艇产业总产值增加了 100 亿美元，总产值超过 500 亿美元，游艇产业是庞大的。国际金融危机影响期间，国际游艇市场增长速度放缓，但是欧美国家受到的影响相对较小，因为欧美人已经形成热衷游艇的消费习惯，国际游艇市场的新艇市场总体规模仍将维持在 300 亿美元左右，游艇市场交易额仍保持在 700 亿美元左右。

游艇消费不仅对游艇制造业及相关产业有推动作用，对拉动其他行业的消费也有相当重大的意义。游艇生产将带动几十个周边工业的发展，包括仪表、新材料、文化涂料、电子仪器、推进系统、动力和信息等；游艇消费将带动一大批相关衍生行业的迅速发展，包括游艇维修、游艇码头、水上娱乐和燃料加注等，具有 1∶10 的明显经济拉动效应。据统计，全球游艇制造商共 3000 多家，其中，美国拥有 1000 家左右，约占世界三分之一，法国拥有 120 家，加拿大拥有 100 家。全球游艇拥有量集中在发达国家和地区，北美洲、欧洲、大洋洲新西兰地区游艇拥有量最为集中。游艇和其附属产业从国家来看高度集中，美国、意大利、法国和英国等八个国家占领了全球 80%的游艇市场份额。北美洲和欧洲是世界主要的游艇市场，共同占据世界游艇市场份额的 94.3%。其中，北美洲是世界最大的游艇市场，占据世界游艇市场份额的 55.9%；欧洲是世界第二大游艇市场，占据世界游艇市场份额的 38.4%。美国是世界上拥有游艇最多的国家，其游艇市场占世界市场的一半以上，产值约为 255 亿美元。由于美国面临两大洋的海岸线和国内众多的河流和湖泊，加之美国市场消费者的强大购买力，造就了人们喜爱水上娱乐活动的习惯。世界游艇产品制造行业每年销售总额的增长率达到 7%左右。从地理分布上，欧洲市场的增长率则要明显的高于美国销售市场的增长率。尽管自 2003 年第二季度以来，欧洲市场的增长趋势有所放缓，但是这一市场全年的增长率仍然可以达到 2%～3%。

由国外环境角度中看到，欧美的游艇经济有所萎缩，特别是豪华游艇的销售受到的影响较大，从欧美客户手里拿订单将更为困难。因此，游艇制造和销售的方向不应仅局限于欧美等发达国家和地区，南美洲、非洲、地中海、加勒比海等区域都有潜在的游艇消费能力，细分市场，开发一些中、低端的，适合更多人群的游艇。另外，游艇销售除了力拓国际市场外，对国内市场也要进一步细分，找到产品与需求的最佳结合点，以弥补欧美游艇订单减少带来的损失。

从国内环境角度分析，一是经济下行对中国游艇消费市场的影响是非常小的，40 英尺以上的大游艇每年在中国的销售非常少，但对制造有影响，虽然出口量不大但还是占有一定的比例，特别是现在中国游艇厂家大部分是做贴牌的。游艇企业除了提高自身的设计能力外，还可以在生产运营方面提升效率，充分利用劳动力优势，努力使贴牌生产达到业内先进水平。特别是珠三角地区政府部门对发展游艇产业的热情不减，态度积极，游艇企业和游艇行业协会要趁此机会，主动增加与政府部门的沟通，反映实际生产销售过程中存在的问题，争取得到最大、最优惠的扶持政策，为游艇产业发展的创造良好的大环境。并且，以此为契机，大力发展自有品牌、重新进行产品定位、加大对消费者的宣传力度，与游艇旅游相结合，促进游艇生产、销售和游艇旅游消费的共同发展。游艇在我国发展是必然的，这个时代肯定会到来。平价游艇的市场空间非常广阔，国外品牌近来已经占了这部分市场。而从设计的角度跟建造的角度研究，游艇产业应该考虑先占领 12 米以下的游艇这部分市场，并且趁在经济下行的时候一定要通过不同的办法把其质量提升上来，为将来的游艇发展夯实基础。例如，广东已有船舶制造公司开发制造了集休闲娱乐、商谈接洽、餐饮住宿功能于一体的新型玻璃钢休闲游艇，市场反应不错，值得借鉴。

二是游艇代理业在经济下行的情况下可以提高自己议价的筹码。游艇生产制造厂家都在裁员，在选择代理权的时候生产厂家没有底气了，这时候是谈代理最好的时候。另外，国内有实力的厂家可以并购国外 12 米以下的游艇企业获得他们的生产能力和管理能力，这样游艇企业不需要从头做起，就可以进行后向一体化，这也是值得珠三角游艇代理企业值得考虑的方向。

三是目前许多国际知名游艇企业都在减薪和裁员，一批优秀的游艇设计和制造人才开始考虑跳槽，这就给国内的游艇企业低成本吸纳“外脑”创造了机会。

首先，游艇制造企业要在当前积极开展国际合作，进行设计、品牌和销售渠道的整合，吸纳游艇产业急需的各类人才，通过“借脑”加快提高自身游艇设计、制造和服务的水平，提升企业人力资本力量。可以通过扩展游艇购买的融资渠道，对于中小型游艇，如果能有适合的融资渠道提供按揭购买，降低游艇购买使用的门槛，将会刺激大量游艇爱好者加入购买游艇和使用游艇的行列当中。就像国内的汽车销售一样，在售价降低的同时出现汽车购买按揭，让国内汽车销售迅速增加。游艇销售公司和游艇俱乐部在这方面是可以有所作为的。其次，水域生态资源的脆弱性，大力发展游艇生产制造和游艇旅游之后，将不可避免地会对生态环境造成负面影响。目前，国外在游艇使用混合动力方面已有一些进展，但是应用范围还非常小。为响应国家节能减排的生产指导方针，有条件的游艇生产企业可以与相关企业部门一起，在环保概念方面加强研究，特别是在原材料使用和动力系统方面争取有所突破，抢占先机。最后，可以通过积极主办和推广游艇帆船赛事及游艇展会，这些都是很好的宣传手段和推广平台。将人气聚集起来之后，就方便开展游艇的销售推广，让更多的人了解游艇，接触游艇，体验游艇的魅力，从而促进游艇旅游消费和游艇的消费。

3. 投资项目案例

以广东省珠海（澳洲）游艇产业园投资指南为例，项目分工包括区位交通、区域综合配套、各功能区域、园区企业及相应服务体系。

第一，区位交通。珠海（澳洲）游艇产业园地理位置优越，位于珠江西岸高速公路体系的核心，西部沿海高速、珠港高速、广珠铁路比肩而过，机场、港口近在咫尺，可以快速便捷通达整个珠三角乃至世界各地。

第二，区域综合配套完善，促进地区经济、社会均衡发展。打开珠海地图，以磨刀门水道为界，珠海被自然区隔成东部和西部两个大的区域。东部地区以香洲区为主，其经济总量、人口规模等方面均占珠海全市的大部分，已处于工业化后期，城市化率较高，但陆地面积仅占珠海全市的 1/3；西部地区以斗门区和金湾区为主，包括高栏港等经济功能区，可开发面积广阔，处于工业化前期，人口规模和经济总量都不大。多年来，东部地区和西部地区协调整合发展，一直是珠海人的夙愿。

如今，借助《珠江三角洲地区改革发展规划纲要（2008—2020）》和横琴大开发的战略机会，珠海提出“东部大转型，西部大开发”战略，在东部大力推进现代服务业、高新技术产业，在西部大力承接和引进先进制造业、新兴装备工业，把区域结构和产业结构调整有机结合起来，城市发展呈现出强劲的竞争力。

第三，周边用地功能。西部中心城区：珠海市西部产业服务中心。高栏港经济区：产业发展以港口物流和临港产业为主。航空产业园：以航空产业为主的专业园区。平沙游艇工业区：以游艇产业为主的特色园区。

9.1.5 游艇产业园企业

游艇产业园的发展离不开游艇企业的投资和发展，而游艇企业也离不开游艇的上游产业、游艇制造业及后续的游艇服务业等几方面的综合支撑。

1. 游艇制造业的上游产业

游艇制造业的上游产业主要是与游艇有关的基本材料工业，如玻璃纤维、树脂、涂料等制造业，这部分产业在珠三角地区已得到蓬勃的发展，特别是随着厦门玻纤二期工程的投产，以及珠海台资长兴树脂厂的投产，再加上厦门地区多家外资船舶油漆公司的参与，使厦门游艇制造基础材料工业有一个比较成熟的市场环境。以平沙游艇工业区为例，该工业区内即可提供如下的配套企业：①澳新。专业生产护舷气囊，该项目生产技术、产品质量属世界领先。②ZF-faster。专业生产船舶螺旋桨、传动轴等产品，生产技术、产品质量属世界领先水平。③东荣。专业开发生产金属拉杆、扶手等游艇的金属配件。④博胜。专业开发生产树脂、蜂窝甲板及铝合金制品等游艇配件。⑤US 高分子。采用世界最先进技术生产玻璃钢船舶专用树脂。⑥游艇工业区中还有众多著名品牌的代理商，包括雅马哈发动机、沃尔沃发动机、康明斯发动机、美国水星公司的全套游艇配套产品、Hufltsman 的胶水等。⑦厦门的加工制造业近年来迅猛发展，化工专区不断壮大，仅在厦门范围内就可以满足游艇制造所需的如玻璃纤维（工控玻纤）、树脂（长兴化工）、涂料、家用电器、家私、五金、木料等的材料需求。

虽然现有配套企业已有所发展，但是高端游艇产品的配件绝大多数还是来自进口；国内采购渠道信息平台还不够畅通。

2. 游艇制造业

游艇产业园的制造业应着力打造成生产中、小型动力游艇的基地，制造外国厂商不愿意做、中国地方小厂做不了的游艇。产业园的制造企业应考虑把生产的重心放在 12 米以下的游艇，用现有的制造经验，努力先占领这部分市场，从设计的角度和建造的角度来看，这部分我国现有的厂商技术有能力做得好，不会像大型游艇那样设计和建造要求的水平比较高一些。

安全、环保、节能是当前和今后人类社会发展的主题。就当前游艇技术而言，在欧美发达地区，对安全和环保已有较多认识和技术实现，但在游艇节能方面还鲜有普遍性的成效。然而，人类社会对资源和能源的耗费、对环境的污染将付出越来越大的代价。因此，游艇业的发展方向也需要考虑将这三项指标摆在非常突出的位置。可以设想如果新开发的产品、技术在环保、节能方面有足够的先进性，不仅可以增强产品市场竞争力，而且这些产品和技术将提高游艇制造业的整体水平。继续将重点放在产业园的形式上发展游艇产业，游艇产业集聚区的主要功能在于促进游艇产业链的形成、区内的配套和服务的完善，形成规模优势。目前，部分地区游艇产业园区已经初具规模。游艇业的发展离不开航道水域、港口码头、游艇俱乐部、景观水系等基础设施的配套建设，我们可以有计划、有步骤地在现有的产业园区内建设一批国际水平的配套设施，满足游艇消费的需求，同时要注重资源的可持续利用。

作为后起发展游艇业的城市，如厦门已初步建立起以游艇制造业为“龙头”，以游艇俱乐部、游艇码头等配套基础设施建设为支撑，以游艇行业协会为保障、相关服务业跟进发展的游艇产业链，并逐步朝着中国一流游艇产业基地进发。厦门游艇工业园区内的游艇制造企业主要经营以下几大国内外著名游艇品牌。Brunswick 游艇，它是由美国 Brunswick 集团投资的项目，主要投资生产及销售 30 英尺以下的豪华游艇。杰腾游艇：由台湾杰腾贸易股份有限公司投资，主要生产 100 英尺左右的高档游艇，产品主要销往日本。铎洋游艇：由台湾合兴游艇公司投资，其在台湾有超过四十年游艇生产历史，在行业内具备较高声誉。主要生产 50 英尺左右的高档游艇，产品外销。2003 年 7 月 23 日正式投产，已经有 20 多艘 50 英尺左右的游艇出口。先歌游艇：由先歌国际影音集团投资设立。先歌国际影音集团是一家以生产高级音响系列为主的大型企业集团。在平沙设立的游艇项目，是集开发、设计、制造于一体的现代化游艇生产和销售企业，主要生产和销售 160 英尺以上的大型高档豪华游艇。三洋游艇：由美国、巴哈马投资，主要生产 45 英尺以上豪华游艇。雄达游艇：在全国各地有 20 多家分支机构，实力雄厚，主要生产游艇及代理世界名牌船用发动机（如雅玛哈）。

3. 游艇服务业

游艇服务业是指与传统游艇产业有紧密联系，更加丰富、更加包容的新业态，包括游艇销售、游艇俱乐部、游艇旅游、游艇培训、游艇媒体、游艇展会等项目。

目前，我国游艇产业结构还不平衡，游艇制造业与游艇服务业比例为 7∶3，而发达国家游艇产业的游艇服务业水平几乎都在 50%以上。与游艇制造业的重资产、周期长的特点不同，游艇服务业具有轻资产、组织灵活的特点，同时存在着商业模式不清晰、管理服务模式落后的问题，但行业整体发展潜力足、创新空间大，因而挖掘游艇服务业潜力，拓展游艇服务业与其他产业的融合，形成泛游艇产业或将成为未来调整产业结构、带动消费增长的着力点，具有宽广的创新创业空间。

对于游艇产业园，例如，深圳浪骑游艇会所坐落在东部海岸，占地、占海面积总计约 16 万亩，建有会所大楼、全封闭的会员公寓、近 300 个游艇泊位、游艇维修车间等。会所大楼建筑面积近 1.5 万平方米，内设海图室、购物商场、豪华海景客房、中餐厅、西餐厅、酒吧、露天烧烤场、观海台和系统化海上模拟训练仪等设施。桂山岛浪韵游艇俱乐部会所占地总面积约 2.5 万平方米，包括豪华餐厅、露天茶座、商务中心、会员度假屋、露天烧烤场、多功能娱乐室、沐浴更衣室及会员服务中心等，共有300个游艇泊位。珠海在2008年将游艇产业列为珠海重点发展的产业集群之一，特别为此设立“平沙游艇与休闲旅游区”，规划面积为40平方公里，包括游艇制造区、游艇配套区和休闲旅游区。珠海南国游艇俱乐部是厦门第一个大型综合性游艇俱乐部，包括五星级酒店、高级会所、展厅和500个泊位，总投资超过10亿元；九州港务集团在九洲港的游艇码头，将建成华南最大的游艇码头；珠海温泉度假城新增游艇俱乐部项目；中国最大温泉旅游度假城海泉湾将自己构造海上航线、游艇俱乐部项目；香洲码头俱乐部项目已经有华昌之星项目落户；美国金沙的游艇俱乐部项目，是其大型会展配套项目之一，总项目投资20亿美元；北路新城区（填海区）游艇俱乐部项目正在规划当中；珠海万山群岛游艇码头项目由香港投资王氏集团投资；珠海外伶仃游艇俱乐部项目由台湾陈明哲先生投资，400艘游艇打造海上游艇航线。

金围开发集团（澳大利亚）股份有限公司注册地在澳大利亚悉尼市，集团公司旗下子公司，金围房地产开发集团股份有限公司、珠海金围水产养殖有限公司等。集团公司热衷于搭建中澳两国经济贸易往来和文化交流的平台，为中澳的经济发展和文化建设做了重要贡献。

9.1.6 游艇产业园的服务体系

一个产业的服务体系是一个基于产业集群发展需要，并服务于产业集群生产而形成的综合体系，是保证产业园区持续快速健康发展的重要条件。

产业集群服务体系的完善与地区行业竞争力、产业园可持续发展密切相关。建立完善高效的服务体系，是确保产业集群得以持续健康发展的重要条件。服务体系的发展需通过升级以维持其竞争优势，在开放经济条件下，这意味着构建集群的优势和能力有赖于集群服务体系的完善及其作用的有效发挥。以珠海金围游艇俱乐部为例，其服务体系主要包括以下具体内容。

1. 珠海市游艇旅游协会

珠海市游艇旅游协会于2003年10月获得了《社会团体法人登记证书》。珠海市游艇旅游协会由珠海市行政区域内的游艇拥有者、游艇制造、游艇销售、游艇维修、游艇爱好者、科研等相关经济组织和个人自愿组成，是具有法人资格的行业性、地方性民间组织。珠海市游艇旅游协会为推动珠海游艇活动，将为个人会员提供培训、海上安全信息、法律咨询，指导会员安全航海，为会员引进项目、资金与人才，协会还将为游艇制造、游艇维修、游艇销售、游艇业主展开行业调查，评估论证，开展各项有益的联谊活动。

2. 珠海海事局

珠海海事局由原珠海海上安全监督局于 2000 年 11 月正式组建而成，隶属于广东海事局。依照上级主管机关的授权，珠海海事局承担着珠海辖区 6300 多平方公里海域和 700 多公里内河通航水域的水上安全监督管理及防止船舶污染水域管理的职责，主要包括国际航行船舶进出口岸管理、船舶安全监督、通航保障、危险品管理、防止船舶污染水域、水上交通事故调查处理、船员考试发证、船舶检验发证等，对外代表国家、对内代表政府对海事行为相对人行使行政执法权。作为珠海市海上搜寻救助分中心的主要成员单位之一及该中心办公室的责任单位和日常办事机构，还履行“两防一救”职责，负责组织、指挥、协调和参与珠海辖区水上遇险事故的应急与处理，最大限度地保障人员生命和财产安全。

2003 年珠海确定游艇产业为珠海特色产业，明确要加大对游艇产业（包括生产、配套、旅游、展览、服务等）的扶持力度，珠海游艇工业区作为市级工业专区，规划面积 6 平方公里，重点发展游艇、水上运动器材、船舶等的制造及其配套业。而后又聘请华南理工大学叶家玮教授专门编制的《珠海市游艇产业规划》，争取用五年或更长一点的时间，把珠海游艇工业基地打造成为华南地区最大的游艇制造和配套件生产基地，构造游艇“世界制造工厂”。珠海将重点围绕平沙游艇工业区大力发展游艇整体、配套件制造业，把平沙打造成为珠海游艇产业的重要基地；在谋划珠海游艇产业规划布局的同时，该规划还提出以游艇消费带动旅游发展，使珠海成为游艇消费业兴盛的滨海城市。政府要扶持、引导游艇产业集群的发展，职能部门之间的协调配合也是至关重要的，做好公共服务，从区域的角度整合与完善产业链非常关键。

为保持游艇产业在全国的领先地位，珠海市政府高度重视游艇产业集群竞争力提升，其创新性与战略性举措主要是：一是积极营造游艇产业良好的投资环境。加强产业集群内的公共设施建设；加大原材料的招商引资；集群一站式服务；成立创新服务机构；整合码头资源。二是创新服务功能。规划原材料专业市场；创新中心功能的提升。三是政府主导作用。搞好展会经济；加大区域品牌的推广；完善园区经济；积极引进物流企业；行业标准的规范。四是重视持续突出重点优势与挖掘现有优势。为游艇产业集群的发展积极宣传推广；组织企业参观国内外优秀游艇产业集群，积极打造地区品牌；把制订好的中长期发展规划付诸实施；让龙头企业发挥示范带头作用；繁殖孵化一批中小企业为大企业做配套；形成大中小企业并行发展；密切配合的良性集群内部竞争机制；制定各种配套政策鼓励企业创新。五是制订游艇产业集群的可持续发展规划。建好一个原材料的专业市场；办好一个游艇展会；做好一个游艇俱乐部；发展好一个创新中心；维护好一个公共码头；营造好一个集群；开拓出一片营地。

珠海游艇产业发展经验告诉我们，政府的高度重视是珠海游艇产业得以快速发展的保障。在平沙游艇产业初步形成集聚时，珠海及时通过规划、优惠扶持政策的制定、公共平台搭建、完善载体建设等一系列措施推动游艇产业快速发展。珠海将游艇产业作为重点发展的产业集群之一，将游艇作为珠海的城市名片来发展，关键是珠海看中了游艇制造业所具有的巨大的带动效应。游艇制造还有一条长长的产业链，包括仪器、仪表、五金、模具等，另外，游艇销售、研发、驾驶培训等，都会为当地经济带来巨大收益。而所有这些先要有游艇制造业作为基础。相对珠海，江门同样具有发展船舶工业所必需的岸线、水域等的自然、地理条件；同时，在产业基础方面，银洲湖区域也已初步形成了以南洋船舶为龙头的10万吨级以下各类船舶产业集群。随着国家海洋战略目标“一带一路”倡议的实施，珠海的游艇产业将会更为蓬勃发展。

9.1.7 海南游艇产业园可行性分析

1. 海南发展游艇产业的可行性

1）经济的可行性

按照国际惯例，当人均GDP达到3000美元时，游艇经济开始萌芽；达到6000美元时，游艇经济进入快速发展阶段。2009年，我国人均GDP已经超过3000美元，其中上海、北京、天津、浙江、江苏等五个省市已突破6000美元。海南的人均GDP在2014年已突破了6000美元的“关口”，并且由于独特的区位和气候特点，它一直是我国重要的旅游目的地，对全国旅游消费群体具有特殊的吸引力。考虑到游艇活动的特点，海南完全可以凭借得天独厚的自然条件和资源优势，超前发展游艇经济。

2）政策的可行性

游艇经济得到了国家政策的大力支持。2008年7月8日，交通运输部颁布《游艇安全管理规定》，这是我国唯一一个部级游艇管理法规，有助于规范我国的游艇业管理；2009年12月1日，发布《国务院关于加快发展旅游业的意见》，把邮轮游艇等旅游装备制造业纳入国家鼓励类产业目录；2010年8月26日，中华人民共和国海事局发布《游艇安全管理工作实施意见》，使得游艇检验登记更加灵活、境外驾驶证可以互认、境外游艇出入更加便利，为游艇经济的发展创造了有利条件。

海南发展游艇产业也具有政策优势。早在2009年12月31日，发布《国务院关于推进海南国际旅游岛建设发展的若干意见》；2010年6月8日，国家发展和改革委员会正式批复《海南国际旅游岛建设发展规划纲要（2010—2020）》。在这两个文件中，涉及游艇产业主要有以下几个方面：主要的沿海旅游城市将逐步建设和完善游艇基础设施，保留主要内河航运航道和游艇码头，开展海岛观光、海洋休闲运动、游艇和其他相关旅游项目，提高游艇管理效率，适当地扩大开放水域，并做好经批准的境外游艇停泊海岛的服务工作；关键发展海上游艇、小型水飞机、房车、越野、户外运动装备、潜水装备及高尔夫装备等旅游装备制造；大力引进大型船舶企业到杨浦工业区和金港经济开发区发展游艇产业；恰当扩大国务院已批准的五个海港口岸水域开放范围，建立游艇停泊地和游艇活动区，加快重点港口基础设施建设和游船及游艇码头基础设施的建设。

3）技术的可行性

游艇产业是一个融会制造业与服务业一体化的体系，可分为四大方面：游艇设计、游艇制造、游艇消费服务和其他相关产业。在游艇制造方面，海南的劳动力成本比其他沿海发达地区具有明显的优势。它在造船工业的生产和技术研发上也有一定的基础，这与海南的游艇生产密切相关，例如，海南临高金牌港船舶修造基地已在 2010 年投产。

海南还可以依托开放的投资环境与外国投资者合资企业，充分发挥海外企业的技术优势和国际市场的信息优势，发展游艇设计制造产业。特别是在游艇旅游服务方面，海南的优势更为明显。三亚鸿洲国际游艇会成立于 2005 年 7 月，是我国较早开发的国际游艇会，也是海南第一家民营游艇会，2010 年 4 月举办了首届"海天盛筵"水上游艇展，参会客户达 6000 余人，目前拥有会员 300 多人。2015 年，三亚帆船游艇协会市场调研报告显示：三亚登记注册的游艇企业有 121 家，活跃的游艇服务企业至少有 48 家，三亚已经建成的泊位数量共计 973 个，占海南近 80%，拥有的游艇共计约 423 艘，游艇从业人员 4271 人。2017 年 12 月在三亚鸿洲时代海岸举行了第八届"海天盛筵"。海南美源海口湾国际游艇会成立于 2010 年 3 月，是海南第二家民营游艇会所，曾举办博鳌国际旅游论坛·海口游艇经济主题论坛。这些游艇俱乐部在游艇航行培训、维护保养、补给、会员服务、游艇商贸等方面拥有丰富的实践经验。此外，海南还组织过"游艇俱乐部发展与海洋旅游业开发国际研讨会"和"国际游艇拉力赛"等各种形式的品牌宣传活动，很好地拓展了游艇产业链条，只有充分理解"海上丝绸之路"的契机，真正认识海洋，发展海上运动，才有利于游艇产业的进一步发展。

2. 海南发展游艇产业的优势条件

1）优越的区位条件

游艇产业对海岸线、港口、水文、气候、旅游资源、体育资源等都有一定的要求，海南独具天时地利的自然和区域优势，有游艇产业发展的基本条件。海南与中国华南、西南地区、泛珠三角等经济圈及中国—东盟自由贸易区两个经济区域紧密相连。海南是泛北部湾地区的重要组成部分，毗邻香港、澳门和中国—东盟自由贸易区，坐落于太平洋和印度洋主要航道的中心线，并且它靠近南海，横跨越南、马来西亚、印度尼西亚、新加坡和菲律宾等国家，紧靠环球洲际航线，是连接中国内地和东南亚的关键要道。依托南海诸岛和海南岛，海南游艇产业的发展已获得了良好的地理位置和区位条件。

2）丰富的海洋旅游资源

海南海洋旅游资源十分丰富。一项关于“2017 年中国旅游者出游意愿”的调查显示，旅游热门目的地有海南、云南、四川和上海。海南已经成为国内海滨休闲度假的首选地区。在海洋旅游文化的带动下，海南还拥有部分国际游艇拉力赛黄金航线（三亚—湛江—珠海—深圳航线），更是有助于推动游艇产业的发展。

3）独特的气候条件

海南是我国唯一的热带亚热带地区，与美国夏威夷、迈阿密处在相同纬度上，全年气候宜人，平均水温适宜。北部地区近海海水表层平均水温为 25.2℃，月平均最低水温为 18.8℃；南部地区近岸海水表层年平均水温为 27.2℃，月均最低水温为 22.7℃。良好的水温条件，使海南成为我国开展游艇运动的最佳地区。

4）快捷方便的交通网络

目前，海南已基本建成环岛公路、铁路、水路、航空综合交通网络，并不断朝向无缝衔接、高速高效方向发展。2015 年，全省形成以环岛高铁、“田”字形高速公路为主干，国道为辅线，省道与主要景区的观光通道为延伸，升级达标的农村公路为补充的快捷交通网络，形成岛内“2 小时旅游交通圈”。在机场建设方面，海南已实现与 39 个国内外大中城市的通航。现在已完成海口美兰和三亚凤凰国际机场的改扩建工程。

5）较好的消费市场需求

海南国际旅游岛建设已经上升为国家战略，其自身也具备发展旅游经济和游艇经济的市场需求。从我国深圳、珠海、香港，以及新加坡等地到海南沿海 12 县市的时间，基本上在 3 小时左右；海南也是我国旅游航线分布密集的区域，深圳和香港每天到海南的航班甚至超过 10 班；海南还拥有星级酒店超过 250 家，其中五星级酒店超过 30 家，正在建设中的五星级酒店还有几十家。此外，根据《海南省土地利用总体规划（2006—2020）》，各县市旅游区将达 45 个，这也为游艇旅游提供了广阔的空间。

此外，游艇在海南乃至全国仍然属于小众消费品，其中最主要的原因在于其极高的消费门槛。海南的游艇消费形式以游艇俱乐部会员制的形式为主，以海南最早的会员制游艇俱乐部——三亚鸿洲国际游艇会为例，其个人会籍达到 88 万元。除了高额的入会费，后期费用也是个不小的数目，如一艘中等级别 40 英尺的游艇一年的后期费用基本在 80 万元左右，其中包括泊位租赁费、养护费、清洁费、水电费、水上运动培训、游艇停泊管理、游艇维护、游艇租赁、游艇装配件及水上运动器材供应等费用。游艇泊位相当昂贵，一个中等级别的泊位买断价是 280 万元以上，租金则为 900 元/天，其高额的费用让游艇消费者多以富豪为主。随着人们收入消费水平的不断提高，未来的发展市场存在较大的需求空间。

3. 海南游艇产业园发展建议

1）建立省级统筹协调合作机制，编制全省游艇产业发展规划

目前，各相关政府职能部门都在积极研究如何发展海南游艇产业，但缺乏统一的领导小组。建议省政府尽快建立游艇产业发展的组织机构，搭建信息共享交流平台。

省级各相关部门应该共同编制海南的游艇产业发展规划，规范指导各市县游艇经济发展。鉴于国内还没有成功的游艇产业链发展案例，可以委托国内外专业咨询公司同时开展平行研究，充分利用国内外智力资源，为决策层提供科学化、国际化的决策依据和切实可行的规划实施方案。游艇产业发展规划可以由各省发展和改革委员会牵头，联合省交通运输厅（港航管理局）、省旅游发展委员会、省住房和建设厅、省海洋渔业厅、省工信厅、省口岸办等单位共同编制，在编制过程中，要充分征求海事、船检和各口岸查验单位的意见，以规范指导各市县游艇经济发展。

2）抓好招商引资，促进游艇产业集群发展

参考的招商对象涉及香港游艇会、嘉年华邮轮、皇家加勒比游轮、丽星邮轮、地中海邮轮、挪威邮轮等邮轮游艇产业相关单位。因此海南省政府应尽快制定支持游艇设计和修造的措施，利用土地和税收优惠政策，在有条件的市县工业园区发展游艇设计和修造产业。并且研究建立游艇产业化基地，积极引进先进游艇制造企业，提高企业的技术研发和设计能力，鼓励当地游艇企业做大做强，大力培育游艇产业集群。积极拓展产业链，尽快集聚产业集群要素，打造游艇产业的核心竞争力。各级政府要努力营造良好的市场环境，积极推动建立产业游艇协会，支持游艇展览、比赛等活动，并采取措施促进游艇产业集群发展。

3）重视专业人才引进与培养，建立自主创新体系

我国游艇行业的专业人才人数大大落后于产业发展的速度。海南游艇产业刚刚起步，专业人才紧缺，尤其是在游艇的研发、制造、装饰、销售和管理等方面。一方面是人才流失。由于酬劳福利等诸多因素，船舶的专业人才大多去往国内其他主要的大型钢船厂，愿意去游艇公司发展的寥寥无几。另一方面是缺少相关专业培训机构。目前全海南只有两家游艇培训机构，一家是海南哈飞游艇驾驶培训有限公司，它是目前海南唯一一家培训游艇驾驶员的机构；另一家是三亚航空旅游职业学院，2010 年开始开设了航海技术和轮机工程技术专业，但最能体现游艇水准的游艇设计专业却是空白。游艇设计不仅需要人机工程学方面的专业知识，还要有良好的审美意识与大胆独到的设计风格，对于艺术与专业技术知识相结合

的要求颇高。作为有潜力的新兴产业，海南应该建立一套可靠的供应渠道及自主培养人才方式，因为人才是行业真正的发展之本。

因此，要建立人才引进机制，吸引高技术专业人才；利用海南大中专院校资源，建立人才培养培训机制，为企业提供技术、专业人才支持。要鼓励企业建立自主创新体系，积极研发产业核心技术，促进游艇产业技术升级。

4）突破制约游艇产业发展的政策因素，完善游艇管理办法

在我国的大多数地区，游艇码头的建设、经营仍参照商港管理，游艇的检验登记则沿袭商船管理方式。比如，进口游艇由于商业保密原则无法提供技术图纸无法检验登记等。

在海南国际旅游岛建设的起步阶段，如果不能制定专门的游艇管理办法，将在很大程度上制约海南游艇产业的发展。因此，有必要详细梳理国内现行游艇管理的有关法律法规和政策文件，并在此基础上出台"海南省游艇管理办法"等规范性文件，对游艇产业发展实施规范管理。

5）基础设施及相关配套服务的约束

一方面，游艇基础设施投入还不足。三亚作为海南最具代表性旅游城市，地处热带地区，面临太平洋，因而每年 4 月至 7 月是三亚台风高发时期。三亚游艇的泊位容量虽在不断发展，但是真正具有防风防浪效果、抵御 12 级台风的泊位仅有三亚鸿洲游艇码头。台风发生时，大多数游艇都选择在三亚港两河（三亚河、临春河）口岸避风浪。然而三亚港除停靠游艇外，还有大量的渔船停留，这将影响三亚凭借其优美环境而发展游艇的优势。如果游艇数量的增长速度超过正规码头的承载力，可能会引发相应的安全问题。另一方面，金融支持也不足。为更好促进三亚游艇业的发展，海南金融业也在不断创新金融产品。在政策上，三亚出台了关于支持游艇产业经济发展的指导意见，但多为宏观指导，未从微观层面具体引导金融业如何有效支持游艇业发展。在金融产品上，相对于传统交通工具所拥有的相关保险产品，当前辐射游艇的保险产品仍处于空白阶段。游艇业将来必呈快速发展态势，然而各大金融机构仍缺乏开发有关游艇产业金融产品的意识。

6）放松外籍游艇访问政策

外籍游艇的访问为海南带来大量的旅游消费。为鼓励游艇产业发展，可参考欧洲标准并结合中国交通运输部颁布的法规，对外籍游艇访问进行适当松绑。第一，延长访问时间。若外籍游艇注册登记手续完整，可以允许其在海南访问时限延长至 12 个月，并不需缴保证金。若超过 12 个月，外籍游艇需要继续停留但不使用，须缴纳关税保证金或以保税状态申请停留，并允许进行维修翻新等工作；若外籍游艇需继续停留且同时使用，必须缴纳全额关税。第二，扩大免担保的地区范围。2020 年 6 月 18 日，《国务院关于在中国（海南）自由贸易试验区暂时调整实施有关行政法规规定的通知》颁布实施。该文件第四十二条规定，对中国（海

南）自由贸易试验区内自驾游进境游艇实行免担保政策。这一政策使得游艇入境海南的金钱和时间成本都将大幅降低,但其只在中国（海南）自由贸易区试验区内施行，还未扩大至更大的地理范围。

7）放宽游艇租赁业务

欧洲兴起的新型旅游方式——帆船租赁可视为游艇租赁的一个开端。帆船租赁主要分为两种形式：一种是裸船租赁，另一种是租赁带船长，后来还出现一种小船队租赁的形式。目前，这种游艇消费形式已经从欧洲发展到亚洲的泰国、越南、马来西亚等地。三亚游艇业可借鉴其做法，由游艇俱乐部来充当中介，将会员的游艇进行租赁，延伸俱乐部租赁消费模式。同时游艇俱乐部可开发满足不同商务人士需求的租赁套餐，并与旅行公司合作，将游艇租赁与旅游结合，开发不同主题且体现三亚特有热带海上风情的游艇旅游路线。同样三亚游艇业还可采用在海外非常受欢迎且与游艇类似的“游艇团体购买”的消费形式。

9.2　游 艇 小 镇

9.2.1　游艇小镇的建设

游艇小镇是以游艇、帆船、垂钓、帆板、赛艇、皮划艇、摩托艇、水上飞机、滨水房车露营等滨水休闲生活方式为主要特色；以旅游度假小镇规划建设为核心；以度假地产、滨水运动、综合商业为主要盈利模式的滨水休闲度假目的地。游艇小镇不是单纯的房地产项目，也不是游艇产业园区，而是融合游艇产业、滨水休闲文化、游艇帆船旅游、滨水度假生活等的创新社区。

目前，我国具有一定规模的游艇小镇有：浙江台州游艇小镇、广东惠东至美游艇小镇、南京卧龙湖游艇小镇、宁波卡美丽亚游艇小镇等。但还有一些游艇小镇处于萌芽期或成长期，并且大部分项目还处于概念性规划阶段或者初步实施阶段，远没有达到欧美发达国家游艇小镇的完整成熟规模，但这些游艇小镇也在不断成长，将为中国新经济时代的产业发展做出贡献。

1. 中国特色游艇小镇建设要求

1）游艇小镇具备条件

自然资源条件——要有独具特色和一定规模的滨水自然资源，如海港、湖泊、河湾等，为开展各项滨水休闲运动提供保障。

消费群体条件——距离 300 万人口的中等城市且 2 小时车程以内，交通便利，有利于滨水度假地产销售，有利于滨水休闲度假消费群体聚集。

历史人文条件——项目所在地具有可开发的历史和人文资源，有利于提高游艇小镇的旅游观光附加价值，并使每个游艇小镇独具特色，不可复制。

2）学习和借鉴欧美国家游艇小镇的开发经验

在欧美及地中海沿岸国家，以及南非、澳大利亚等地有许多各具特色的游艇小镇，有如下几点值得学习与借鉴：一是注重原始小镇历史文化的挖掘及原住居民生活状态的保护。欧洲大多数游艇小镇不是新开发的项目，而是在原有滨水小镇的基础上发展水上休闲度假项目。二是充分利用城镇滨水自然资源建设公共游艇码头，以码头为中心开发综合水岸商业业态；不以游艇码头为主要盈利点。三是把游艇小镇度假居住功能和旅游观光功能完美结合。如法国南部游艇小镇、意大利游艇小镇、西班牙游艇小镇都独具特色，不仅是度假胜地，也是旅游观光景点。

3）中国特色游艇小镇可行性分析

对于开发中国特色游艇小镇的可行性分析可以简单归纳以下几个要点：第一，随着中国普通民众收入的持续增长，以游艇、帆船、垂钓为代表的水上休闲度假产品的市场需求也将持续增长；第二，随着房地产市场的转型，以稀缺资源为代表的滨水旅游度假地产将成为地产商新一轮的投资热点；第三，随着城镇化建设的推进及特色旅游产业的发展，各地政府对旅游主题的特色小镇开发建设给予高度重视；第四，中国大陆滨水资源的丰富性和多样性，对于游艇小镇的开发具有巨大的自然资源优势。

2. 游艇小镇的开发策略

1）以游艇码头为核心开发独具特色的水上休闲度假产品

以休闲船艇、休闲垂钓、房车露营、水上飞机为特色产品，以互联网平台为营销手段，以滨水休闲度假生活方式体验为核心理念，为游客提供滨水休闲度假全方位综合服务和一站式解决方案，提供的完整服务链包括游艇、房车、钓具租赁预订、滨水民居客房预订、水上休闲娱乐项目预订、餐饮服务等。该项目区别于旅游景区运营模式，以滨水休闲度假生活方式体验为特色，面向中等收入消费者，创新滨水休闲度假营销模式，推出独具特色的滨水休闲度假全新产品。

2）形成多种滨水休闲度假业态聚集

大力发展餐饮、商业、娱乐、演艺等休闲度假业态，形成水岸消费集聚区，充分利用水岸景观资源优势打造滨水商业步行街、滨水美食餐饮街、滨水酒吧演艺街等多种商业业态，同时开发建设一线水景酒店、客栈、民宿等度假住宿设施，形成多天过夜度假客群。

3）打造稀缺资源的滨水休闲度假地产项目

利用滨水休闲度假带来的人气，打造滨水休闲度假地产项目，实现滨水休闲度假小镇整体投资盈利。

3. 游艇小镇的产业布局

1）公共游艇港的规划与建设

公共游艇港是游艇小镇产业布局的核心。公共游艇港是停泊和进出各类游艇的港口，是游艇小镇重要的基础设施，是以游艇码头为核心的商业中心，是为所有来游艇港消费的消费者（其中包括游艇船主、游艇从业人员、游客、小镇业主）服务的公共设施。

公共游艇港的基本属性是公众性和开放性。在国外，公共游艇港既是商业中心，也是旅游景区，每天有大量的游客在公共游艇港参观游览和消费。公共游艇港的建设会提升游艇小镇的整体形象，游艇小镇的产业布局也将围绕着公共游艇港展开，包括码头运营、水岸商业带开发、游艇旅游、休闲船艇销售、水上运动基地等。

2）休闲船艇展示与销售

休闲船艇展示与销售是游艇小镇产业布局的另一个重点。以公共游艇港为基础，设立休闲船艇展示销售中心，借助游艇小镇常住人口和聚集游客优势，扩大休闲船艇销售渠道。

3）休闲船艇维修与保养

与休闲船艇展示销售中心相配套的是休闲船艇维修与保养服务业。在游艇小镇总体规划中设立游艇维保中心，为小镇停泊游艇提供维修、保养服务。游艇维修、保养目前在国内还是空白，具有很好的发展和盈利空间，市场前景广阔。

4）休闲船艇租赁与旅游

游艇小镇不仅是滨水休闲生活社区，也是滨水休闲度假旅游景区。因此，休闲船艇旅游是游艇小镇开展滨水休闲旅游的重点。目前，在国内游艇旅游已成为游艇产业发展的突破口，每年参与游艇旅游的游客数量在持续增长。虽然目前国内游艇销售形势不乐观，但是面向普通消费群体的游艇租赁市场和游艇旅游市场却发展迅猛。以休闲垂钓、帆船航海体验、游艇婚礼、游艇商务活动、游艇休闲度假等为主的游艇租赁与游艇旅游产品还是受到消费者的欢迎。

5）休闲船艇设计与研发

游艇小镇在总体规划中要考虑设立休闲船艇设计研发中心。该中心应将引进国际国内游艇新材料、新设备、新技术研发公司、游艇设计公司、游艇装饰公司进驻，形成以游艇设计研发为核心的产业聚集区。休闲船艇设计研发中心的核心竞争力是根据中国国情，设计研发适合国人消费的小型休闲船艇，扩大国产小型游艇的市场占有率，同时能够满足游艇小镇业主的消费需求。

6）产业会展与文化传播

游艇小镇可以充分利用公共游艇码头和配套设施举办各类滨水休闲产业专业会展项目。会展经济是促进游艇小镇产业发展的重要平台，是滨水度假酒店、餐饮、娱乐等相关业态的重要支撑。游艇小镇还可以设立航海博物馆、海洋文化中心等滨水文化设施，积极推广滨水文化。

7）水上运动赛事与滨水休闲娱乐

各类水上运动赛事不仅是滨水休闲产业的特色内容，也是游艇小镇产业布局中的重要环节。在游艇小镇举办各类水上运动赛事可以促进滨水休闲旅游业态的发展，也可以促进相关产业的发展。滨水休闲娱乐项目也是产业布局中应该考虑的重点，海洋公园、湿地公园、休闲垂钓园、滨水步道、滨水音乐广场等都是促进滨水旅游产业的重要设施。

8）产业培训与教育

游艇小镇利用社区公共设施建设游艇培训中心、游艇图书馆、游艇产业研究所、游艇产业出版物发行中心、游艇产业电子商务网站运营中心等。培训中心聘用国际专业的游艇培训机构开展培训业务，颁发各种培训合格证书，开展公共游艇码头试验驾驶培训，凭借专业游艇维修中心开设游艇维修培训，依赖产业研发中心来开发游艇设计、航海技术、游艇装饰和其他专业技能学习，为开拓游艇消费市场、培养游艇行业高层次人才打下坚实基础。培训方向包括：游艇驾驶及操作人员资格考试培训、游艇全船设计专业培训、游艇室内装饰设计培训、游艇养护专业培训、游艇码头运营及管理人员培训、游艇俱乐部高级管理人员培训、游艇高级销售人员培训等。

综上所述，游艇小镇是一个集产业、文化、旅游和社区功能于一体的新型小城镇，是以产业为核心，以项目为载体，生产、生活、生态相融合的创新社区。在小镇建设之初要按照国家对特色小镇的总体要求，针对产业布局进行前期规划，才能使游艇小镇得以健康发展。

4. 游艇小镇的规划

1）滨水休闲产业发展战略的制定

滨水休闲产业是游艇小镇开发的基础，是集聚人口、形成就业的关键。在城镇化体系架构下，应以滨水休闲产业体系为构建重点，发挥传统旅游度假产业的联动作用，形成泛休闲度假旅游产业集群。并在此基础上，研究泛滨水休闲产业之间的互动机制，进行旅游业态及要素规划，为企业设计合理的运营模式，从而形成一整套滨水休闲产业发展规划，为游艇小镇开发奠定产业基础。

2）特色吸引核的设计

有特色服务才会吸引游客，产生消费聚集，进而带动其他产业发展。对于游艇小城镇来说，休闲船艇、休闲垂钓、房车露营、水上飞机及其他水上运动就是特色服务，可以形成滨水休闲度假聚集中心，进而带动城镇化。

特色服务的设计对游艇小镇开发建设至关重要。滨海滨湖自然景观、水上休闲度假产品、滨水商业业态等，均可作为游艇小镇的文旅特色。首先，需要对资源进行全面梳理，进行本体价值与开发价值评价，选出既可产生市场需求又具有辨识度的资源，作为核心吸引力构建的基础。进而围绕这一资源，进行产品设计、业态设计、游憩方式设计及功能布局，最终形成吸引业主置业及游客度假的关键因素。

3）具有小城镇和旅游双重功能的旅游项目策划

游艇城镇不仅要服务游客，还要为当地居民服务。因此，游艇小镇里的滨水旅游项目策划不同于单纯的景区，需要具备小城镇和旅游双重功能。

4）游艇小镇的特定功能开发及其布局

产品及项目策划完成后，落地下来就是依据功能的空间布局。随着滨水休闲度假需求的不断增多，游艇小镇的功能布局也由单一化走向综合化，具有观光、休闲、度假、游乐、夜间娱乐、居住、集散、养生、运动等多种功能。

5）风貌设计

特色风貌是游艇小镇的吸引力之一。它的营造不仅体现在城镇的建筑和景观风格上，也体现了城镇的历史文化、生活方式、风俗习惯等软环境方面的因素，是游艇小镇重要构成。游艇小镇风貌的塑造是一个系统工程，建筑景观和软环境缺一不可。游艇小镇整体规划应以游艇码头为中心，以水岸景观带为设计动线，以当地民居民俗为风格定位，实现功能性配套设施组团设计，使每个小镇有不同的风格和景观。

5. 游艇小镇盈利

游艇小镇与普通度假地产项目最大的不同点就是其业态的多元性和新颖性。滨水休闲运动在中国发展时间较晚，市场容量较大，客户体验意愿较强。游艇小镇除具备旅游的吃、住、行、游、购、娱等全部六大方向以外，还具备其他类型度假小镇无可比拟的特色，商业开发模式更加多层次。以休闲船艇、休闲垂钓、房车露营、水上飞机为特色产品，以滨水休闲度假生活方式体验为核心理念，为游客提供海滨休闲度假全方位综合服务和一站式等解决方案。

游艇小镇主要有三个盈利手段：以滨水度假地产项目盈利；以水上休闲运动全产业链运营盈利；以游艇码头为核心的水岸商业业态盈利。

对于游艇小镇的商业机会和未来前景。鉴于游艇小镇需要同时满足旅游度假地产和滨水休闲的双重需求，所以旅游地产与游艇消费就成为游艇小镇开发的主动力，游艇小镇也因此而得到更多关注，成为房地产市场和游艇消费市场新的商机。对大多数旅游小镇来说，其最主要的盈利来源就是地产销售。而游艇小镇的盈利模式是房地产销售和滨水休闲产业链营销相结合，这样使游艇小镇形成复合型、多业态的综合盈利模式，互相促进，优势互补。打造中国特色的游艇小镇，归根结底就是打造具有滨水景观吸引力和滨水休闲度假环境的集水上休闲娱乐、滨水度假、旅游观光等功能于一体的综合性滨水旅游度假目的地。游艇小镇将成为独具特色的滨水休闲度假目的地，具有资源稀缺性，升值潜力巨大。

9.2.2 特色小镇培育案例

本节以台州游艇小镇为案例进行特色小镇培育的分析。台州地理位于浙江省中部沿海，是浙江省省辖地级市，东濒东海。东部沿海海岸线长达 740 公里，海岸线在浙江省的比例占了将近三分之一；近海有 12 个岛群 928 个岛屿。凭借天然独特的地理环境，台州游艇小镇选址于台州路桥区金清镇金清新港入海口两岸，南起白沙岛南边界，北至台州农垦场，西至五洞闸，东临东海，项目面积共计 3.5 平方公里，其中建设用地 1.62 平方公里。

小镇坚持产业、文化、旅游、社区“四位一体”和生产、生活、生态“三生融合”的发展理念，重点建设“一镇二港三园三乐”（一镇：台州游艇小镇；二港：金清渔港、台州游艇母港基地；三园：台州游艇产业园、渔港产业园、农业产业园；三乐：游艇乐、农家乐、渔家乐），全力打造集游艇帆船运动、农渔休闲、餐饮娱乐、海洋文化展示等功能于一体的综合型旅游休闲小镇。

台州游艇小镇以游艇产业为核心，着力构建“产、城、港、人”四位一体的新型空间，既是增强有效供给的重要抓手，也是凝聚高端要素的关键平台，对于路桥乃至台州的创新发展有着重要而深远的现实意义。

1. 台州游艇小镇的状况

1）推动产业转型升级的新蓝海

台州游艇小镇是区域产业集聚的典型，接轨沿海产业带、“山、海、河、港”兼具的优质“产业生态位”是游艇小镇核心竞争力不断提升的关键。当地的旅游休闲产业，以游艇小镇为核心，黄礁旅游岛和金清港内港为两翼，依托金泉农庄、黄琅滨海、万亩花卉苗木基地等旅游景点，有机融合游艇产业、海洋文化等特色资源，构建集水上娱乐、半山民宿和特色餐饮等于一体的滨海旅游休闲圈层。在工业制造层面，以产业链思维运营游艇小镇，聚合高端智造资源，引进玻璃钢游艇模块化制造工艺，培育以游艇研发制造为基础，以维修保养、售后服务为支撑的复合特色产业体系。在会展竞赛层面，台州游艇小镇通过举办台州国际游艇嘉年华活动，组织新型游艇展示、帆船竞赛活动等活动，依托全媒体矩阵宣传普及游艇文化新理念，打造浙东南游艇消费风向标。在紧扣“特”字，整合资源，打造小镇独特优势。并且从具体两方面体现出来，一是产业特色。台州游艇小镇立足当地游艇产业基础和地貌特征，计划建立游艇产业园，引入玻璃钢游艇模块化制造技术，实现流水线公开，打造一条高端的工业旅游线路。二是文化特色。台州游艇小镇注重挖掘游艇文化、海洋文化、本土文化。2016 年 9 月小镇成功举办台州国际游艇嘉年华活动，活动包括首届中国台州国际游艇展、“东海杯”国际帆船赛、游艇论坛、体验娱乐等环节，依托游艇产业培育、宣传、发扬独具特色的游艇文化。

2）以推动游艇小镇建设，加快滨海产业转型的发展

推动游艇小镇建设以“东海杯”国际帆船赛为核心，还包括台州国际游艇博览会、系列论坛、港湾都市摄影展、航海派对、环球航海分享等活动。2015 年 4 月发布的《浙江省人民政府关于加快特色小镇规划建设的指导意见》（浙政发〔2015〕8 号），该省将重点培育和规划建设 100 个左右的特色小镇，力争通过 3 年，建设一批产业特色鲜明、生态环境优美、多种功能叠加的特色小镇。

游艇小镇是台州路桥区重点打造的特色小镇之一。“2016 台州国际游艇嘉年华”的举办，是台州滨海开发战略的重要组成部分，是推动游艇小镇建设的重要载体，是滨海产业转型发展的重要亮点。

当地政府还通过游艇小镇，带动了台州湾区的发展。第一，台州游艇小镇地处金清与集聚区的重要节点，市区东部地理中心的区位优势和金清小城市建设的基础优势使得游艇小镇具备成为台州湾区开发新高地的独特优势。第二，在城市功能方面，以白沙岛综合开发为核心，推进渔夫大道、海洋公园、灯塔酒店等配套设施建设，游艇小镇的辐射范围将涵盖台州南片经济发达县市区，将成为产城融合的示范区块。第三，在港口发展方面，凭借金清港集聚辐射效应日益凸显的东风，完善游艇母港功能，全力塑造游艇小镇的海湾门户，创新打造渔人码头等地标建筑，将成为绿色生态型港口典范。第四，在宜业宜居方面，以塑造共享型都市村落为核心，构建共享式工作空间、居住空间和服务空间，营造生态型、便利化、开放式的宜业宜居环境，将成为湾区品质生活的重要板块。塑造消费品质升级的新标杆。生产、生活、生态“三生”融合的发展导向和大众消费升级的“时间窗口”使台州游艇小镇具备成为释放消费潜力的有力抓手。在消费供需对接方面，对接群众品质生活需求，以供给创新为突破口，着力增强优质新型游艇消费产品和游艇休闲服务有效供给，努力开拓游艇大众化消费市场，将能够有效释放消费潜力。第五，在消费带动产业方面，围绕消费升级方向，着力发展带动面、带动力强的游艇配套产业、渔业产业、综合服务业等三大重点产业，破除民营经济准入障碍，将形成消费引领投资、激励创新、繁荣经济的良性循环。第六，在消费促进创业方面，注重发挥特色产业的支撑效应、群众致富的带动效应，积极

培育半山民宿、游艇餐厅等新兴商业业态，将成为助力村民家乡就业、返乡创业、就地致富的重要平台。

2. 路桥区建设台州游艇小镇的基础

首先，自然条件优越。路桥东部山海一体，海湾众多，河川纵横，“山、海、河、港”的自然资源禀赋得天独厚。加之，游艇小镇处于中国南北两大帆船聚集地的中间节点，是南北游艇、帆船往来的理想中间基站，地理位置相当优越，金清港原入海口更是天然避风良港，为游艇母港基地建设奠定了基础。

其次，产业基础扎实。路桥区作为台州先进特色制造业基地，拥有汽摩、机电、金属再生资源、塑料等主要产业，其中与游艇智造密切相关的船舶制造、汽摩配件、机电制造、模具等优势产业，对于钓鱼艇、摩托艇等中低端游艇零配件配套能力较强。在体现生态特色，以游艇产业为核心，打造包含游艇研发制造、游艇运输、游艇维修、燃料加注、水上娱乐、餐饮服务和旅游地产等一系列项目在内的独特生态圈，形成具有市场竞争力和产业可持续发展特征的产业多维网络体系。发展游艇产业也给陷入低谷的路桥区造船业带来了新的商机。

再次，配套设施完善。盯牢“精”字，深度谋划，促使小镇“循序猛进”。小镇规划力求精细。根据台州旅游小镇发展定位、产业布局，结合“十三五”规划编制，委托浙江南方建筑设计有限公司专业团队，对小镇的历史文化和资源禀赋进行全面分析，精细化编制游艇小镇规划，对小镇的功能结构、土地利用、道路交通、景观系统、公共配套、空间形态、建筑立面等内容进行优化、完善和协调，为顺利推进小镇建设，实现小镇生产、生活、生态“三生”融合提供切实可行的思路。例如，金清镇是路桥区的副中心、省第二批小城市培育试点，经过多年发展，金清城镇规模持续拓展，公共保障体系不断健全，“商、旅、医、学”等功能性设施趋于完备，现代滨海小城市雏形初具，为游艇小镇发展提供了良好的配套设施。游艇小镇现有台州首家综合性游艇俱乐部，自 2014 年投入营运以来，已成为当地人的“小三亚”。

最后，工作机制健全。游艇小镇建设已成立专项工作领导小组，确定核心项目投资人，概念性规划项目方案通过评审，游艇嘉年华现场布置深入开展，亲水平台、沿港公路建设基本完成，港池疏浚、绿道建设与港堤保护工程等有序开展。2016 年建成游艇母港一期 400 余个游艇泊位，举办“东海杯”国际帆船赛、台州首届国际游艇展等台州国际游艇嘉年华活动。

3. 台州游艇小镇面临的主要问题

1）顶层设计欠缺导致政策支撑力度不足

第一，产业规划定位的问题。台州游艇产业“十三五”规划虽将游艇小镇列为游艇产业综合发展核心区，但在“一核、六基地、多点”发展布局中的差异化发展路径不够明晰。加之，路桥区尚未制订专门的游艇产业发展规划，在产业链布局、游艇航道规划、游艇码头规划等方面的系统谋划力度不足，导致路桥游艇产业发展与市域游艇产业规划衔接失序。第二，政策法规体系的问题。游艇项目属于新兴项目，现行政策对于游艇购置、牌照使用、航程管理等限制过严，母港建设规划、水域使用权登记、用海权限等行政许可程序亟待健全。此外，台州与游艇业发达地区在土地、财税等方面的支持力度存在较大差距，致使游艇产业发展缺乏强势政策支撑。第三，政企协作机制的问题。游艇小镇在建设初期一般以政府住建管理部门为主导，在建设完成后，将移交给专业公司进行运营。但在移交的过程中，仍然会遇到移交给谁、何时移交、移交什么等一系列问题。

2）项目数量有限导致功能叠加效应薄弱

第一，小镇功能融合不足。游艇小镇地处白沙岛，位于城市边缘，交通道路、水网电网、绿化建设等基础设施建设非常薄弱，与主城区及周边社区的衔接水平较低。目前的开发建设虽然改善了小镇形象面貌，但游艇核心主业不突出、游艇休闲项目有限、产业社区融合程度较低的问题依然突出，游艇小镇既未形成自成体系的成熟景区，也缺乏度假酒店、购物中心等配套设施，导致产业、旅游、社区功能融合不足的矛盾比较明显。

第二，项目招引相对滞后。由于受“三期叠加”效应影响，企业中长期投资意愿低迷，招商引资难度较大。游艇产业园仅有民本控股集团入驻投资，游艇俱乐部数量有限、营销方式相对单一，项目招商困难直接影响游艇小镇开发进度。

第三，消费方式尚未普及。路桥区游艇消费尚处于萌芽阶段，游艇消费的辐射半径相对较小，且游艇造价相对昂贵，触及游艇、了解游艇、消费游艇的人群尚属少数，游艇在大多数消费者眼中仍是“顶级奢华 ”的代名词，游艇购置、游艇消费未成为本地居民的显性需求，游艇大众消费市场尚待激活。

第四，资源要素制约导致创建难度较高。在以下三个方面突出：一是土地制约问题突出。游艇小镇建设的土地需求量与供应量之间存在巨大差距，路桥区每年仅有 600 余亩的切块指标，小镇需建设用地 2440 亩，除了 710 亩建设用海和存量未利用地外，其余 1730 亩用地均为农保地，用地缺口高达 70.9%，难以保障游艇小镇建设的顺利推进。二是资金筹措相当困难。受宏观经济形势、结构性减税等多维因素影响，路桥区财政收入增长乏力，区级可用财力相对薄弱，加之目前路桥区地方融资平台作用有限，在入驻项目较少和政府财力有限的前提下，游艇小镇建设资金筹措难度相当巨大，三年内完成 30 亿元的投资额难度较大。三是高端人才极为匮乏。游艇小镇建设需要产品研发、会展经济等方面的人才，尤其需要大量的项目管理、游艇科研人才，而目前路桥游艇设计制造、高端游艇经营复合型人才极其缺乏。路桥区由于区位优势不明显、配套设施不完善，为各类高端人才服务的优惠政策尚不健全，对行业领军人才或优质团队吸引能力严重不足，对游艇小镇建设集聚高端人才产生了极大制约。

4. 深入推进台州游艇小镇建设的对策建议

1）坚持从规划着力，高起点谋划、全方位保障，倾力塑造滨海休闲胜地

一是注重规划引领，力求精细。借鉴“微城市”理念，深入研究游艇小镇的功能定位、产业方向，聚焦游艇母港、金清农渔、综合服务三大领域，以“多规合一、产城融合”的思路系统化、高标准谋划游艇制造业、游艇休闲业发展，提高游艇小镇规划与城镇总体规划、土地利用总体规划及台州游艇产业发展规划的衔接度，确保小镇风貌独特性。在环境品质力求精美，小镇的环境设计上注重“产、城、人、文”的有机统一，充分协调当地“山、海、河、港”融合的自然格局特征、游艇产业园的现代工业旅游路线和原住民古村古居的人文历史，强调建筑风格的个性设计，力求小镇环境品质“精而美”。突出“活”字，创新机制，形成小镇建设合力。

二是注重政策保障。工作计划力求精准。以破除限制游艇产业、游艇技术、游艇消费发展的准入障碍为抓手，持续深化“四张清单一张网”改革，积极创新项目审批方式，落实专人跟踪服务制度，尽可能缩短游艇小镇建设项目审批时间，为游艇小镇及其市场主体提供精准、便利的公共服务；制订台州游艇小镇建设行动计划，排出每月进度表，精准落实项目投资、产业培育、形象进度、配套建设、保障机制建立等一系列计划，对泊位建设、港堤保护、沿港公路建设、绿道建设、港池疏浚等重要工程实施项目化管理，做到季度有项目、有投资、有形象，年度有总结、有成果。

三是注重宣传推广。充分运用广播电视、互联网、报刊等媒体渠道宣传游艇小镇，通过主办游艇展会和游艇赛事，促进本地消费者的游艇体验，探索设置游艇帆船保税仓库，吸引国际品牌入驻，打造永不落幕的国际游艇帆船展会，更好满足时尚化、个性化、多元化消费需求。

2）坚持从产业着力，高标准整合、多领域延伸，全力做强游艇产业内核

首先，抓智造提质效，做优游艇产业“主引擎”。引入玻璃钢游艇模块化制造技术，加大技术研发投入，鼓励与游艇产业相关的设计企业、研发院所等入驻小镇，构建政产学研协同创新联盟，着力改进游艇工艺流程和附件配套能力，提高专用发动机、发电机和导航设备等核心设备的自主创新能力。其次，抓主体促联盟，做强游艇休闲大品牌。在扶持本土游艇俱乐部发展的基础上，加强与知名游艇俱乐部的交流合作，着力引进有实力、有经验、有品牌的专业游艇俱乐部，提升路桥区游艇业发展整体水平，提高路桥区游艇休闲品牌的知名度和影响力，打造“共荣共生”的区域游艇市场联盟。最后，抓创新挖潜能，做精游艇消费“新模式”。全力对接新兴游艇消费趋势，针对不同消费群体的不同需求，创新立体多

维的游艇营销模式，推广海岸游、海湾游、巡岛游等不同档次的游艇旅游套餐，发展商务、休闲及修学等专题活动，以新供给满足新需求，推动游艇消费大众化。

3）立足项目，抓牢基础配套建设，大力招商引资，为发展提供了有力支撑

一方面加强游艇母港建设。充分发挥“通河达海”的地域优势，结合海洋生态游憩、游艇休闲体验、农业观光旅游的深度开发，以游艇泊位、游艇产业园、渔人码头、陆岛码头连接线等重点项目为核心协调抓好黄金岸线开发与游艇母港建设，打造集游艇枢纽、旅游观光、文化娱乐等于一体的地标级游艇母港综合。另一方面，优化招商选资。创新游艇小镇市场化运作机制，鼓励民营企业参与游艇小镇开发建设，大力构建重点客商联络机制，随着“一带一路”倡议的深入发展，建立游艇小镇政府和社会资本合作 PPP（Public -Private -Partnership）项目库，健全绩效评价机制，形成长期稳定投资回报制度，提高对社会资本的吸引力；作为政府投资方，还要狠抓配套设施建设。以游艇小镇核心区为中心，建设集游艇文化展示、商务接待等功能于一体的“小镇客厅”，重点打造共享型都市村落，加强半山民宿、灯塔酒店、开心农场等配套设施建设，完善渔夫大道、徒步山道等交通基础设施，构建生产空间集约高效、生活空间宜居适度、生态空间山清水秀的产城融合样板区。

4）坚持从机制着力，高质量落实、综合性施策，全面强化资源要素保障

一是加强土地安全。在土地利用年度规划中，要先考虑游艇城镇的重点项目和基础设施用地指标，努力争取更多的城市土地指标。同时更加注意潜在能量的开发，结合三山涂围垦区造田改地建设、土地空间规划调整、工业园区二次开发及其他土地整治工作，以存量建设用地异地置换等方式增加用地指标，努力满足游艇小镇的项目建设用地需求；加强土地利用保障，对小镇建设中新增的建设用地，优先办理农转用及供地手续，优先确保重点项目、基础设施用地指标，以争取更多的土地指标来满足台州游艇小镇项目建设用地使用和施工需要。

二是强化资金支持。区级财政适当向金清镇倾斜，探索建立游艇小镇开发基础，推动可用国有资产、可用闲置资金划入专项基金。支持陆海投资建设公司以控股、参股等方式组建集团，加强与商业银行、信托机构等金融机构的合作，积极向政策性银行申请游艇小镇开发贷，努力拓宽融资渠道，做强游艇小镇融资平台；强化资本支撑，抓住新型城镇化建设的契机和当前货币政策相对宽松期，积极向政策性银行申请，做强做大小镇项目的融资平台，全力破解要素的瓶颈制约。

三是强化人才支撑，拓宽招才引智的平台渠道。牢固树立“人才资源是第一资源”的理念，把招才引智放在建设台州游艇小镇的关键环节，重点引进一批具有高层次、高水平的科技领军人才和创新人才，着力构建地校合作、校企合作联盟，为路桥区游艇产业输送一批实用型、技能型专业人才。优化人才引进机制，出台小镇人才引进政策，优化人才创业环境，建立健全游艇小镇创业场地补贴、

房票补助、贷款贴息等奖励措施，完善创业孵化平台、创业咨询服务等配套体系建设，促进创业人才落地生根、加快创业要素规模聚集。完善创业平台、子女就学、宿舍公寓等配套体系，确保人才引得进、留得住，从而为小镇建设注入强大的动力和活力。同时，确立企业为主的引资开发模式。充分发挥企业在规划建设中的主体作用，鼓励企业通过以外引外、以民引外、股权并购等方式引进项目，鼓励民营资本参与基础配套建设，形成特色小镇的建设合力。

第 10 章　游艇商业模式创新

10.1　环境保护与游艇商业模式创新

10.1.1　绿色动力游艇的技术发展

航运工具对环境造成的污染日益严重，国际海事组织（International Maritime Organization，IMO）及很多国际和地区正在积极寻找可替代的清洁能源运用在船舶上。现代船舶的发展方向是混合动力（严新平等，2012）。混合动力船舶是以两种或两种以上储能器、能量源或能量转换器作为动力源，其中至少有一种可以提供电能的船舶（袁裕鹏等，2015）。

因为游艇多使用的是柴油机驱动，在驶入内河航道时，会对河道周边环境和居民的生活带来影响。《中华人民共和国海洋环境保护法》《中华人民共和国水污染防治法》《中华人民共和国环境噪声污染防治法》《中华人民共和国海上交通安全法》都对游艇污染进行了相关规定。游艇能源的绿色化降低游艇使用成本，有利于进一步拓展游艇的消费市场。

目前，可以在游艇上使用的清洁能源的主要有太阳能、风能和氢能，这些能源的应用也取得了一定的成果。本来小型游艇就是中产阶层的主要市场，而且小型游艇对动力的需求相对较小，具备用来铺设光伏电池的面积（20～30 平方米），为太阳能的充分利用提供了条件。

1. 太阳能游艇

太阳能是重要的可再生能源，而且，游艇出航一般都会选择好天气，很适合使用太阳能。2007 年，瑞士以太阳能为动力的“太阳 21 号”经过 63 天的航行，完成横渡大西洋之旅，成为全球首艘穿越大西洋的太阳能船。“太阳 21 号”长 14 米，宽 6 米，船体主要由太阳能船舱、电池和电动机组成。2010 年 2 月 25 日，一艘太阳能动力游艇“星球太阳号”在德国基尔下水，该船能源仅来源于太阳能，全船长 31 米，宽 15 米，重 60 吨，太阳能光伏板总铺设面积达 537 平方米，在日照充足的条件下，每小时能产生 600 千瓦的电能，平均船速为 10 公里/小时，最高可达到 26 公里/小时。该船的动力系统和全船辅助用电设备及生活用电均来自太阳能。

2008 年 8 月 26 日，日本邮船株式会社与新日本石油公司合作耗资 1.5 亿日元在旗下一艘船厂的长 200 米、排水量达 60 213 吨的滚轮船“御夫座领袖号”（Auringa Leader）上安装了太阳能光伏系统，其电池阵列由 328 块太阳光板组成，电能输出功率可达 40 千瓦，能满足 6.9%的照明需求或 0.2%～0.3%的动力需求。2010 年 2 月 10 日，亚洲最大的全太阳能船在台湾高雄下水并投入正式运营，船长 13 米，采用双体船型，并搭当时台湾厂商所能提供的最大电池 54 千瓦/小时的锂蓄电池组，两台 20 千瓦的电动机，航速最高可达 9 节，以 3 节航速至少可行驶 9 小时。

2. 生物质能在船舶上的应用进展

2006 年，舷号 NOAA R/V Huron Explore 的游艇在美国能源部联合能源管理项目资助下，完成了使用纯植物油为燃料的船舶试航，测试评估发现：长期使用生物柴油的发动机会受到燃烧排放物和未燃燃料酸性的双重作用，造成发动机部件腐蚀。

使用生物质能的新西兰“地球竞赛”号（Earthrace）高速环保机动船在 2008 年 6 月 27 日完成环球航程。“地球竞赛”号于 2008 年 4 月 27 日从西班牙萨贡托市起航，开始环球航海旅行，除了使用绿色燃料外，“地球竞赛”号也具有其他生态友好型特征，如无毒油漆。“地球竞赛”号是在奥克兰历时 14 个月建造完成的，建造成本大约为 350 万美元。“地球竞赛”号环球时间为 60 天 23 小时 49 分钟。该船装备两台康明斯——水星 QSC8.3 升、397 千瓦全电控船用发动机，虽然这个型号柴油机可以使用 B20 混合生物柴油（20%生物柴油和 80%普通柴油），但是在整个航程中燃用 B100 混合生物柴油（100%生物柴油）。2010 年 3 月，英国英华杰集团与香港大学合作推出香港第一艘环保船，该船采用 B5 混合生物柴油（5%生物柴油、95%超低硫柴油）作为燃料，燃烧后比传统燃料可减少 10%黑烟、5%一氧化碳及 10%的碳氢化物。

2010 年 3 月，马士基与英国劳氏船级社开展为期 2 年的船用发动机生物柴油试用试验。试验船舶为马士基旗下 Maersk Kalmar 号集装箱船。试验初期，使用 5%～7%的生物柴油混合油，之后混合比例逐步增加，测试结果表明：第一代生物柴油在船舶上应用是可行的。

3. 海洋能在船舶上的应用进展

有效地开发和利用海洋能源也是游艇使用清洁能源的一个热点方向。在 2004 年，英国 MCT 有限公司制造了第一台利用海洋中的海流能进行发电的水下风车。

从此，水下风车逐步成为大规模利用海洋能的有效途径之一。但对水下风车的使用主要是适合建立小型电场，在船舶上还没有成熟的应用。浙江大学提出了便携式船用发电机的设计思想，从船用便携式发电机的发电效率、海流能的利用率、叶片的受力分析及便携性等方面进行了详细的分析和设计，该研究为海流能利用装置的小型化及民用化提供了理论依据。如果这些研究可以做进一步应用开发，就有望在小型游艇上推广应用。

4. 风能在船舶上的应用进展

帆艇本来就是游艇的一种类型，根据风帆的形式及其对风力利用性质的不同，衍生出了普通翼帆、特种翼帆（包括单转子—翼帆组合体帆、转柱帆、转带帆、Walker 型风帆）、三角帆、天帆、Maguns 效应帆（涡轮帆、转筒帆）和仿生帆等众多船舶风帆结构。其中三角帆和普通翼帆技术应用较为普遍，其他帆型在船舶上的应用还有待探索。

10.1.2　绿色环保游艇的发展

环保游艇主要是更多地采用清洁能源，更适合混合动力，以及设计更加节能有可再生理念的船体。使用清洁能源和环保材料是游艇制造业发展的趋势。在游艇制造时，可以采用混合燃料推进动力，以几乎零噪声的低消耗方式实现短途航行。有的游艇还包括高性能推进器、LED 照明、能够改善热效率的防紫外线窗膜及环保兼容材料。也有企业引进纳米技术，开发了对于海洋生物影响较小的更持久的防垢涂层。

1. 国外绿色环保游艇的发展

很多著名游艇厂商都在研发绿色环保游艇上做了探索。Ferretti 旗下以生产各种龙虾艇而闻名的 Mochi Craft 品牌，推出了长 75 英尺的探险艇——Long Range 23，该型号的游艇在造船业界率先应用了绿色的环保技术，将全新的混合动力系统和先进的船体设计完美结合。据 Ferretti 游艇技术部的副总裁安德里拉·法拉贝蒂介绍，Long Range 23 采用的“零排量模式”（zero emission machines，ZEM）混合动力技术，拥有 4 种节能动力选择，可由驾驶舱内的触摸屏来控制。柴油机推进和能量储存模式通过使用游艇的双 MAN 柴油发动机来提供动力，同时可为电池组充电。在柴油机电力推进的模式下，柴油发动机和电池组能在时速约 6 节的情况下为游艇续航 4 个小时。而在“零排量模式”下，仅依靠电池组的动力，游艇能在时速约 5 节的情况下续航 3 个小时。电池组也可以在游艇静止时运行空调、娱乐系统和游艇的其他功能。

意大利的船舶技术证书协会对这种排放系统非常认同，他们向 Long Range 23

授予了“绿之星”清洁动力和驱动证书，嘉奖其环保理念。在此之前，还未曾有游艇获得过这种殊荣。除了环保的动力系统，Long Range 23 还采用了另一项先进的技术——Ferretti 波浪效应游艇（Ferretti wave efficient yacht）的船体设计。法拉贝蒂说：“在时速 8 节的航行中，船体可比同等重量和大小的其他游艇减少 28%的阻力。”与大多数船舰破浪前行不同的是，Long Range 23 在提速时船尾依然能与船身的其他部分保持水平。这是由于阻力减少后，需要的动力就更少，消耗的燃油也会更少。法拉贝蒂介绍说 Ferretti 波浪效应游艇的波状表面所提供的船身效率最高可达到每小时 8～10 节。而三菱减摇系统（Mitsubishi anti-rolling gyro system）的应用也为 Long Range 23 增加了 50%的稳定性。

Ferretti 集团自 2001 年收购了 Mochi Craft 之后，便对这个曾经一蹶不振的品牌进行了重组和振兴。随着 Long Range 23 的下水，这个老牌的意大利造船企业就为 Mochi Craft 揭开了一个新的篇章，同时向其竞争对手提出了技术挑战。时任 Mochi Craft 销售副总裁马可·西格图表示，公司对老款龙虾艇进行重新定义，为人们带来了时髦的生活品质，而且为顾客带来了零排放驱动和全新的船体设计，将会引领时尚潮流。

以下是部分较为出名的绿色环保游艇。

1）“黑珍珠号”

“黑珍珠号”（Black Pearl）是一艘很先进的超级游艇，实现真正的零排放巡航。游艇的可调螺旋距螺旋桨通过一对传动发电机将能量带回船上，提供足够的能量来支持游艇负载。“黑珍珠号”在各个环节都将节能做了精心设计，包括供热通风与空气调节系统（heating ventilation and air conditioning，HVAC）和先进的 DynaRig 船帆，令其能充分利用风能。“黑珍珠号”上只提供可重复使用的水瓶，以免产生浪费。

2）Savannah 号

Savannah 号长 83.5 米，其采用海沫绿色船体，这艘 2015 年发布的游艇采用荷兰船厂先进的“呼吸推进系统”，从柴油、柴电混合到全电动，提供五种不同的操作模式。

它的电力来自 30 吨重，容纳 100 万瓦电力的锂离子电池组。即便是在柴油模式下，Savannah 号也能保持高效运行，其动力学船体设计可使其燃油耗量比同尺寸其他游艇低 30%。

3）Ice 号

Ice 号船长 90 米，是德国乐顺游艇制造公司制造，是第一艘配备吊舱式推进系统的游艇，虽然体积大，但是排放量非常低。Ice 号的柴油发电机为两个方位推力器提供动力，这一系统不仅节能，也能提供舒适、无震动的巡航体验。

4）Safira 号

Safira 号船长 39.9 米长的 Newcastle 不仅可以使用 15%的生物柴油，且其内部的装饰也都采用了回收再生或残余的材料。

5）Rainbow

40 米的荷兰 Jachtbouw 是第一个使用柴电混合推进的 J 级别游艇。Rainbow 的电池组可以在航行同时进行充电，而且在电池模式下巡航 3 个小时。

6）Mirabella Ⅲ

Mirabella Ⅲ其实是一艘 41.2 米的 Concorde 帆船，它对自然环境的影响很小。Mirabella Ⅲ上的可降解高尔夫球可以转换成鱼食，而其废水处理系统也符合最新手机标准。这艘船还可以收集海洋数据帮助环保研究。

7）“海洋救世主”号

“海洋救世主”号是一艘以环保理念设计的游艇，人们将它形容为海洋的联合收割机。它将收集海上的塑料切碎，通过机械研磨加工变成燃料。它将彻底分解海洋废物，减少对大气的污染。“海洋救世主”号将成为第一艘将废物转化为燃料的船，日回收塑料垃圾达到 5 吨。

据项目创始人介绍，“海洋救世主”号的设计灵感来自 BBC（British Broadcasting Corporation，英国广播公司）的纪录片，由传奇博物学家大卫·阿滕伯勒爵士主持的《蓝色星球》。它像一台巨大的海上联合收割机，有两个长 70 米的侧翼，像漏斗一样收集海面塑料。数据显示，每年排入海洋的塑料达 800 万吨。2015 年，全球每年生产 3.35 亿吨塑料，是 50 年前的五倍。目前海洋上漂浮的塑料垃圾超过 5 万亿块。

“海洋救世主”号是一艘双体船，由海军建筑师瑞奇史密斯设计，专门用于环保。这艘游艇的设计师说，“海洋救世主”号是一种环境革命，把环保视为最紧迫的任务。

2. 国内绿色环保游艇的发展

国内对环保游艇也取得了一定的成果。上海红双喜游艇有限公司携国内首款纯双电动力游艇——弗瑞娃 23（Freeva 23）闪亮登场，这是红双喜游艇从高端制造走向亲民产品的一个新的里程碑。该款产品是上海红双喜游艇有限公司集各方力量，研究创新推出的国内首款纯双电动力环保游艇，此后还将陆续推出更多纯电动零排放无污染的各类游艇，将创新与环保进行到底。

弗瑞娃 23 完全颠覆传统电动游船操控性能弱、行驶速度缓慢的特性，做到完全与燃油引擎媲美。该艇使用进化级“超级电容+锂电”，达到强劲且稳定的动力标准。首款弗瑞娃 23 配备 22 节电池，充电后可连续行驶 4 小时，而 20 分钟的快充则可达到 80%的电力水平。强大的超级电容还带来了无敌操控性，充足的动力亦可确保操控性不逊于传统燃油动力船只。与之匹配的电池管理系统（battery management system，BMS）的介入使充电变得高效，局域模式的充电网络管理，在后台的操控下能实现对所有船舶的运行参数和充电的动态管理。

10.2 消费变革与游艇商业模式创新

10.2.1 新中产的游艇消费

1. 新中产游艇消费的目标人群

新中产是游艇消费的潜在人群，我国的中产阶层包括知识分子阶层，“小资”“都市白领”等新中产阶层，效益较好的企业职工层，以及大量私营企业者。具体就职业而言，包括科技工作者、医生、建筑师、律师、股票经营者、会计师、大学教师和公司经理等。

中产阶层家庭的年收入为 10 万～50 万元，拥有一定的休闲时间，其中，经济条件更好、闲暇时间更为充裕、有精力的中产阶层，尤其中青年的都市白领为代表，都是游艇消费的潜在人群。

这些游艇消费的主要人群大多就职于三资企业、新兴行业，由于处于产业结构的顶端，体制上多属于外资、外企，故收入处于明显的优势地位，有着很强的高消费倾向，形成很多新的生活方式。他们通常租艇出海、组织游艇派对，在享受美酒、美食、阳光的同时，也可以下水游泳、浮潜，既健康休闲，又逃离了都市喧嚣，能放松身心。

目前，我国中产阶层人士逐渐成为高端消费市场的增长点，对豪华汽车、高尔夫、游艇、珠宝等奢侈品行业有重要的影响。中产阶层中占主流的是 24～45 岁的人群，有很强的消费能力，是我国扩大消费拉动内需的主力。

2000 年后我国中产阶层迅速崛起，2010 年占全国人口的 25%左右，达到 3 亿多人，预测到 2030 年我国中产阶层人群将达到 6.0 亿人。随着中国中产阶层人数的增加，游艇将逐渐成为中国另类的新兴产业。同时，从部分沿海省市的发展战略举措来看，未来将鼓励开拓建设游艇码头，扩大消费群体规模，鼓励游艇“中产化”，未来中产阶层将发展成为游艇消费的一个新生群体。如果平均每 7 万中产阶层拥有或消费一艘游艇，随着游艇产业的发展壮大，游艇运动年轻化、时尚化、大众化，未来中产阶层游艇拥有量将逐渐增多。

2. 合伙购艇消费模式

合伙购艇的主要潜在市场就是新兴的中产阶层。中产阶层合伙购艇，不仅是新型的消费模式，也是一种投资渠道。

由全国游艇发展专家指导委员会，中国交通运输协会邮轮游艇分会旗下的全国游艇俱乐部协作联盟与国内游艇制造业巨头上海红双喜游艇有限公司联合主办的“首届中国合伙购艇分时度假推广会”，于 2014 年 3 月 2 日在上海虹口北外滩航运聚集区举办，近 200 位高端消费人士到场分享游艇休闲生活新理念。

为顺应现代社会消费模式的快速转变，有效引导上海地区中产、品尚人士以更为简单、便捷的方式体验、享受游艇水上生活，推广会作为公益性专业活动，主办方邀请了游艇行业知名专家、企业家对“合伙购艇、分时度假”的新型消费模式进行深入分析，阐述该模式的优势与前景，探索如何在拓展社交领域的同时享受水上的激情与自由。

时任全国游艇发展专家指导委员会秘书长、全国游艇俱乐部协作联盟理事长郑炜航先生在深入调研欧美发达国家游艇水上休闲生活的基本状况后，进一步分析国内游艇消费市场发展起步阶段的消费者心理、消费行为，并结合国内游艇码头停泊及航行的实际，于 2009 年首先提出了“合伙购艇”的消费理念。主要面向中产阶层的“合伙购艇”新模式推出后，改变了奢华的游艇消费模式，有效降低了游艇消费的门槛。2010 年，深圳有 3 个年轻企业家合资 210 万元购买了一艘游艇，分时段开展游艇商务接待活动，开创了国内先河。之后几年，全国各地陆续出现“合伙购艇”的案例，并从游艇商务接待功能正逐步转化为游艇家庭休闲功能。

3. 合伙购艇的使用模式

合伙购艇实际指由多名有意向购船者出资认购同一艘游艇，根据出资比例，分配共有用船时间。2013 年，上海红双喜游艇有限公司所推出的两款合伙购艇的船型分别为某款 48 尺的商务游艇及 65 尺的双体游艇。前者门槛较低，每一份额出资 30 万元即可成为船东，后款船型市值近千万，每一份额需出资 90 万元，每份每年享受 100 小时的航行时间。

由于市场反响强烈，上海红双喜游艇有限公司已经成功试销多艘合伙游艇，在此基础上，上海红双喜游艇有限公司于 2013 年开放公司旗下所有船型继续合伙购艇。不仅如此，上海红双喜游艇有限公司还创造了中国游艇单船船东最多、游艇实际使用频率最高的两个“中国游艇之最”。

游艇制造企业成功的营销经验也被其他游艇俱乐部、旅游经营等单位借鉴使用。莱悦董事长谭锋对外公布了俱乐部旗下 2017 年的“多人共享购艇计划”：以俱乐部一艘二手国外游艇圣斯克（53 英尺）举例，原价 400 万的游艇，由 20 人共同购买，每人认购的门槛进一步降低至 20 万元。

除了价格、船型有所升级外，游艇公司还强化了平台管理，以分时度假的俱乐部管理解决合伙购艇后使用时间分配的问题。合伙人依托俱乐部的服务管理平台，能有效解决游艇日常使用所涉及的驾驶、停靠、报批及日常维护保养问题。从使用者的角度看，游艇的使用频率也大幅提高，船东不需要再为游艇的日常维护操心。真正实现轻松的游艇生活休闲方式。

不但如此，游艇公司还和俱乐部合作，主动帮助合伙购艇船东用富余的时权出租游艇，获得的收益将反哺游艇后续的保养、维修、营运等费用上。在游艇使用过程中，船东也可委托游艇俱乐部对外租赁或者出售，分享收益。这对船东来说，不失为一种新型的购艇方案，得以轻松拥有游艇。

10.2.2 内河游艇商业模式

在人们对游艇传统的认知中，游艇是海上的娱乐休闲船只，很少有人把游艇与内陆的江河湖泊联系在一起，根据数据统计，中国游艇使用地域分布沿海地区占 65%，内陆地区占 35%。

目前，我国内河水域活动的游艇多为旅游经营的游艇，私人游艇数量相对较少，归结原因一方面因为内河水域用途比较复杂，有些区域承担货运功能，水质和周边风景达不到私人游艇休闲的要求；另一方面是内河对游艇管理政策尚不成熟，游艇出行前的申请程序复杂，限制条件多，跨区航行限制条件多，跨区航行也是目前的行政难题。

1. 游艇活动水域的划定

游艇游览发展成熟的地区主要依托的水域为海湾。关于游艇使用和游艇俱乐部运营的案例也多集中在沿海地区，但其实内河等开阔水域或极富文化底蕴的城市的专用河道也具备开展游艇活动的条件。开阔水域可供游艇高速行驶，寻求感官刺激，专用河道则可用于休闲观光。领略两岸的建筑风情，这些水域往往很少有其他客货船舶航行。游艇与其他客货船舶航行在同一水域的情况非常少见，尤其是从航行安全的角度分析，在未能基本解决游艇与其他船舶混合航行的前提下，盲目划定游艇活动水域是不足取的，游艇活动水域的划定应以科学规划为主导。注意统筹协调和合理定位相统一，着力确立游艇在城市乃至周边水域可持续发展的战略规划。

很多水网地带，除了有游艇活动可优势发展的趋势外，不可忽视的是内河港口作为各类货物的集散地，内河航道货运船舶的流量极大（尤其是主干航道），且航道客观通航环境较差、弯道多、桥梁密集、桥高受限等。游艇高速航行，不但给其他船舶安全航行、停泊、作业带来极大的安全隐患，自身航行安全也得不到保障，极易发生水上交通事故。此外，众多的水闸存在，在一定程度上制约了游艇的活动空间，难以构成游艇高速活动的网络。游艇休闲观光，长时间占用航道水域，又会造成船舶聚集、航道堵塞等情况，从而影响水上交通秩序。因此，当前除河内湖泊及少量通航水域外，绝大多数内河通航水域难以符合游艇活动的条件和相关要素。

2. 内河游艇休闲在国内发展状况

很多地区，为了发展内河游艇经济，对水域做了规划。其实，以我国的地理条件，很多地方都可以发展内河游艇休闲旅游经济。有一些地区，如上海、重庆、江苏的北部地区、黑龙江等，都在内河游艇规划上开展了一系列创造性工作。

1）上海内河游艇的发展

上海内河游艇的发展基础之一是游艇活动水域的划定。游艇活动水域的划定一般应考虑水域宽阔，其他客货运船舶流量较小，且潮汐、水文、气象、周边环境等基本要素能满足游艇活动的要求。因此，划定游艇活动水域，应遵循“尊重实际、科学规划、适度发展、有序推进”的指导原则，可分为三个阶段逐步拓展游艇活动，航行的范围。

第一阶段：鉴于目前游艇数量少，在尚未形成游艇活动规模和有效管理的前提下，可利用现有湖泊和已实现航运功能结构调整的通航水域，做进一步规划确定，适度扩大游艇活动范围。主要是淀山湖、元荡、滴水湖、明珠湖及淀浦河西段朱家角镇、朱泾镇、七宝镇等有丰富历史文化底蕴或名胜古迹的市镇航道。

第二阶段：针对本市湖泊周围的进湖航道和与黄浦江开放水域连接的航段，开展本市游艇活动范围网络化规划，开辟游艇专用通道或兼有航运功能的混合通道，进一步扩大游艇航行活动的范围，形成本市区域性游艇活动水域的辐射和网络化。主要航路可考虑为苏州河东段、张家浜西段、金汇港北段、淀浦河等。

第三阶段：考虑长三角地区游艇发展的辐射效应，与江西、浙江两省共同研讨，利用主干航道扩大游艇航行，活动的范围，形成长三角游艇活动，监管一体化体系，促进游艇向长三角区域及沿海拓延展。其主要航道为苏甲内，外港线到江苏、长湖申线、杭申线、平申线至浙江、川杨河，龙泉港至沿海，崇明通过堡镇，六滧，鸽龙港北向至长江等航线。

2）江苏北部地区内河旅游线路设计

在水网丰富的地方，可以发展内河游艇产业。内河游艇具有低碳环保、体验度高的优势，且旅游旺季没有交通拥堵的困扰，极具发展前景，将会成为我国旅游重点扶持的业态。苏北通扬运河连通扬泰三市，且3A级以上的旅游景点都在京杭运河、通扬运河沿线地区，可以通过游艇旅游来营造更加独特的旅游体验，提升旅游竞争力。

由旅游资源的分析可见，通扬运河、京杭运河沿岸旅游景点集聚，市场认可度较高，具有旅游开发价值，有以通扬运河为主干，辅以各等级内河进行三条线路匹配设计，分别为：①“红色线路”。以南通近代工业基地——唐闸为起点，沿老通扬运河北上，经如皋到达海安，途中可以游览如皋水绘园风景区、中国工农红军第十四军纪念馆、苏中七战七捷纪念馆等红色旅游景点。②“蓝色线路”。从唐闸沿通吕运河向东，途经崇川区、通州区、海门到达吕四海港，其间可以在南通濠河风景区、江苏海门叠石桥国际家纺城等地游览，最后到达吕四港。③“绿色路线”。从海安出发，沿新通扬运河向西，途经姜堰区、海陵区到达江都区，沿途可游览泰州华侨城云海温泉、姜堰溱湖国家湿地公园（国家森林公园）、扬州瘦西湖等景点，游览绿色生态之美。

3）黑龙江内河游艇休闲的发展

黑龙江的游艇业内人士经过调查发现，芬兰地理状况和黑龙江相似，都是内陆水系发达，有冬季的影响，每年有 4 个月适合开展游艇运动，但芬兰平均每 7 人拥有一艘游艇，85%的游艇是 6 米以下小艇。

黑龙江五月花国际游艇俱乐部是黑龙江的一家游艇业俱乐部，不到一年的发展，俱乐部已拥有十余名会员。俱乐部运营者说，“在只有内河的哈尔滨开展游艇，已经是很不错的业绩了”，从现有的业务来看，商务洽谈、生日派对等是最主要的消费方式（岳凯乐，2016）。

4）海南内河游艇产业的发展

海南省港航管理部门已编制内河航运发展规划。《海南省内河航运发展规划》已于 2010 年编竣，并通过了专家咨询评议。《南渡江、万泉河、文昌河、三亚河航道建设工程可行性研究报告》也于 2010 年编制完成。

海南不仅拥有东方夏威夷式的滨海风光，同时拥有中国最美丽的热带河流景观。岛上河流众多，发源于中部山区的大河，以强大的径流向东西南北四个方向汇流入海，构成辐射状环岛出海航道，与海湾、港口、城市一起，组成了一幅幅美丽的画卷，但内河航运在海南几乎是个空白。

海南省交通运输厅已确立了以水为载体，推动内河航道旅游观光业、近海航线、国际航线及邮轮、游船和游艇业的跨越式发展目标。

为做好海南内河航道的规划，合理开发利用水运资源，海南省交通管理部门从 2009 年起组织人员对全省 154 条河流进行全面调研，确定了以南渡江、文昌河、万泉河、三亚河旅游航道开发为重点，构建江河相连、河海相通，江、河、海连成一体的水上旅游航运网络，启动了“一江三河”旅游航道的规划工作。

另外，海南还将加快推进环海南岛水上旅游航线开展工作，努力促成部分环近海旅游航线开通。

10.3　技术变革与游艇商业模式创新

10.3.1　制造技术变革与游艇平价市场

1. 游艇平价市场

据中国产业调研网发布的《中国游艇行业现状调研分析及发展趋势预测报告》（2019 年版），中国游艇行业发展正朝着层次性与结构性转变。也就是说跟随市场需求，坚持提供不同层次的产品，特别是中低档、大众化的产品。这说明了游艇市场消费结构和中国船艇的消费市场需要分层次，并且要特别关注中小船艇的消费需求。诸多品牌也推出了“高制造、低价位”的相关船艇，红双喜的 41 英尺双体船具有空间大、油耗低、材质轻、速度快四大优势，售价不超过 300 万元。值得一提的是，在 2013 年上海国际游艇展现场，小型船艇展出和销售数量都有了大幅度提升，8 米以下船艇的数量相较于往年具有 43%的增长，充分显示了受众对游艇的消费更加趋于理性和成熟。

从游艇全球产业来看，根据 ICOMIA 报告，高端豪华游艇占业界的 2%。在世界各地的大多数船只仍然是中小型游艇，例如，在法国的注册游艇，91%是 8 米（即 26 英尺）以下的；在两个澳大利亚最大的游艇市场，昆士兰州和新南威尔士州，8 米以下游艇有 50 万艘，其所占的比例达到 94%。美国共有 1200 万艘注册的游艇，其中 8 米以下的游艇有近 1140 万艘，所占的比例高达 95%。欧美游艇产业发展的经验说明，其游艇产业发展越成熟，中小游艇所占的比例越大，大众普及率越高。

所以，奢华并不是游艇发展的方向，游艇经济的发展目标，就是推动游艇进入普通家庭，使游艇成为一种常态化的休闲产品和交通工具。海南的业内人士也认为，靠走高端路线不足以支撑整个游艇市场发展，平价游艇、游艇租赁等平民化游艇模式将普及，游艇产业链将因此获得持续发展（精艇网，2013b）。

游艇不再仅是富人的玩具，在上海举行的第十七届中国（上海）国际游艇展上，如对外售价仅 32 万元的平价游艇同样大有市场。在 2012 年中国（上海）国际游艇展首日，Brunswick 即骄傲地宣布售出 2 艘 32 万 Harris220，低调却不失体面的平价游艇更符合普通民众的亲水需要。

总部位于厦门的福建毅宏游艇股份有限公司（简称毅宏游艇公司）正式挂牌新三板，成为“新三板游艇第一股”。当前厦门游艇产业发展颇为迅速，且消费市场巨大，未来平价游艇将成为趋势。

当前，厦门游艇业正朝平民化方向发展。毅宏游艇公司通过在上海、厦门等地布点，让更多人只需花一两百元便可体验游艇。

很多厦门企业也在大众游艇发力。在此前的厦门游艇展上，厦门伟勒国际贸易有限公司（现用名：厦门伟勒海洋工贸有限公司）曾推出最低 10 多万元的钓鱼艇。

中国船舶工业行业协会船艇分会的负责人认为，游艇正从追求奢华向大众消费逐步转变，成为一种常规的休闲健身旅游活动。未来人们的生活或将进入游艇经济时代（林航，2016）。

2. 游艇平价租赁

在天津，游艇泊位越来越多，游艇旅游项目在天津也日益普及。据帆船俱乐部的负责人介绍说，除了几十万元的大帆船，也有两三万元一条的小帆船，而且可以到俱乐部租船。该负责人还说“搭载几个人的单体帆船，通常每天的租金才 500 元左右，所有费用个人分摊，跟去公园划船的费用差不多”。

在上海黄浦江上的首条大众化游艇线路以“直采+平台”的供应链战略来提升各类游艇产品的竞争力。商家采购的不仅是供上海黄浦江一地使用的游艇使用权，而是在上海、厦门、三亚等三地同时部署和推出“平价游艇”产品及线路，通过批量直采来降低用艇成本。所用游艇为来自意大利的私家豪华游艇 Gianetti，10 人座为主打船型，单人船票为 328 元，包船特价 2480 元。身高 1.0～1.5 米儿童票价 80 元/人，1 米以下儿童免票，需成人陪同。目前，该游艇一天安排 5 个航班，散客满 4 人即可起航。该游艇共三层半。地下一层半为 KTV、棋牌室和洗手间；一层为小客厅，可享用点心和饮料；二层为观光平台。游艇沿着“北外滩—南外滩—陆家嘴—北外滩”的路线航行，全程约 1 小时，游客沿途可欣赏东方明珠、外滩、外白渡桥、老码头阳光沙滩等景点。该线路由驴妈妈旅游网与一家游艇俱乐部合作推出，2016 年后面向散客开放，游客在黄浦江边的外马路和北外滩码头都可以登船。

10.3.2 全球供应链与游艇定制服务市场

1. 全球供应链与生产技术整合

1）供应链整合的概念

供应链整合（supply chain conformity）是一种供应链伙伴之间为了给顾客提供更高的价值和提升竞争优势，而进行更高水平的合作的管理方法。供应链整合指的是在考虑关键资源受限制的情况下，多个企业间的合作关系。总之，供应链整合是企业和它所在供应链上的合作伙伴之间战略性合作的程度，通过协调管理组织内部和组织之间的业务流程，从而实现以低成本、高速度、高质量地向用户提供最大的产品或服务的使用价值。除此之外，由于环境的不确定性，在供应链整合中注意增加供应链的弹性或柔性，也是一项重要内容。

2）供应链整合的特征

供应链整合是通过科学的管理方法将彼此独立的企业连接成一个整体，发挥整体的作用达到“整体大于部分”的目的。但在实践中，资源约束、企业间契约有效性、信任程度、企业间文化相容性等原因，使得供应链整合在实践过程中仍有很多难度。一个真正整合的供应链具有以下特征。

（1）顾客导向特性。顾客导向是指企业以满足顾客需求、增加顾客价值为企业经营出发点，在经营过程中，特别注意顾客的消费能力、消费偏好及消费行为的调查分析，重视新产品开发和营销手段的创新，动态地适应顾客需求。整合后的供应链中的企业可以通过整合各自企业的优势，以最低的整体成本，按时、敏捷地满足顾客的需求，通过提供全面的服务，实现市场目标和企业的经营目标。在整合的供应链网络中，有的企业以最低的成本生产出优质产品，快速的物流服务，及时的可得性，完善的售前、售中、售后服务，分工协作，协调运行，从而使顾客认为该产品就是为我量身定做的，该产品所承载的服务真是我所需要的。靠某一个企业的有限资源来做到这些往往并不是最优的，良好的选择是依靠供应链的整体才能做到。因此，供应链整合应以顾客需求为导向。

（2）战略性特征。供应链整合强调和依赖战略管理，在供应链整合模式下，管理信息、管理技术和企业资源成为供应链节点企业的共享资源，克服了传统管理模式下企业的“小而全”的资源浪费和管理成本居高不下的弊病，从工艺链节点企业的竞争性质来看，节点企业之间的竞争是基于培育和巩固供应链整体竞争力与各企业竞争力的双赢性竞争，克服了传统管理模式下企业之间竞争的对抗性，从供应链节点企业与其他企业的竞争来看，已不仅是企业与企业之间的竞争，而是供应链网络与供应链网络之间的整体性竞争。

（3）系统性特征。供应链整合把从供应商、生产商、销售商到终端顾客组成的供应链中所有节点企业都看成是一个系统整体，使管理贯穿整个物流的从供应商到终端顾客的采购、制造、分销、零售等职能领域的过程，增加与供应商和顾客的联系，增进相互之间的一致性，实现信息共享。如果以核心制造企业为基点，供应链整合可以被看作是两种关系的对接与融合。上游是由核心制造企业与供应商乃至供应商的供应商组成的供应链伙伴关系，下游是由核心制造企业与下游销售商（分销商、零售商）、终端顾客组成的顾客关系。这两种关系通过核心企业在供应链上衔接，从而形成一个整体。

（4）敏捷性特征。组织结构柔性化和业务流程规范化是供应链整合的基础与保证。在企业内部，通过采用全面质量管理（total quality management，TQM）、准时制管理（just in time，JIT）有效地提高生产的柔性，降低生产成本，提高质量；在企业外部，通过与合作伙伴的业务流程的规范化，合理规划时间窗口，降低物流成本，增强市场竞争的协同性和顾客服务的一致性，赢得市场营销的优势；同时将顾客纳入一体化管理系统，采用顾客关系管理系统（customer relation management，CRM）、柔性管理系统（flexible management system，FMS）提高顾客响应能力，提高顾客服务水平，形成具有同步化敏捷有效响应顾客需求能力的动态联盟。

2. 基于供应链整合和互联网的游艇定制服务

1）更加个性化的游艇定制服务

个性化定制是用户介入产品的生产过程，将指定的图案和文字印刷到指定的产品上，用户获得自己定制的个人属性强烈的商品或获得与其个人需求匹配的产品或服务。

美国预测的改变未来的十大科技中，“个性化定制”被排在首位，这个判断是来自市场的变化趋势。两个因素导致消费者的产品需求出现差异，一是消费者分化，二是消费者收入水平和价值判断出现差别。迎合消费者的商家正在个性化上倾注心思满足消费者需求。

在个性化定制的模式中，以用户为中心，所有的产品都是基于用户的需求所做，产品设计的原始条件和设计前提都是用户所提出来的要求个性化定制服务模式，就是一种需求驱动型的生产模式。用户能够直接或间接地参与到自己产品的设计中，并能随时看到设计的结果，这也是最能够满足用户个性化需要的理想模式。

定制游艇指的是功能定制：游艇可以根据客户（船东）喜好进行功能定制，既可以选择西式的以过夜房间住家为主，也可以是中式的以娱乐、商务、钓鱼等为主，或者中、西两者的结合；根据功能定位不同，设备选择和布局会相应做出调整。内部装修定制：根据客户（船东）需求，或者功能定位不同，可以对游艇内部空间布局、色彩风格、灯光、家具及内装材料进行定制。

现在国内外的游艇产业所营造的产销模式就是通过批量制造，同质化生产。由于技术与成本的限制，同一车型进行大批量制造来达到一种生产成本的降低、利润的升高，是一种 B2C 模式。但是在互联网进入到车企之后，将会对整个生产链产生巨大变革，会把消费端和汽车生产的各个环节紧密结合在一起，这样在生产制造环节最主要的表现就是需求驱动型生产，产生一种 C2B 模式，个性化定制需求倒逼生产制造柔性化加速。

在企业的价值链层面上，互联网所带来的革新和创造主要表现在对各个环节的在线化和数据化，从消费者在线开始一直到游艇生产链的上游原材料和制造环节都将会网络化、智能化，逐渐实现人与各个终端、各个终端之间的互联，来达到产业升级和环节优化，以此来降低成本，提高销售量并且尽量地去满足消费者的需求。

现在的游艇厂家已经意识到游艇定制的重要性和对市场的决定性，它们已经在一定程度上尽量去满足消费者的个性化需求，例如，游艇销售公司店会提供很多不同的游艇配置，并且现在会提供游艇改装的服务，如对内饰的色调搭配进行调整等。但是这也只是停留在初步阶段，还没有在本质上对游艇定制化服务进行发展，没有深入游艇的生产制造环节，还不能够满足每个人对游艇这个产品的个性化需求的极致。

2）游艇企业面对定制需求的变革方向

第一，制造业供应链整合应当建立全球战略，注重文化整合。游艇供应链整合必须突破地域、行业的藩篱，以全球为着眼点，只有这样，才能最大限度地抓住机遇，规避风险。在具体战略的选择上，先应该以目标市场区域为主要的整合市场，获得本地竞争优势，再由近至远，争取全球竞争优势。未来游艇供应链整合的发展将具有信息化、自动化、网络化、智能化等特征。在供应链整合过程中，供应链节点企业的文化相互融合，能够使供应链的文化具有一致性，从而增强供应链的凝聚力和竞争力。

第二，提高管理水平，以信息化驱动供应链整合。游艇产业的高速发展，是与现代科学技术的发展密不可分的。在供应链整合中，要大胆使用先进的供应链技术和信息手段，适当引进各种先进的管理技术和供应链技术，内部生产和销售环节等可以根据企业的消化接受能力和现有的管理水平，适当更新 ERP（enterprise resource planning，企业资源计划）系统，实现全集团信息共享，避免信息孤岛。在内部生产环节，可以引进先进的计算机集成制造体系、柔性制造等技术，在物流方面采用供应商管理库存、合作预测补充计划等，用现代信息技术来支撑供应链的发展。可以通过完整供应链的可视性达到高效业务流程，可以应对需求变化快速反应，降低供应链风险，管理全球运作。根据美国制造业协会的数据，在信息化程度高的制造业中，可以实现 15% 较低的库存、35% 较短的现金回收周期、10% 销售收入的提高、5%～7% 利润率的提高。

第三，优化制造业供应链中核心企业与辅助企业的关系。根据供应链战略的发展需要和今后的发展机遇，以先进企业为基准，从数量和质量两方面整合零部件供应商。改革目前供应链整体规模偏大的弊端，对现有的供应链进行有选择的剥离，保留有潜力和实力的环节，剥离弱势环节，降低自制率。将非核心活动外包至东南亚等人力成本较低的国家。分离或出售零部件生产企业，零部件采取全球采购，将零部件生产由企业的价值活动变为供应商的价值活动，缩小节点企业的供应链规模，提高反应效率，节约成本。

10.4 互联网与游艇商业模式创新

10.4.1 基于互联网平台的游艇使用模式

1. 平台运营模式

平台战略是指连接两个以上的特定群体，为他们提供互动交流机制，满足所有群体的需求，并从中赢利的商业模式。

一个成功的平台并非仅提供渠道和中介服务，精髓在于打造完善、成长潜能强大的“生态圈”，平台连接的任意一方的成长都会带动另一方的成长。平台就是把多种业务价值链所共有的部分进行优化整合，从而成为这些业务必不可少或最佳选择的一部分，这种由价值链的部分环节构成的价值体就成为一个平台。基于平台战略而形成的业务结构，可以让企业有效摆脱在多元化和专业化之间的矛盾及游移，形成一种兼具稳固性和扩张性的业务战略。

实施平台战略是企业一种有意识的战略安排，我们看到太多的企业旗下拥有众多的业务，彼此之间却没有任何关联，既不能互相支撑，也不能为新业务的开拓提供助力。而且随着企业规模的扩大，管理难度随之飙升，成长到一定规模之后就难以为继。

由于企业在产业链上的位置不同，所形成的平台结构也会有很大差异，大致上，我们可以分为三类平台结构：技术平台、运营平台和客户平台。平台模式对于用户“边”的定义，要求具有开放性的特质。如苹果系统的硬件商不属于平台的“边”，安卓系统的属于。因为苹果系统的硬件商是由苹果系统决定的，不是开放的。

平台盈利的前提是平台的生态圈达到一定规模，建议从平台还没有规模前就收集用户的信息。平台盈利模式：一种为跨边网络效应所引起的两股强大需求，在它们中间彼此带来满足前设立关键收费关卡（增值服务）；另一种通过数据收集分析，创造多层级的价值。

2. 基于互联网共享游艇的案例

1）美国租赁平台 Zizoo

线上游艇租赁平台 Zizoo 号称是船只租赁领域的 booking.com（中文名称为缤客），已完成 650 万欧元 A 轮融资。

Zizoo 的团队共有 60 人，与 1500 家船只租赁公司建立了合作关系，平台上有

21 000 艘船只可供租赁，在 30 个国家和地区提供服务。为了迎合各种航海体验（从新手小白到经验丰富的水手），Zizoo 也会为其提供合适的船只。在定价方面，其跨度也比较大，从平价版到豪华版都有。

根据创始人兼首席执行官 Banicevic 的说法，2018 年注册用户突破 10 万大关，过去三年营业收入同比增长 2.5 倍。

投资公司 Revo Capital 认为，尽管游艇租赁市场潜力巨大，但它是旅游行业中服务水平最低的垂直行业之一，Zizoo 非常有发展潜力。

Zizoo 不仅在美国有业务的增长，在获得投资后还拓展了希腊、西班牙、法国和加勒比海区域国家的业务。Zizoo 表示，公司顾客的年龄段主要集中在 20～40 岁。公司创始人 Banicevic 认为这部分人群想要的是“买得起的奢侈品”。Banicevic 称：“在游轮行业蓬勃发展之后，千禧一代被灌输了海上度假的观念。而航海度假也非常适合千禧一代，这一代人追求独立、冒险和非常规体验。”

2）中国共享租赁平台悠艇客

悠艇客主要业务在度假市场，提供全球游艇租赁、度假服务。一般按国际惯例，海外的船只租赁通常一周起租，这是由外国人的度假习惯决定的。但是中国人并不习惯这种度假方式，更愿意选择半天或者一天的游艇度假，其余时间会尝试别的项目。因此悠艇客将所有的租赁服务都切割成半天起租的标准化产品，并增加了个人的碎片化游艇体验产品：将海外的整船度假产品拆散，卖个人的船票，更加轻盈灵活。加上不含任何中间商，价格上达到了极大的实惠。

用户只需要在悠艇客的移动端或 PC 端注册个人的账号，就可以根据自己度假的地区选择船只。比如，要去黄金海岸旅游，首先在目的地上选择该地，然后浏览黄金海岸的所有船只，根据需要勾选船只大小、类型、服务、出海时期等选项。订单完成后，客服会在三天内完成与供应商的确认，并通知用户。

除租赁产品之外，悠艇客还推出了一些个性化的游艇度假套餐，如环地中海航行套餐、亚马孙雨林探险套餐，满足用户更深度的度假需求。现在悠艇客已经覆盖了全球 55 个目的地，提供近万艘游艇资源。

悠艇客的首席执行官余丰有着近 20 年游艇行业经验，早年曾担任全球最大游艇制造公司 Brunswick 亚太区中国游艇事业部总经理，也是第一个将国外游艇俱乐部规范化管理引入国内的人，公司的核心团队由来自微软、携程国际有限、蓝色光标、媒体集团等其他行业的年轻基因构成，余丰坚信当前的游艇业必须要由新鲜的力量来激活。

一个产业链中最重要的环节是消费，把消费做扎实了才能带动整个链条的运行。通过切入旅游市场之举，打开游艇消费市场，可能是游艇行业在中国加速发展的肇始。

10.4.2 物联网与游艇行业的产业融合

为了提高游艇的使用率及操作的便捷性，人工智能和物联网技术在游艇上的使用将会逐渐普及，船主可以通过语音用智能手机客户端或任何能上网的电脑来控制所有电器，舒适地享受海上生活的乐趣，分分钟搞定游艇电器智能控制、灯光系统控制、安防智能防护。实际上，现在的智能语音控制技术已经很成熟，语音发声通过设置也已经达到跟普通人无二的程度。随着“十二五”规划提出重点发展物联网，作为物联网的典型应用——智能游艇，是一个游艇产业的发展方向。

虽然技术尚未成熟，但目前智能游艇整体处于快速发展阶段。船舶技术、信息技术的发展，以及人工智能的加速应用，正推动着智能游艇的发展。除了信息感知、通信导航、能效管控等关键技术，自动靠泊、离岸，自主维修，自动清洗，自动更换设备部件，自我防护等同样将会趋于智能化发展。

游艇智能化相关技术的不断发展将促进游艇安全、高效航行。智能游艇是未来船舶发展的必然趋势，具有很好的市场应用需求和发展前景有业内人士（前瞻产业研究院，2018）认为：未来的船长可以在世界任何一个角落，通过虚拟技术“驾驶”在海上航行的船只。这一切已经不是“如果”，而是“何时”的问题……2016 年，罗尔斯・罗伊斯公司公布了一项由其引领的“高级无人驾驶船舶应用开发计划”（advanced autonomous waterborne applications plan，AAWA）项目，就像苹果公司用智能手机重新定义手机行业一样，罗尔斯・罗伊斯公司期待用无人船重新定义船舶行业。该船舶业务总裁 Mikael Makinen 表示：“无人驾驶船舶是船舶行业的未来。智能船舶具有如同智能手机一样的颠覆性，将彻底改变船舶设计和运营的格局。”公司高级副总裁 Oskar Levander 表示：“实现遥控与无人驾驶船舶所需的技术是存在的。AAWA 项目正在芬兰为一系列传感阵列在不同的运营和气候条件下进行试验，并已创建了模拟无人驾驶船舶控制系统，能够对整体通信系统的行为进行研究。我们将在这一个十年结束之前看到遥控船舶的商业应用。”

智能船舶有希望解决海上专业人才越来越短缺的困局。随着船舶越来越复杂，对船员的要求越来越高；从事航海工作越来越没有吸引力，在发达国家，愿意干这份工作的人越来越少，因为要离开家人几周甚至几个月。传统船舶要求船员拥有很高的学历，掌握精深技术，智能船舶将工作转移到了陆地运营中心，而远程控制和无人驾驶技术可以重新吸引高素质的年轻人进入海运行业。

除了罗尔斯・罗伊斯公司，欧盟的“海上智能无人驾驶航行网络”项目正在从技术、经济和法律三个方面对无人船在公海运行进行可行性评估。

无人驾驶船舶的关键能力是能够感知并传输其周围正在发生的状况，从而可以执行复杂操作、避免碰撞，顺利导航抵达目的地。罗尔斯・罗伊斯公司正致力于情境感知系统的研发：将来自高清可见光和红外摄像机的图像与激光雷达和雷达测量相结合，提供船舶周围环境的详细图像。然后将信息传回远程操控中心，交给有经验的船长判断；或者直接由无人船上的计算机进行处理，并决定下一步该干什么。

即使无人船可以完全自主航行，也必须有一个岸上的人对其负责。不同类型的船舶，或处于航行的不同阶段的船舶，可能需要非常不同的监督和控制水平。远在大海上的货船，通常需要很少的人力监督，一个船长同时监督许多船只。而在拥挤的航道运行的船只，如靠近海岸或驶入驶出港口期间，将需要船长给予非常充分的关注。

所以，还得开发一个可靠的远程控制系统。基于在航空、能源和空间探索及水手模拟培训系统搭建等工作中获得的经验，罗尔斯・罗伊斯公司一直在研究远程控制系统及配套的远程控制中心，这不仅需要考虑到人体工程学，还要考虑到易用性和实用性。2016 年 4 月，罗尔斯・罗伊斯公司首次披露了无人驾驶货船岸基控制中心运营版本，再次展示了其未来“无人航运”概念。根据罗尔斯・罗伊斯公司披露的图片与视频，该公司提供的版本展示了一个 7～14 人的小型岸基监测与控制中心，船员通过交互式智能屏幕、语音识别系统、全息图和无人机监测，实时监测与控制全球范围内的船队运营，包括船上及船舶周围发生的事情。

未来更大的挑战将来自监管机构是否允许这种船舶出海运营。目前，全球航运规则对无人船还没有清楚的规定，如是否允许无人船航行、如何保险及如何判定发生事故时的责任人等。

据了解，欧洲至少还有两个机构正在研究修改法规以明确这些问题。它们都是 AAWA 项目的成员。其中一个是 SARUMS（Safety and Regulations for European Unmanned Maritime Systems，欧洲无人海事系统安全与监管机构），由 7 个国家共同组成，瑞典是主导国。另一个是英国的海事无人驾驶监管工作小组（Maritime Autonomous Systems Regulatory Working Group）也在从事相似的工作。它们的目的是确保《国际海上生命安全公约》在下一次更新迭代时，能够反映新技术的发展。监管者显然最关心无人船到底有多安全，工程师们正在融合相关技术，避免所有可能的危险。

长期来看，航运业正经历根本性的变化，更多的变化仍在孕育之中。向无人船的转变，无疑将彻底改变全球供应链的运作，并创造出新的服务。正如同 Uber、Spotify 和 Airbnb 对各自领域所做的那样，无人船必将带来整个运输行业的颠覆。

小案例：ASV Roboat 人工智能帆船

如果你对谷歌的无人驾驶汽车感兴趣的话，下面这款产品你也一定会喜欢。由澳大利亚的一个科研小组制造的 ASV Roboat 是一艘世界顶尖水平的人工智能帆船，可以实现完全无人的航行。该帆船于 2006 年开始建造，并将在 2012 年 7 月 9 日扬帆起航，前往波罗的海进行一次长达 150 海里、100 小时的无中断旅程。

ASV Roboat 配备了大量的传感器、通信设备及太阳能面板。太阳能面板能够为帆船提供最大 285 瓦的功率，后备电源为一块甲醇燃料电池，提供 65 瓦的功率。该帆船使用了多重的通信系统，包括 WLAN、UMTS/GPRS 和 IRIDIUM 卫星通信系统，保证在通信和卫星导航的过程中能稳定地工作。

此外，ASV Roboat 可以在没有任何人力帮助的情况下，应对一切突发状况。不管是制订计划还是帆船航行，均由 ASV Roboat 独立完成。

据悉，目前无人帆船的航行距离记录是 78.9 海里，该记录的保持者是法国的一个科研小组所制造的无人帆船，而 ASV Roboat 的预定航行距离将是这项记录的近两倍，我们衷心希望它能够挑战成功，并平安返航（中国游艇网，2012）。

参 考 文 献

陈云飞，丁敏，闫哲彬. 2011. 我国游艇消费需求分析及游艇码头建设展望. 水运工程，(9)：42-46.

冯琼，肖思智，吕业清. 2013. 三亚市游艇产业发展现状与对策研究——基于三亚市国家服务业综合改革试点视角. 当代经济，(24)：106-108.

龚海燕，刘建明，蔡厚平. 2017. 游艇经营管理. 哈尔滨：哈尔滨工业大学出版社：38.

海族艇业. 2018. 海里船钓了解吗. http://www.sohu.com/a/282417271_100052503[2018-12-17].

精艇网. 2013a. 首艘'Wider 150'由 CNI 成功售出. http://blog.sina.com.cn/s/blog_7fcca4e301016rcc.html[2018-10-19].

精艇网. 2013b. 平价游艇将普及 专家：游艇业要以租赁开启市场. http://news.focus.cn/hn/2013-10-14/4126944.html hangye/201310/j06102596.shtml[2019-03-01].

邝向荣. 2012. 游艇港：选址、规划、设计与开发. 大连：大连理工大学出版社：79.

李柏青. 2008. 国内外游艇经济研究进展. 特区经济，(4)：163-164.

李春善. 2012. 中国摩托艇联赛品牌定位的研究. 北京：首都体育学院.

李攻. 2018. 游艇消费在中国应从高端走向大众. https://www.yicai.com/news/5389439.html[2018-11-13].

李云松. 2013. 重庆市发展游艇旅游的对策研究. 重庆：重庆工商大学.

梁力. 2010. 游艇会安全保障措施探讨. 中国水运，(6)：19-20.

林航. 2016. 厦门游艇经济潜力大引关注"平价游艇"渐成趋势. http://m.hxnews.com/news/fj/mn/xm/201603/01/829824.shtml[2018-09-01].

毛俊玉. 2013-04-13. 摩托艇运动蕴藏的财富密码. 中国文化报.

前瞻产业研究院. 2018. 2018 年全球游艇行业分析：整体处于快速发展阶段，AI 技术推动智能游艇发展. https://bg.qianzhan.com/report/detail/300/181228-6e66ad48.html[2018-12-28].

上海国际游艇展. 2019. 2019 中国（上海）第二十四届国际游艇及其技术设备展览会. http://www.boatshowchina.com/zh-cn/introduction/history[2020-09-21].

上海红双喜游艇有限公司. 2019. 企业简介. http://www.dhsyacht.com/about.html[2019-02-19].

孙卫东，朱清. 2011. 玻璃钢游艇艇体成型真空芯材导流工艺实施与应用研究. 交通节能与环保，(1)：12-15.

王葳，张文玉，滕明清. 2009. 游艇码头平面布置.水运工程，2009（5）：67-71.
文涵. 2014. 香港游艇旅游发展研究. 海口：海南大学.
吴良义. 2011. 先进复合材料的应用扩展（Ⅱ）先进复合材料在船舶和体育休闲用品的应用技术市场预测. 化工新型材料，（S2）：44-55.
吴学谦. 2010. 中国游艇业发展现状和前景分析.港口经济，（10）：54-56.
许树柏. 1988. 层次分析法原理. 天津：天津大学出版社：103.
严新平，徐立，袁成清. 2012. 船舶清洁能源技术. 北京：国防工业出版社：75.
袁裕鹏，王凯，严新平. 2015. 混合动力船舶能量管理控制策略设计与仿真. 航海工程，44（2）：95-98.
岳凯乐. 2016. 游艇产业在中国渐亲民 2017 将形成大众消费市场. https://go.huanqiu.com/article/9CaKrnJXHip[2018-09-20].
张健，徐林勋，孙运才. 2017. 中国游艇产业及油品的现状与发展. 中国水运，（10）：24-26.
张亚男. 2008. 长三角发展游艇产业现状分析及对策研究. 上海：上海交通大学.
中国船级社. 2012. 游艇入级与建造规范. 北京：人民交通出版社：2.
中国船级社上海规范所. 2013. 游艇法定检验暂行规定. 北京：人民交通出版社（水运部）：1.
中国船检. 2017. 人工智能离海运业其实并不远. 珠江水运，（3）：56-57.
中国游艇网. 2012. 可实现无人驾驶 搭载人工智能的帆船. http://www.pcpop.com/article/797074.shtml[2019-01-06].
Teddy. 2017. 游艇设计大咖谈艇上生活方式空间变革. https://www.sohu.com/a/145195126_118618[2019-12-25].